建築家・永田昌民の軌跡

居心地のよさを追い求めて

新建新聞社

はじめに

いつも向かう机の前にピースの煙草缶が置いてある。ぼくが喫うわけではなくて、ずっと未開封のままである。その後ろのボードに3人のスケッチが貼ってある。吉村順三[*1]、奥村昭雄[*2]、そして永田昌民。どれも折々に描いたものを並べてピンナップしたものだ。ピー缶は奥村さんの亡き後に夫人から渡されたものだったか、それをスケッチとともに机の前にそっと置いたのは永田君が他界した後だった。

ピースはこのお三方につながっている。たまたまながらそこに師弟の脈絡もある。

吉村先生は、設計の打ち合わせに没頭されて爪が焦げそうになるまで短く指先にあったこの煙草と立ちのぼる紫煙の記憶がある。奥村さんは終生この両切りのピースを切らさなかった。その影響とは言わぬまでも、このお二人を師と仰いだ永田君にはそこに心寄せる秘かなこだわりもあったかと思う。いつも手元にこの缶を置いていた。彼にはそうした心の寄せ方や、気持ちを表すスタイリッシュな一面がある。

いまどき煙草の話題を頭に据えるなんてと言われよう。でもそれは時代の記憶とともの、永田昌民君を思い出すよき縁《よすが》である。

話を創作に向けなければいけない。

永田作品の住まいのプラン（平面図）はどれも美しい。図形的なバランスの良さもそうだけれど、描かれた図を読みたどる中に、小気味よい空間の開きや閉じ、動線の流れや居場所の溜まり、生活の様態を想像させるさまざまなシーンが次々と浮かんでくる。日々の生活の中の動きや振る舞いとともに、間取りの節目に気持ち落ち着く居場所の重心が見て取れる。

彼は設計を解きすすめる上で、上から見下ろす俯瞰的な視点からでなく地に足を着けた目線からの考察を大切にし、あくまでも住まう人の経験に寄り添うように場の展開や構成的な工夫を心がけていた。そうした特色はかつての規模のある設計に多く見届けられるが、この冊子に集められたやや小規模な住まいにも、その眼差しがコンパクトな空間へ収斂《しゅうれん》したかたちが見て取れる。

実際の空間はプランからの想像に違わず、より豊かである。その構成は多焦点なしつらえと

＊1
吉村順三（よしむら・じゅんぞう　１９０８〜１９９７）建築家。東京美術学校建築科卒業後、アントニン・レーモンド建築事務所を経て、吉村順三設計事務所設立。東京藝術大学名誉教授。

＊2
奥村昭雄（おくむら・あきお　１９２８〜２０１２）建築家、OMソーラー考案者。東京美術学校建築科卒業後、吉村順三設計事務所を経て、東京藝術大学名誉教授。

言っていいだろう。時に見かける作品主義のような、写真映りのいい一つの焦点を定めるような見せ場づくりの設え方をしない。包まれた場の全体を大切にし、実際の空間に身を置けば、二次元の写真などには捉えられない多様な視界がその空間に織り込まれているのが感じられる。

その個々の場や空間のありようはシンプルである。多くは白と木を基調として、使う素材の数も少なく、おしなべて簡素である。

でも、そのシンプルさはあえて細部を消してしまう抽象性や建築美を追う概念的なミニマリズムとは違う。空間や場を支える上での必要な部位や部材はきちっと押さえた上で、それを一体の場の印象に調和させる工夫によって生まれる単純さである。その状態を生み出すためによく研がれ、造り手の工作的な手順を合わせて考え抜かれた独自な永田流ディテールがある。

その点でいえば彼の設計上の主眼は物の構成の側になく、物が織りなされて「一つの空気に昇華する場や空間の状態」を求めていたのだと思う。軸組みや骨格を露わにする真壁構成でなく、あえてそれらを隠す大壁の構成に徹した空間造りの志向はその表れであろうし、そうした物の構成の側に枠取られるような建築的なテーマ性を彼は好まなかった。

だからと言って木割を無視していたのではない。図面を見れば明らかなように骨格を組む木割のモデュールを大切にしながら、それを表立った表現の側に向けずあくまでも隠れた規範として定めている。永田空間に感じられる乱れのないやわらかな気品は、そうした寸法的な規範の上で慎重に検討された各部のプロポーションから生まれている。

こうした住まいのしつらえの仕方とともに、一連の永田作品を特色づけているのは外部環境との密接な関わりだろう。どのような狭小な敷地であってもその住まい構成は外に閉じたかたちを取らず、どこかに内外をつなぐ開く工夫をする。環境をきめ細かく読み解く中で、立地する敷地の欠点があればそれを巧みに利点に読み変え、適宜な開口部の配置を通して枠取られた戸外の緑や風景が一見無色の室内を豊かに染め上げる。それは家と庭という狭い構成的な向かい方でなく、季節や天候、昼夜の陰影の移りを日々の生活に映す広く自然界との結びに期待をよせる思いからといってよいと思う。特別な凝った作庭をせず、室内から見る戸外の適所に雑木類を添えて、そこに自然の映しをゆだねるというふうである。

この生活の自然に寄せる眼差しの基に、創作と共の永く活動の軸となったOMソーラーとの関わりがある。今は建築の一設備システムとして一般化した感のあるOMソーラーは、吉村順三の高弟でありぼくらの先輩に当たる奥村昭雄さんが住まいに心地よい空気の状態を生み出すことを考案の原点とし、自然な太陽のエネルギーを活用する仕組みの精緻な解析を通して、建築一般に応用可能なシステムとして成立させたものである。

奥村さんの身近にいてその原点と仕組みに深く共感した彼は、システムの開発や改良の側でなくその効果的な応用の実作に向かい、そうした作例を携えてこの方式を広く一般に敷衍《ふえん》する側の、いわば伝道師役として各地を熱心に巡った。「日本全国、足を踏み入れなかった都道府県はない」と彼は言い、その理由を「土地の旨いものが食えるからね」と照れ笑いをまぶして話してくれたことがある。OMソーラーが各地に広がりを持つ過程には、この空間デザインとともの住まいの形質への示唆が大いに効果を持ったろうし、システムの普及とともに温かな形質を持つ永田デザインへのファンも増えていった。

この全国行脚を通して、日本の風土の特性や各地域の多様な気候性の違いを彼は実感として受け止め、身に貯めていく。それはただ感覚的な受け止めでなく、OMソーラーのその土地を呼吸して生きるシステムをベースにした具体的で客観性を伴うものだ。

先に述べた永田作品に見る住まいと環境との関わりは、家と敷地という限られた関係を超えて、こうした活動の過程で得た土地の風土性や自然への広い視野に基づくものと言ってよいだろう。一見素っ気なく、でもその場所への確かな着地感を持つその佇まいは、旅の各地で接した家の素形や家並みの風景から感得し、自身の創作へ転化させていったものとも言えよう。その家々は風景に突出せず、静かに建っている。

ついくどくどと書き連ねてしまった。永田作品の特質を言葉にするのはむずかしく、「よいものはよい」のただひと言でよかったのかもしれない。

幼い頃からの記憶の原風景を大切にし、フウテンの寅さんの心意気に惚れ、好きな歌に酔う彼からは「そんな小難しい話じゃなくってさァ」と言われそうだ。

適当な言葉を探すことに難儀しながら、いま住まいを考える方たちや後に続く設計の若い人たちに向けて、その手がかりの一助になればと思い、ぼくの知るところのいくらかを書いた。

2020年3月　益子義弘（建築家）

Peace

目次

1章

居心地のよい住まい

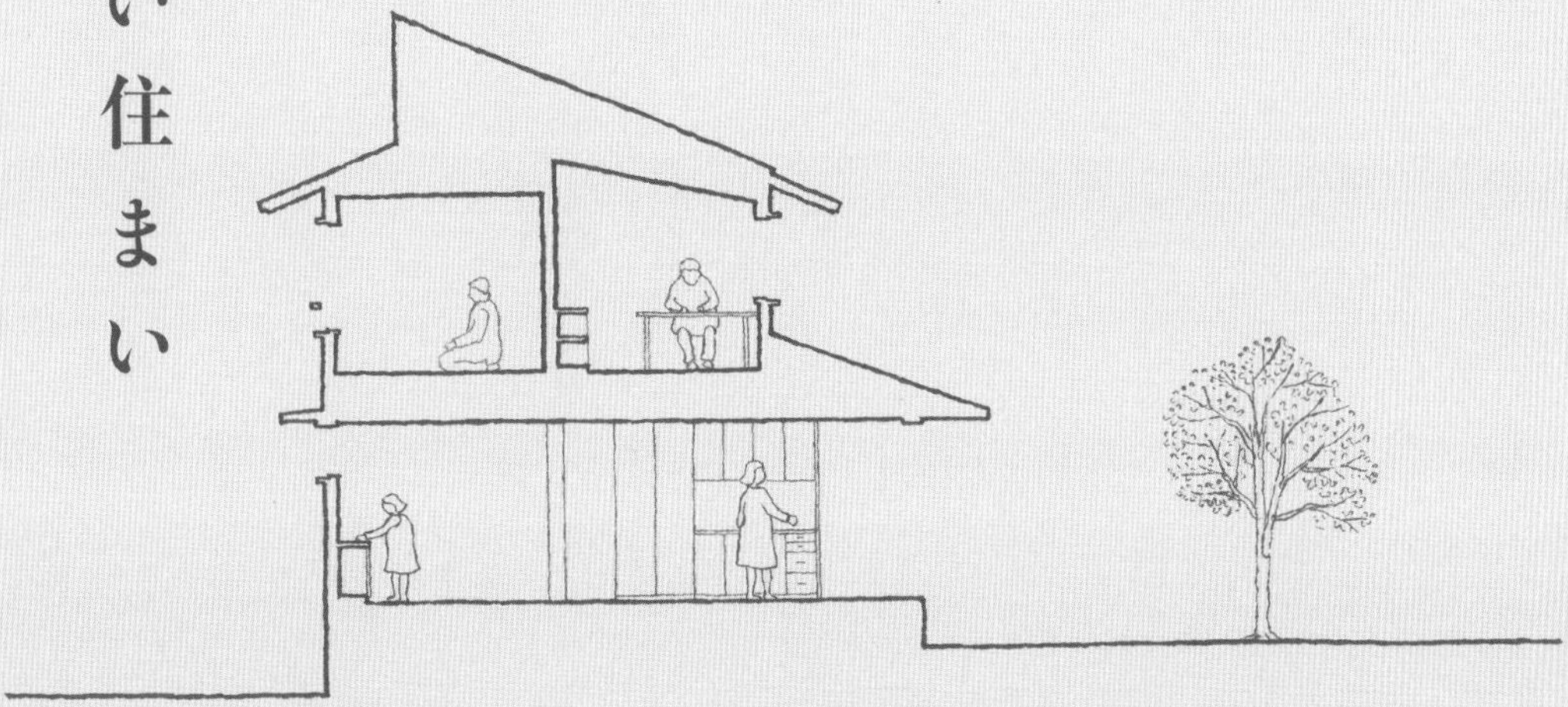

「北鎌倉の家」

神奈川県鎌倉市・2002年

南の庭からリビングに向かって。その先に道路に面した北の庭が見える

南北、2つの庭をもつ住まい

いわゆる建築家の作品とは一線を画した、
永田さんの建築の佇まいは、とても聡明で愛らしい。

堀部安嗣（建築家）

唄うような設計

2015年の9月はじめ、永田さんが設計し、2002年に竣工した北鎌倉の家を訪れた。私は築13年になるこの家には以前訪れている。前回と違うのは、10年という年月が経っているということ、自らがこの家を撮影する仕事を担っているということ、そしてもう自分の隣にもこの世にも永田さんがいないということだ。

北鎌倉の情緒ある風景の中に、静かな佇まいで建っているこの小さな家は永田さんの後期の代表作ともいえる住宅だと思う。敷地の形質を的確に読み取り、いとも簡単に〝この場所にはこの在り方しかない〟と身体が自然に納得してしまう配置計画。水彩画のような平面計画の鮮やかさと爽やかさ。開放と閉鎖を巧みにかつ自然に操り、光と影と人の居場所を呼応させてコンパクトに解く空間構成。小さい家だけれども庭や周辺と連続してゆき、さらには地域への眼差しをもつことで家が敷地の範囲を超えて何倍にもひろがってゆく感覚。まるでヴィラに滞在しているような、どこか日常から開放された空気感。過不足のない、そしてチャーミングなディテール。永田建築の真骨頂ともいえる要素がこの家には集約されているように思う。

永田建築の魅力を生み出す手法のなかには〝なにかをしてやろう〟という作家特有の〝業〟のようなものがない。だから手法はわかりにくい。失礼な言い方かもしれないが、気持ちいい時に自然と生まれる鼻歌。それを唄うように建築を設計しているような気がする。演奏技術の極めて優れた、そして研鑽を積み上げてきた音楽家の何気ないけれども圧倒的に気持ちいい鼻歌にこそ感動してしまうような、そんな感覚といえば誤解がないだろうか。そう、永田さんの建築には人の〝正〟の情感が溢れていて、だからこそ空間を体験する人に手続きや構えを必要とさせないのだ。

そんな永田さんの建築の魅力の正体を掴みたくて、若い頃はずいぶんと永田さんの住宅のプランをトレースしたり、写真を深く見入って自分なりに研究したことが思い出される。カメラのファインダーを覗く。今までの研究の成果があってか、空間の繋がりやディテールが自分の身体の中に染み込んでいるので、瞬時に立ち位置を定めることができる。建築という物理的なものを撮ろうとしてはいけない。あくまで空気感を的確に捉えられる構図を探すのだ。難しいのは当たり前。でもそのことを最初から覚悟していたから自然にファインダーの中の世界に向き合えた。つくられた建築空間はそれを設計した人そのものだと思う。つまり撮影しているときはファインダーを通して永田さんとずっと対話を繰り返していたのだ。

ポイントのない建築

永田さんの建築は言葉で語ることも写真に表すことも難しい建築であることは永田さんを知る誰もが口を揃えて言うだろう。永田さんの空間を実際に体験した人はその空間の素晴らしさを頭でなく身体で瞬時に感じてしまう、そんなわかりやすさをもっている半面、それを言葉や写真というものに置き換えようとすると、途端に難しくなる側面を持ち合わせている。その理由の一つは建築にポイントがないからだと思う。これ見よがしな見せ場や発明性や強い批評性がある、つまりポイントのある建築は言葉にしたり写真にすることは難しくない。反対に永田さんがつくってきた建築はポイントではなく立体的にひろがってゆく〝空気感〟に主題があったと思うので、それらを簡潔に二次元的に表すのは困難だ。

たとえば永田さんの住宅の立面図や立体はおおよそ建築家的ではない、掴みどころのない表情をしている。机上でそれらを見ていると不思議な感じがするが、実際にその家が建っている地域、場所を訪れ、その環境の中で見てみるとなんとも自然に淀みなくその住宅が溶け込んでおり、その佇まいのさりげなさの中にあの豊かな空間が内包されている雰囲気がなんとも楽しくかつ好ましく見えてくる。建築の外皮にポイントがないので内部と庭が連続し、次に町や風景、さらには風土や日本の良さや時代性といったところまで見渡せる世界を創出しているようにも思えてくるから不思議だ。

自身の建築だけが特殊性を与えたり、孤高の表情を見せたり、あるいは優位性を表したり、そんないわゆる建築家の作品とは一線を画した、永田さんの建築の佇まいは、とても聡明で愛らしい。そして建築にとって大切なものは点をつくることではなく線や面となってゆくきっかけをつくることであることを改めて気付かせてくれる。

言葉や理論でつくらない

ある時、私は、〝永田さんの住宅ってルイス・バラガンの住宅に似ているように思うのですが、意識はされていますか?〟と永田さんに聞いたことがある。

バラガンの空間を実際にメキシコに行って訪れた時、それまでの写真の強いイメージとは全く違うものを感じた。写真に見られる印象的なシーン、ポイントは実はほとんど意識されずに、ただ空間が静かな淡々とした映画のようにつながってゆき、さらには庭や町やメキシコという風土にひろがってゆく感覚が自然に身体に入ってきた。作家としての業もあまり感じられず、それこそ鼻歌を唄いながら楽しんで設計しているような雰囲気があった。バラガンの建築はメキシコのなんの変哲もない住宅街の中で、ことさら自身の建築の存在をアピールすることなく、まるでカメレオンのように町の保護色となって潜んでしまっていた。また、庭というものが時に建築以上の主題になっている点も永田さんと似ている。そしてなにより永田さんもバラガンも言葉や理論で建築をつくるのではなく、原風景や身体感覚に忠実に、自身にとって確かに信じられるものだけを頼りにつくり続けた姿勢が共通しているように強く感じたからだ。そんな私の質問に永田さんは〝バラガン？　そうなの？〟と同意するわけでも否定するわけでもなく、穏やかに微笑んで答えただけだった。

また、永田さんと一緒に永田さんの設計した住宅を見に行った時、とても感激した思いをなんとか言葉に表そうとした。そして私は〝永田さんの空間って果樹園のような色っぽさと豊潤さがありますね。なんてことないプラスターボードの白いペンキの壁のなかに鮮やかな色彩を感じました。壁の中に庭がありますね〟などと一生懸命正直に表現した。そうしたらそれに対しても〝そう？〟とニコッと笑うだけだった。私の表現が稚拙で的外れだったからかもしれないが、そんなふうに言葉が紡がれ議論に発展するきっかけになりそうなものにもあっさり簡単に答えるだけだったから、ますます言葉が必要なくなってくる。おそらく永田さん自身も正確に自身の建築に対して語ることをしなかったのだと思う。実際にできたものを見てわかってくれる人がいればそれでいいよ、という姿勢であったのではないか。見ていないからわからない人に対しては、自身の建築を言葉で説明して理解を求めることはあまりしなかったように思う。

もし、永田さんが自身の建築への考え方に対して客観的で冷静な言葉を用意して、それを紡いでいれば、もっと永田建築を理解する人を増やし、さらに活動の範囲を広げていけたのでは、と生意気に思ったことがあったけれども、永田建築が晩年まで魅力を変えずにつくられたのは、決して言葉や理論で建築をつくろうとしなかった、その姿勢を愚直に永田さんが貫いたからこそ、と今は思っている。

感動を与え続けられる力

言葉や理論で建築を組み立ててゆく建築が多くなった。または世の中は数値や性能で建築を解くことを求めてきている。その必要性を感じながら、しかし、そのようなことだけをきっかけにつくられたものは、実は賞味期限が短いのではないかと思っている。言葉や理論や数値は、時代とともにいつしか意味や価値が薄れていき、あるいはあっという間にほかのものにすり替わっていってしまうからだ。

世の中が求め、他人が見出し設定した価値も建築という時間の中ではあまりにも頼りなく脆弱だ。

反対に自身の記憶や経験、身体感覚に忠実に向き合い、〝正〟の力を見つめ、それらをソースにして高いレベルでつくられた建築は、実は多くの人の心を響かせ続けられる力をもっていると思う。そして〝建築ってやはりいいものだ〟と建築に信頼を寄せることができ、時代を超えて静かに感動を与え続けられる力をもっている。

そんな永田さんの建築こそ、特にこれから建築を学ぶ若い人に身体で知ってもらいたい。そしてこういう知的で情感溢れる建築が存在するということをこれからの時代の多くの人に伝えたい。（ほりべ・やすし）

道路からちょっと奥まった玄関までの路地。植栽も山野のような自然さで人を迎える

〝この場所にはこの在り方しかない〟と
身体が自然に納得してしまう
配置計画。
開放と閉鎖を巧みにかつ自然に操り、
光と影と人の居場所を呼応させて
コンパクトに解く空間構成。
過不足のない、
そしてチャーミングなディテール。

上／天井高いっぱいに設けられた両側の大開口は、障子を閉（た）てれば心地よい閉鎖感に
下／半地下の書斎から北の庭に向かって。リビングからとはまた違うレベルからの庭の表情が楽しめる

右ページ
上／玄関。靴箱の横の窓からの光が、天井と壁を静かに照らす
下／庭に挟まれたリビング・ダイニングは、さながら山荘。風が吹き抜け、屋外にいるよう

●施主、施工者に聞く——文／編者

山を背景に、なだらかな斜面に広がる閑静な住宅地。道幅の狭いゆるやかな坂道の途中、うっかり通り過ぎてしまいそうになったほど、木々に囲まれた控えめな外観は、鎌倉という土地にすっかり溶け込んでいる。「北鎌倉の家」は竣工から十数年。それ以上の年月を感じさせる落ち着きの中に、時を経ても変わらない新鮮さをも併せ持っている、なんとも魅力的な住宅である。

第一の特徴は、南と北に2つ庭があるという点。南北に長い敷地を活かし、中央にL字形の建物を配置してその両側を庭としている。家づくりに欠かせない要素として庭を重視した永田さんだが、2つも広い庭を設けたのは奥様が植物に造詣が深いということも理由にあった。この施主であれば、造園を楽しみながら維持できるだろう、と。当然のことながら押しつけではなく、住まい手の暮らしぶりを見据えてのプランニングである。

庭に挟まれたリビング・ダイニングは、両側の窓を開け放つとまるで庭の中にいるようだ。緑や風を呼び入れながら、室内はやさしくのびやかに人を包み、面積以上の広がりを感じさせる。その心地よさは永田手法の真骨頂ともいえるだろう。天井高を2160㎜と低く抑えながら天井までとった大きな開口部で外部とつなげ、空間に広がりを与える。大開口は引き込める木製建具であることも欠かせない要素だ。冬期にはその大きな開口部は大きな熱損失の要因となるが、OMソーラーによって寒くない室内環境をつくり出している。永田さんの設計においてOMソーラーも不可欠な設備だった。そして、道路側の北の庭には竹の濡縁、奥の南の庭にはデッキを広く設け、十分に庭を楽しめるようにしつらえている。

この家のもう1つの大きな特徴は、スキップフロアである点だ。L字の北側は、道路側への圧迫感をなくすために半分地下に掘り込んで建物のボリュームを絞り、リビング・ダイニングのある南側は総二階とし、各階は踊り場を広くとったゆるやかな階段で結ばれている。短い階段によって各階への移動も楽となり、4つのレベルから庭も楽しめたりと、機能性に加え空間の多様性ももたらしている。堀部安嗣さん曰く、「この家の上下階の快適性

右／ゆるやかな傾斜で各階をつなぐスキップフロア。ラワンベニヤを仕切りに用いて階段室はコンパクトに
左／書斎上階の予備室。屋根に合わせて傾斜させた天井の高さは、奥の一番低いところが1900㎜、一番高いところが2600㎜

は、階高の低さとスキッププランによるもの。2階にもあっという間に行ける。どこにいても家全体が感じられる。仲間はずれの場所がない」

永田手法といえるものは他にも多々ある。その存在感をじゃまなものから魅力あるものにしてしまう丸柱の使い方、ほんのちょっとしたところにしつらえの場を生み出すニッチ、機械的な設備をさりげなく隠す仕上げや造作家具など、枚挙にいとまがない。いずれも永田さんの暮らしへの温かなまなざしが感じられるディテールである。

お子さんは独立し、現在はお二人で暮らしている施主のご夫婦。なぜ永田さんを選び、どのような家づくりをしていったのだろうか。

「雑誌で永田さんを知りました。M&N設計室の時から永田さんの住宅を見ていて、いつか頼もうと。永田さんの住宅は、シンプルで簡素で美しい。縦横の比率などとてもきれいで、余分なものがないのがいいと思いました」と奥様。

ご夫婦の要望は、いずれ2人住まいとなるので小さい家でいいことと、寝室、子供部屋1つ、母親の部屋と書斎、納戸が欲しい、ということだけだったという。

「変に素人が口を出さない方がいいと思ったんです。前の家を建てた時にいろいろ言ってそれがあまりよくなかったので、妻に口止めされました（笑）」（ご主人）

まず初めに永田さんから2つの案が出されたそうだ。現在のプランともう1つは一般的な総二階のプラン。「圧倒的にこっち（現在）の方が、デザインがよかった」と口を揃える。「永田さんもこの案を押している感じがあったし、地下というのもどんなふうになるのか興味がありました。模型ではよくわからなかったけど、完成して〝こういうことだったのか〟と。外観もあまり目立たない、

シンプルで簡素で美しい。比率もきれいで余分なものがない。すべておまかせして正解だった。家の中にいながら風を感じられて、とても気持ちがいい。——施主

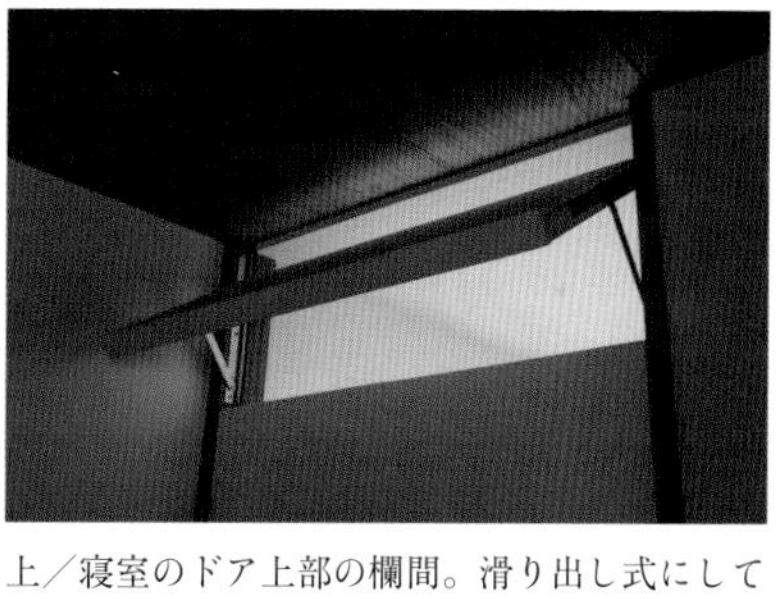

上／寝室のドア上部の欄間。滑り出し式にして通風できるようにしている
左／寝室。天井高は2100㎜だが、低さを感じない。開口部も小窓にして落ちついてくつろげる空間に

そこもいいなと思いました」（ご主人）
　庭は要望したが、2つというのは永田さんからの提案で、模型でだいたいのイメージはわかったそう。
「広い庭はとても贅沢と思っていたので、うれしかったですね」（奥様）。
当初のプランから変わったのは、寝室の窓を1つ増やしたくらいだった。
「リビング西側の壁にも窓をつくったほうがいいのではと言ってみたんですが、それは永田さんに却下されました（笑）。でも、できてみて、やはりなくてよかった」（ご主人）
「家の中にいながら風を感じられて、とても気持ちがいいですね。こうすればよかったというところは、ぜんぜんない。掃除もしやすいですよ。デコボコがないから片付けが楽。納戸を広くつくってもらったので、とても便利です」（奥様）
　13年間で直したのは、竹の縁側とデッキに外塀の一部だけ。ご夫婦がこの家を慈しみ愛されていることが空間からも十二分に伝わってくる。

　この住まいは施工精度の高さ、仕上げの美しさも見逃せない。その施工を手がけたのは安池建設工業。永田さんとの出会いは、ＯＭソーラーを通してだった。当時、この施工に関わった伊東進也さんと遠藤光春さんにお話をうかがった。

「現在は木造住宅も多くなりましたが、当時は公共建築が多かったので、この施工では苦労しました。大工さんで木製建具というのはあまりケースがなかったもので。なにしろアルミサッシが1つもない（笑）。オール木製建具という物件はそれまでありませんでした。風呂もキッチンも全部造作でしたから。

　とにかく、あれだけの詳細図を描いてくる建築家は、そうそういません。永田さんは全箇所、詳細図を描いてきたんです。こちらで描きましょうかと言ったら、〝こっちで描くからその通りにやって欲しい。納まらなかったら、相談しましょう〟と。

　つくっていきながらじゃないと見えない部分が我々にはあったけど、たぶん机の上で永田さんは全部わかっていた、見えていたんだと思いますね。できてから、なるほど永田さんはわかっていたんだなーとこちらもわかった。木についてもよく理解していた方です。材をつなぐ場所やつなぎ方とか。大きな無垢材であればコストはかかる、反りも出てく

アルミサッシが1つもない。施工者側が気にしたり懸念することを承知の緻密な詳細図。すべてを背負い込んだ、後にも先にもいない設計者。

——安池建設工業

る、そういう施工者側が気にしたり懸念することを承知の詳細図でした。塗装の範囲も最後の見え掛かりがわかっている指示でしたね」（伊東さん）

「いいのかな、と思いながらやっていることも多々ありました。天井高の低さにはびっくりでした。こんなに低くていいのかな、と（笑）。当時は、天井を高く高くと言っていた時代。できてみて、低く感じなかったのにはまたびっくりしました。

特別な要求、現場での無理難題などはありませんでした。出された詳細図、それ自体がもともとレベルが高いというのはあったけど。そのレベルを守っていくことが一番難しかったのかもしれません。とにかく、アルミサッシが1つもない、というのにはしびれましたよね。それが一番の要求といえばそうかもしれません」（遠藤さん）

永田さんは現場を大切にしてくれた、というお二人。動き出したら現場は止められないからと、質疑を上げると可能な限り早く答え、現場が止まらないように配慮してくれたという。永田さんの現場を楽しみにしていた大工さんもいたそうだ。手間暇かかる分、大工の手の善し悪しがそのまま完成した空間に出てくる。だからこそ、職人もやりがいがあり、喜びを持てるということなのだ。

「永田さんならではのことと言えば、施主検査をしなかったことですね。〝うち（N設計室）は施主検査をしないから〟と言われました。〝うちがOKだったら、そのまま施主に渡す〟と。〝施主の前で設計者が施工者にいろいろ言うのはよくない、ただ不安がらせるだけだから〟と。つまり自分の責任として負ったんですよね。あれだけの詳細図をつくるということも、自分が背負い込むことになる。永田さんはすべてを背負い込んだ。後にも先にもそういう設計者はいないですね」（伊東さん）

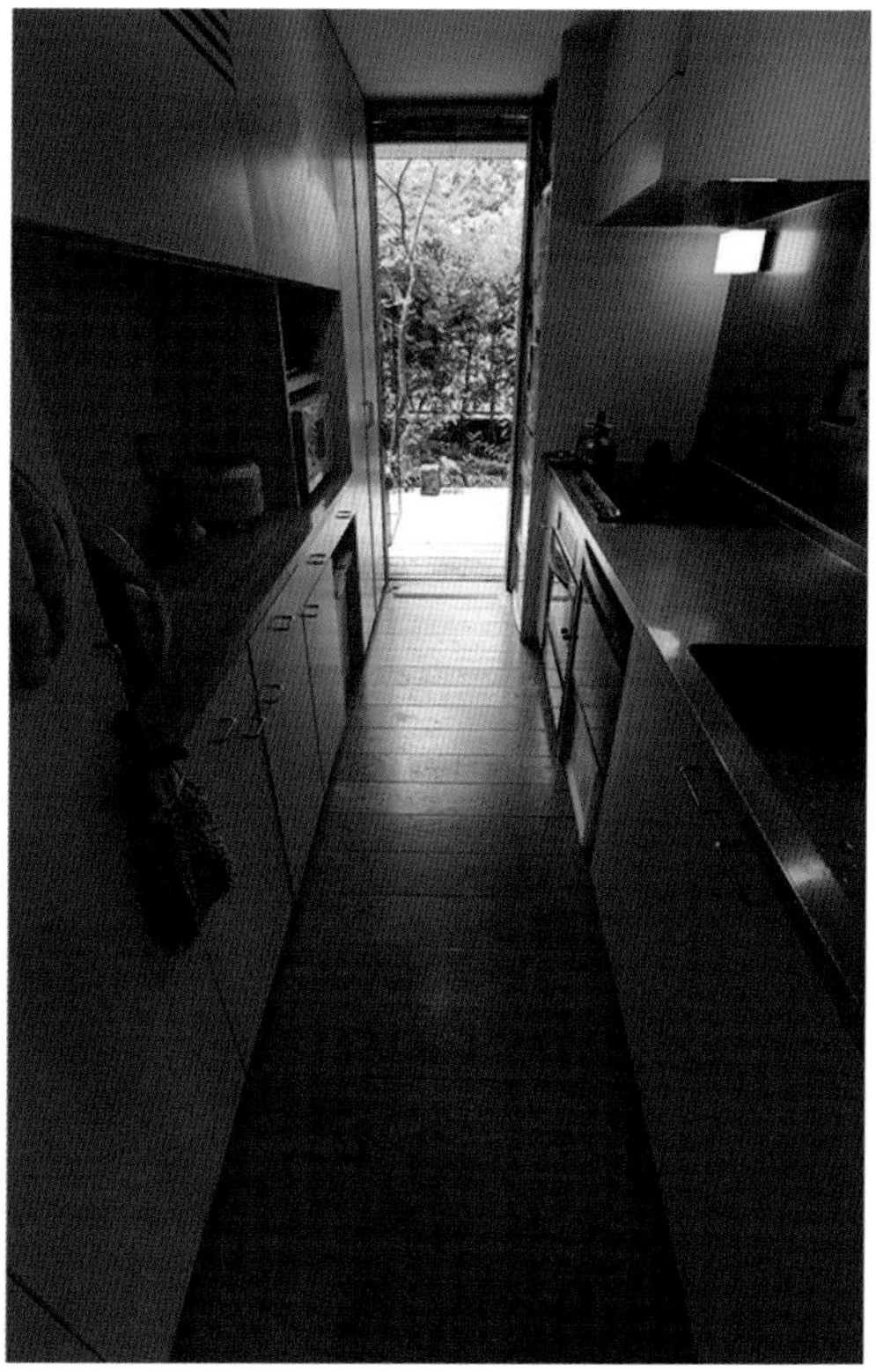

南の庭に抜ける勝手口を設けたキッチン。収納からレンジフードまで一連のデザインですっきり使いやすく

右ページ
右／2階の水回りスペース。洗面所には仕切りを設けずにトイレを設置。その先に浴室
左／浴室の窓。湯船につかる視線の先には、隣家越しに山の緑が見える

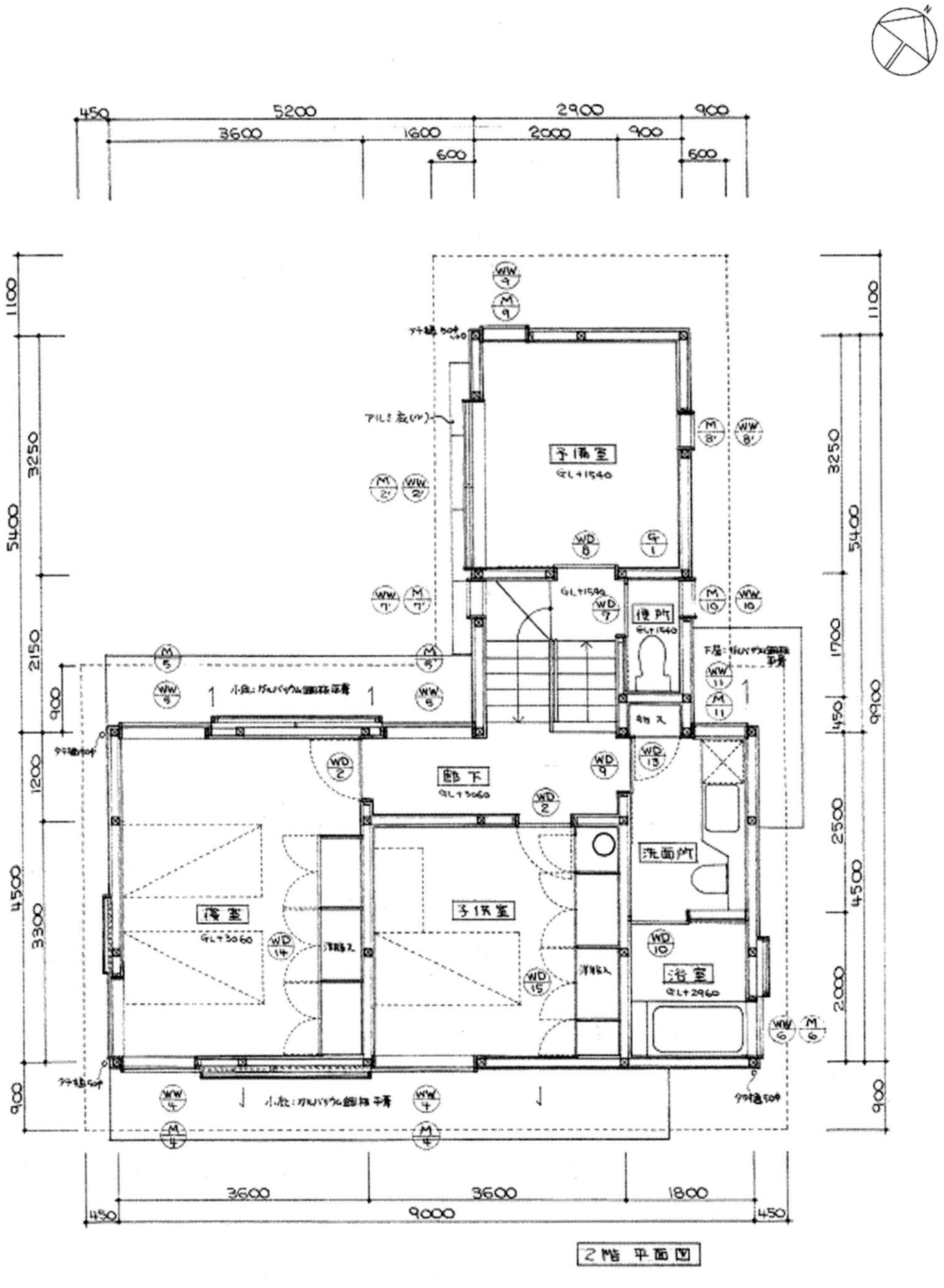

平面図＝1／100

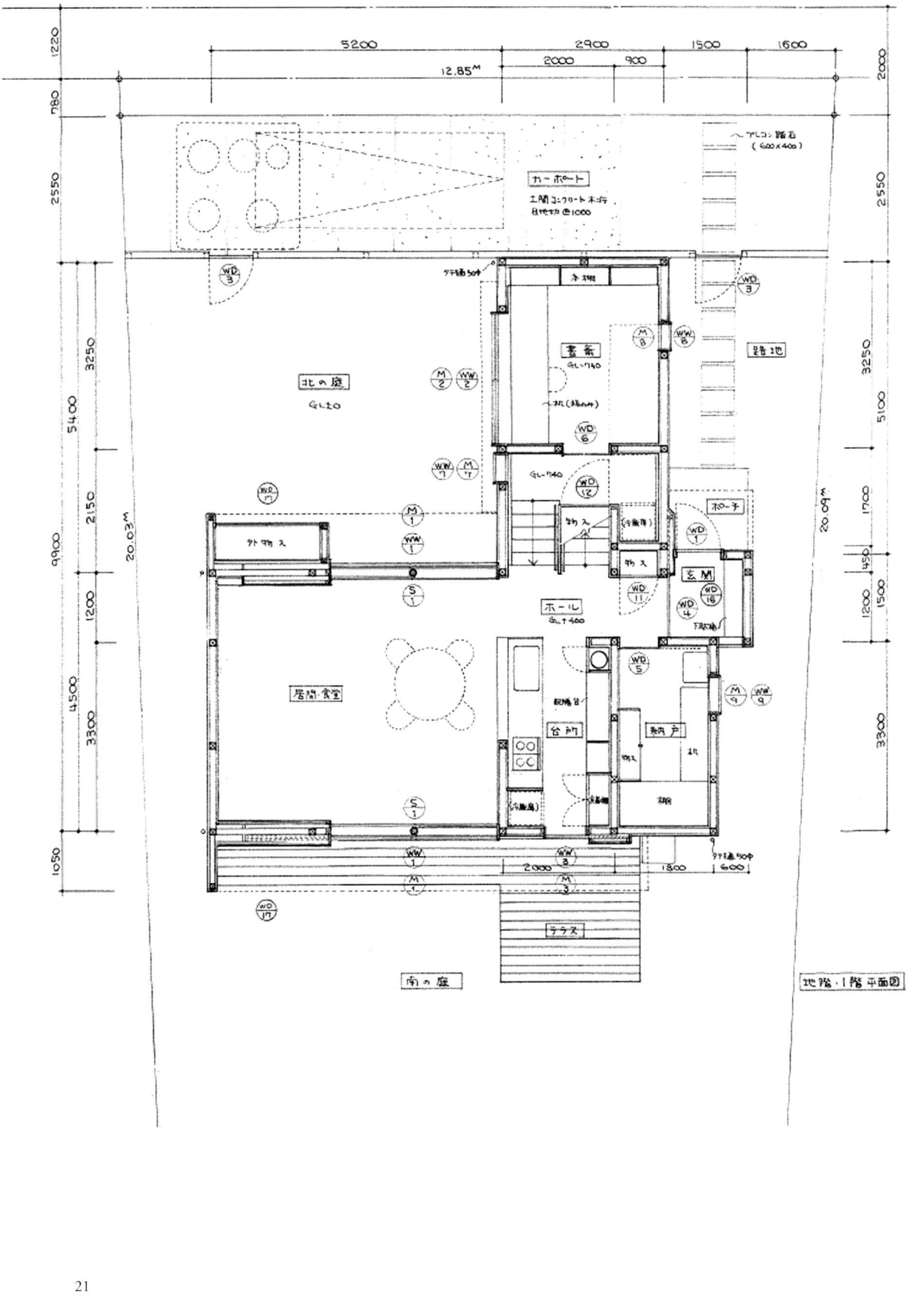
カーポート
書斎
北の庭
路地
ポーチ
玄関
ホール
居間・食堂
台所
納戸
テラス
南の庭
地階・1階平面図

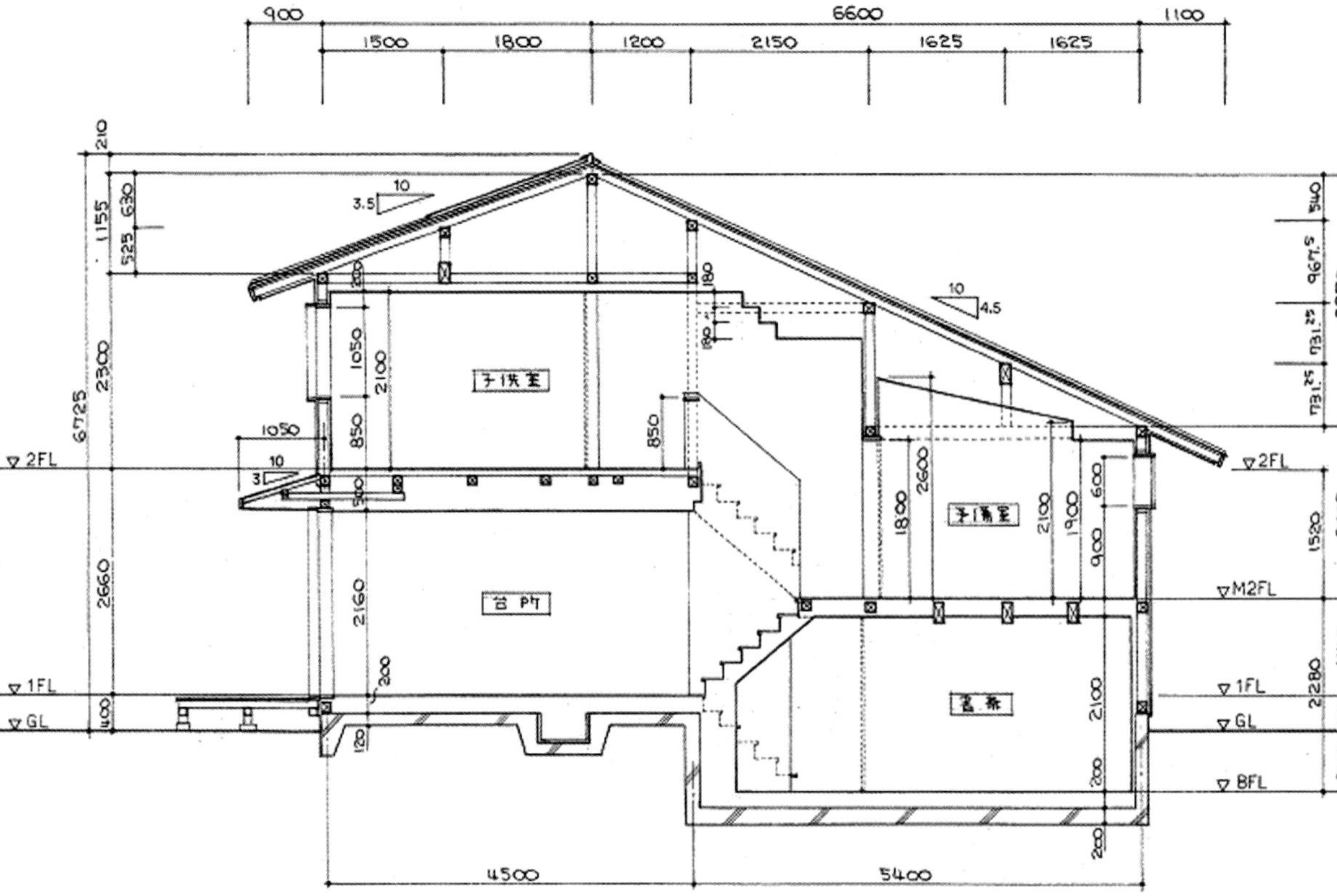

断面図＝1／100

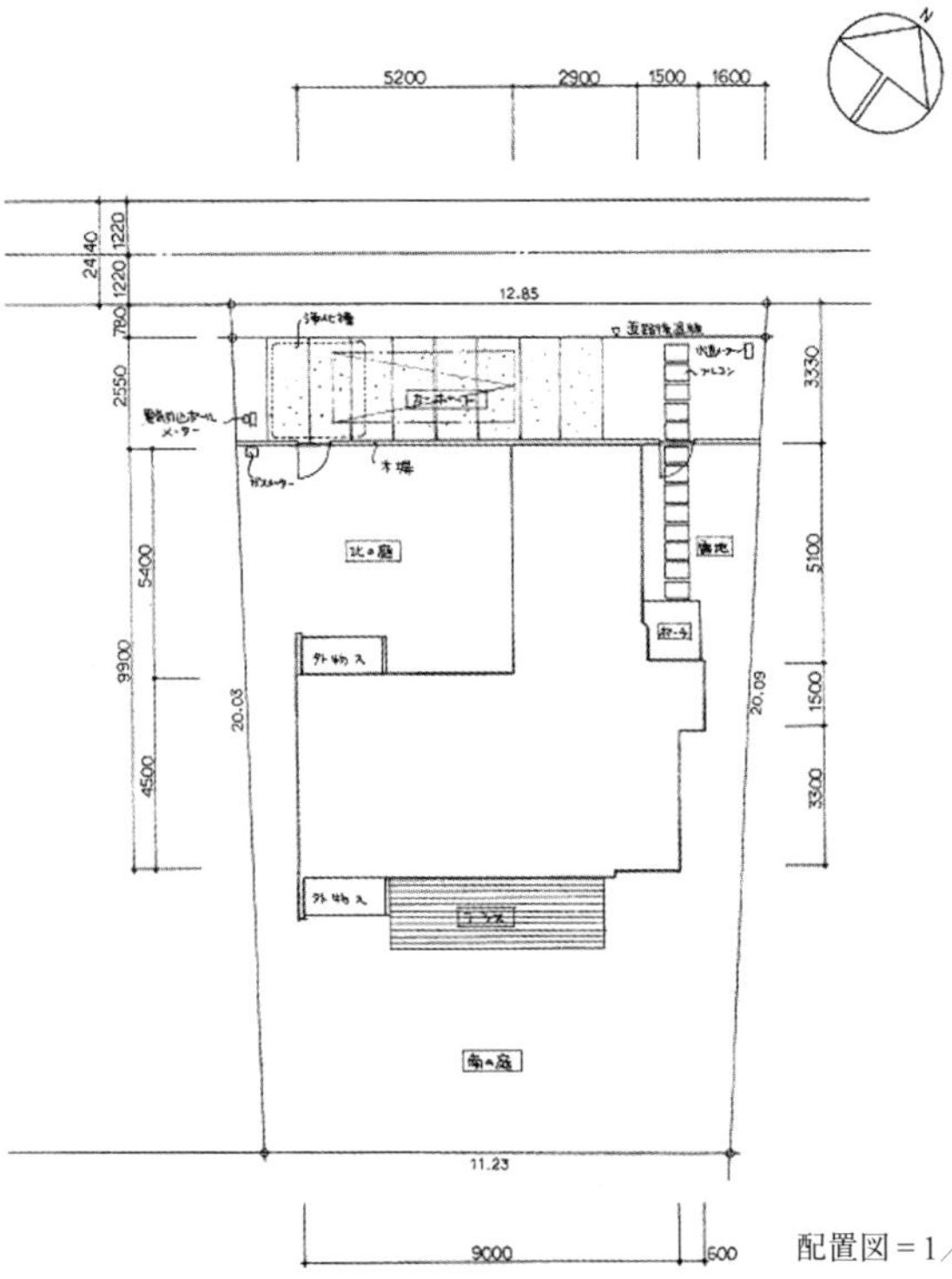

配置図＝1／300

●主な外部仕上げ
屋根：ガルバリウム鋼板瓦棒葺き
外壁：ジョリパット塗り
建具：木製建具

●主な内部仕上げ
天井：書斎・寝室・子供室／ラワンベニヤ厚5.5㎜ワトコオイル塗り、居間・食堂／PB厚12.5㎜AEP塗り、浴室／サワラ縁甲板厚15㎜撥水材仕上げ
壁：書斎・居間・食堂・寝室・子供室／PB厚12.5㎜AEP塗り、浴室／サワラ縁甲板厚15㎜撥水材仕上げ
床：書斎・寝室・子供室／杉縁甲板厚18㎜ワトコオイルワックス、居間・食堂／赤松縁甲板厚15㎜ワトコオイルワックス、浴室／ポリコンモザイクタイル貼り

●設備
暖房：空気集熱式床暖房（OMソーラーシステム）
冷房：エアコン
給湯：給湯暖房ボイラー＋OMソーラー給湯方式

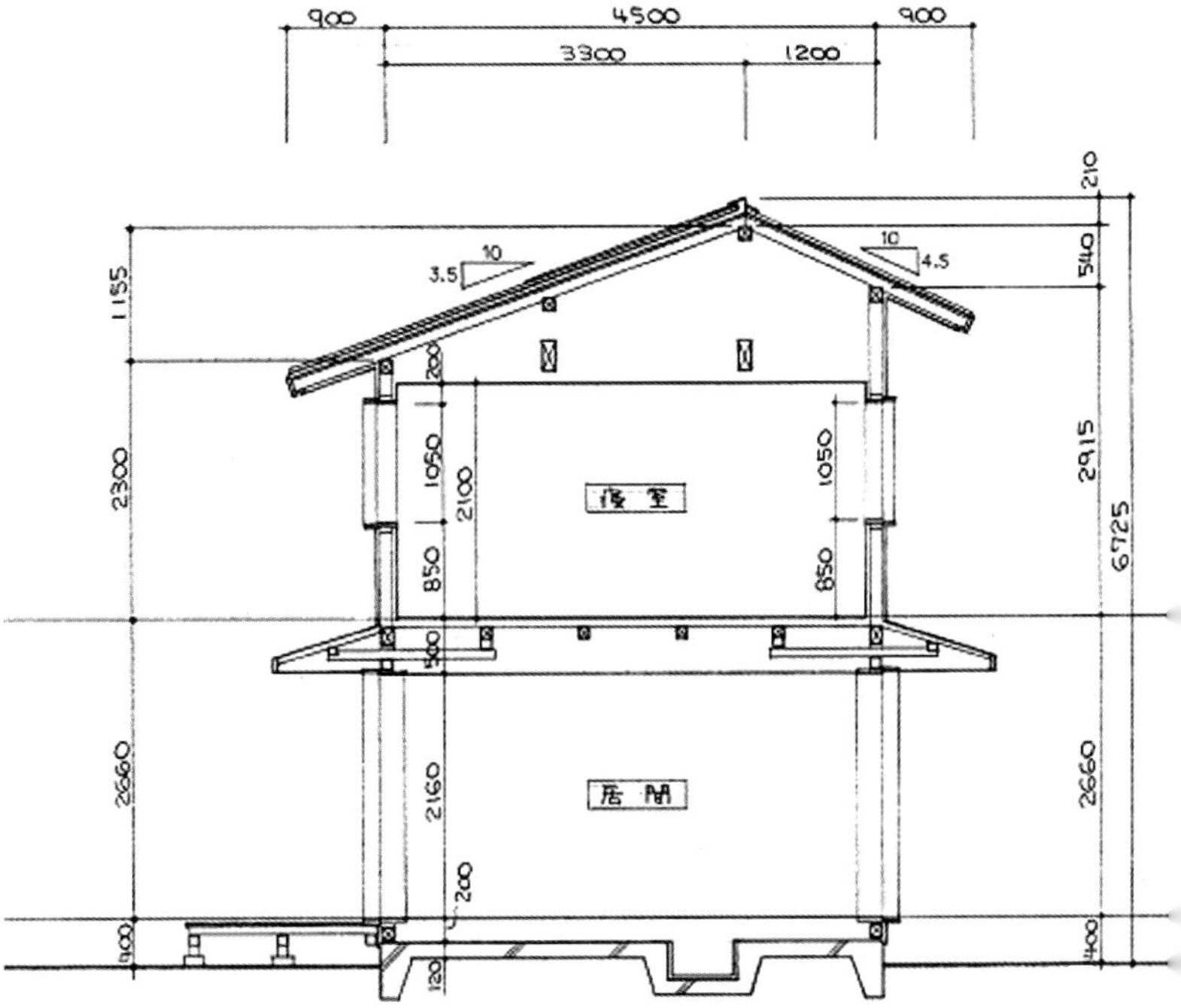

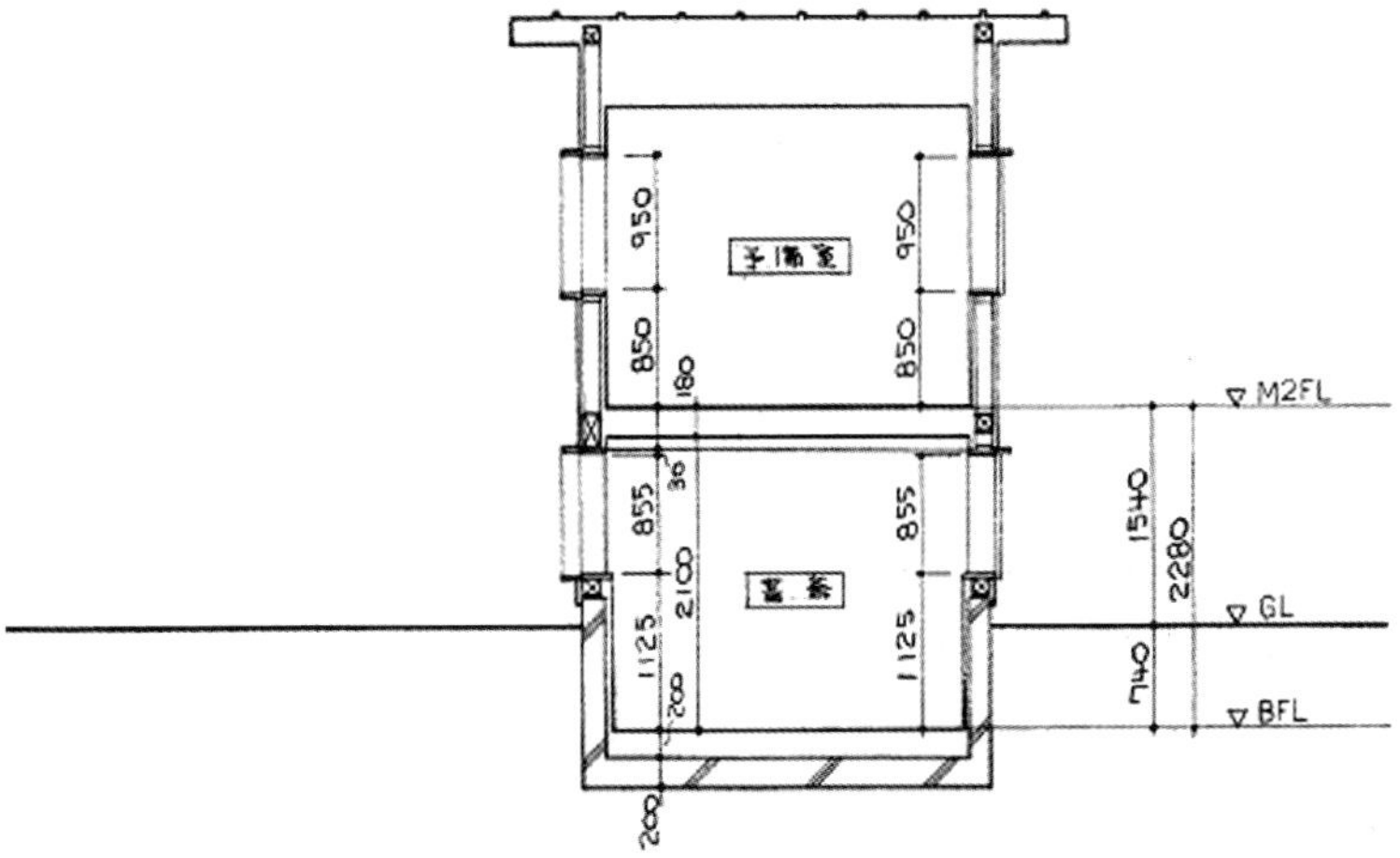

［北鎌倉の家］
所在地：神奈川県鎌倉市
家族構成：夫婦（＋子供1人）
竣工：2002年7月
構造規模：木造一部RC造地上2階建
敷地面積：231.35㎡
建築面積：57.92㎡
延床面積：113.49㎡（1階／57.33㎡、2階／56.16㎡）
設計：N設計室／永田昌民、越阪部幸子
構造設計：小野構造設計事務所
施工：安池建設工業
造園：アウトテリア民園

「山王の家」

東京都大田区・2004年

道路から見える外観は半分だけ。車庫奥の窓からは庭の緑がちらりと覗く。敷地には高低差があり、奥の庭側が高くなっている

町につながる小住宅

心を打たれたのは、永田さんの建築にあふれている「ふつう」さ。趣味性を拭い去った癖のないシンプルさこそ、永田さんが求めたものかもしれない。

趙 海光（建築家）

町の風景

永田さんが設計した住宅にはどこか心を打つものがあります。何軒か私が訪ねた家は、みなそうでした。とくに「北鎌倉の家」（10ページ参照）は私が設計中の住宅の近くなので、いまもその前をよく通るのですが、周りの風景に溶け込んだその家の姿にいつも見とれてしまうのです。

堀部安嗣さんが書いているように、その家には目立ったポイントはありません。板塀とその向こうで枝を広げる桜、そして家の壁や窓が、みなおなじ価値をもっていて、全体でひとつの風景になっている。この家を眺めていると「町の風景をつくっているのは何だろう」と考えてしまいます。町の風景は家だけでできているんじゃないのですね。

周りの樹木も塀も草花もみんな建築の一部なのだ、という感覚は永田さんの建築に共通した特徴です。些細な話に聞こえるかもしれませんが、私はこれをかなり新しい建築観だと思っています。これまでかきたてる住宅というのはありませんでした。「都市」を感じさせる住宅というのはありましたが、「町への関心」を

「町」というのは家のすぐ外に広がっている身近な世界という意味です。永田さんはその身近な世界に向かって建築を開いたのですが、でも私が心を打たれたのは、そのことよりもむしろ永田さんの建築にあふれている「ふつう」さ、でした。

スタンダードであること

永田さんの設計には気負わず「スタンダードであること」を良しとするところがありました。自身でもなんどかそう発言していますし、このたび私は「山王の家」を訪ねたのですが、その家の建て主からもおなじような話を聞いています。

「山王の家」は「北鎌倉の家」の2年後、２００４年の竣工。大森

駅近くの起伏の多い住宅地のなかにあって、袋小路のいちばん奥に建っています。斜面だし家は建て込んでいるし、これはきっと設計に時間がかかったろうなと思ったら、「いや、そんなに時間はかからずにこの家のプランはできたみたいですよ」というのが建て主の答えでした。

「永田さんにはきっと自分なりのスタンダードというのがあったんでしょうね。迷いがほとんどなかった」

なるほど。たしかに永田さんの住宅は頑として空間がぶれません。どの家にも共通のテイストがあって、なにか一枚の版画の原板から摺り出されたみたいな感じです。いわば「永田スタイル」とでも呼ぶべきものですけれど、ただ私にはそれが永田さんの個性を表現したものには思えなくて、それが不思議でした。幸い今回は「山王の家」の内部をゆっくりと見ることができたおかげで疑問がすこし解けた気がします。

永田さんがつくる内部空間の素晴らしさについては多くのひとが語っています。「山王の家」にもその美しい空間がありました。

天井はとても低いのです。ナラの床板のうえに白く塗られた壁と天井が連続し、全体が低く抑えられているせいか建坪15坪の小さな家なのに不思議に広い。ひとの居場所が、その居心地の良さのまんまアートになっている感じでした。

でも自分で体験してはじめて分かることというのは、やはりあるのですね。私にはその空間が意外にニュートラルで、素っ気ないものに感じられたのです。じつにドライな印象でした。ただ、そのぶん設計者個人の趣味性を感じさせません。

永田さんの住宅が「ふつう」に感じられるのはこのあたりかもなあ、と私は思ったのです。「自分なりのスタンダード」を積み重ねていった結果、逆に家が本来もつべきベーシックな姿が浮き出た、ということなのかもしれません。趣味性を拭い去ったこの癖のないシンプルさこそ永田さんが求めたものかもしれないと私は思いました。

町に住む

「山王の家」の内部にいて気がついたことがもうひとつあります。それは、内部がシンプルなだけ外が濃密に感じられるということです。

小窓から覗く木々の葉むら、大窓の外の庭、それらがとても生々しくて印象的でした。洋室のつくりなのになんだか昔の座敷から縁側のむこうを眺めているみたいです。

天井が低く、掃き出しの窓には障子、ガラス戸、網戸と木製サッシが入っているせいもあるのでしょう。この多層の建具もまた永田さんのスタンダードでしたが、デザイン自体はまことにシンプルで、目的が外の世界との関係のつくり方にあったことがわかります。

家の内と外がはっきりと分断された家づくりが当たり前になったのはいつ頃からのことなのか、たぶん敷地が細分化されてどんどん小さくなっていったせいなのでしょうけれど、永田さんの家づくりではどんなに小さな敷地でも家の内と外がつながっています。いやむしろ敷地が小さいほど外が冴え渡る、というところが永田さんの設計にはあります。

もちろん内部と外部とのつながり方というのは建築家ならだれでも考えるものですが、「山王の家」を見ていると永田さんの場合にはそれがとくに大事で、独特なやり方をしていることがわかります。つまり家を閉じきらないのとおなじように、敷地もまた閉じきらない。町にそのままつなげていく。

「山王の家」のまわりには思いがけないほど大きな空地がとられています。ふつうなら家をコンパクトにして残った敷地の余白は庭のために集中させるのに、家の周囲に一見ムダに思えるほどの余白があって、そこに植えられた木々が敷地の外の路地や隣の家の庭の緑につながっていました。

けっして大きくはないけれど、零細な空地にしぶとく残された植物群が網の目のようにつながりあって私たちの町はできています。永田さんはそんな町の構造にたいしてとても敏感でした。

「山王の家」には造園家の田瀬理夫さんが手がけたとても印象的な庭があります。町家の坪庭をもうすこし野性的にしたコンパクトで美しい庭ですけれど、そこもまた閉じた世界をつくろうとはしていません。家のまわりの空地とつながりあって町の隙間を拡大していくようなつくりになっています。

家をつくることがそのまま町をつくることに直結する。永田さんの住宅は「町に住むことのベーシックな姿」を感じさせます。それも特殊な住宅の姿ではなくて、ごく当たり前の住宅の姿として。

この場合、「都市」ではなく「町」というところが肝心なところで、永田さんの創意は日本の都市を町のスケールでとらえ直して住宅のサイズにスケールダウンしたところにあったと私は思います。そのことで、住まいの外と内の関係が町の姿としてはっきりと具体化しました。

家は家だけでできているんじゃないのですね。そう気づかせるところに、永田さんの「ふつうの家」がいまの時代にたいしてもつ価値があります。

（ちょう・うみひこ）

東側の路地から見る。路地の緑と庭木が一体となって家を覆い、町の風景をつくり出している（写真／趙海光）

家をつくることがそのまま
町をつくることに直結する。
永田さんの住宅は
「町に住むことのベーシックな姿」を感じさせます。
それも特殊な住宅の姿ではなくて、
ごく当たり前の住宅の姿として。

上／障子は3枚、左の戸袋に引き込める。和のテイストが強くなりすぎないよう、框（かまち）と組子の見付（みつけ）を同じ寸法にし、1枚のスクリーンに見えるように仕上げている
下右／2階寝室より庭を見下ろす。右は中2階の書斎の窓。その下は車庫で庭側に小窓が設けられている
下左／奥まった敷地と道路をつなぐアプローチ。この玄関ポーチの奥には小さな裏庭があり、勝手口からキッチンに入ることができる

右ページ
庭に張り出したデッキを介して庭とひとつなぎとなるリビング。内外をつなげ、空間に広がりを持たせるため、室内の床とデッキと植栽は同じレベルとしている

●施主、施工者に聞く——文／編者

やはり迷ってしまった。JR大森駅から徒歩で15分ほど。地図を見ると、複雑な道のりではないのだが、方向音痴にはつらい住宅密集地だ。やっと、ここかなと奥まったアプローチを覗き込むと、車庫のある家が半分だけ見える。ふつうだけど端正で品のある佇まいに、ここだと確信する。アプローチを進むと、小窓が配されたファサードが見えてきたが、周囲は住宅に囲まれて向こう側はうかがい知れない。と思ったら、車庫の奥に緑が垣間見える。奥の壁に小窓が開けられ、そこから庭が見えているのだ。家の内と外をつなげる、まさに風穴である。心憎い演出だ。

この敷地は、以前、企業の寮だった土地を分筆した中の1つで一番奥まった位置にある。南北に住宅が迫り、西側に道路、東側には木の茂る路地を挟んで集合住宅があり、土地の西と東とでは1m35cmほどの高低差があった。そこで、永田さんは、南東の一画に庭を配置し、その庭を囲むように土地の高低差を活かしたスキップフロアの空間構成を計画した。西側の玄関を入って5段上がったところにリビング・ダイニングとキッチン、中2階に1室とトイレ、2階に寝室と浴室・洗面所を置いている。上下階の移動に苦もなく、動線もスムーズ。流れるように空間が連続していく中で、ふと視線を変えた時に出くわすさりげなく美しいシーンに、永田さんらしさが感じられる。

小さい家こそ庭を大切にしたのも永田さんの手法だ。リビングとほぼ同じくらいの面積をとった庭には、床と同じ高さにデッキを張り出して内と外をつなげた。造園を手がけたのは田瀬理夫さん。植栽もデッキと同じ高さに施すことで、リビングと庭にさらに一体感が生まれている。

都市部の小住宅であるのに、開放的な空間となっているのは、外部と内部とのつなぎ方、つまり開口部の取り方にもポイントがあるようだ。永田さんは庭に面した大きな開口部に加え、小窓をたくさん設けている。居室はもちろん、洗面所や階段室など、面積的に狭い空間や突き当たりの壁に小窓を設け、視線と風の抜けをつくっているのだ。しかも、外に緑が見えるよう注意深く位置を決めている。

上／リビング奥からダイニング、キッチンに向かって。窓側の仕切り壁の小窓の先が玄関、左が階段室。キッチンの先は裏庭に出る勝手口。どの小窓からも木々の葉むらが覗いている
下右／中2階の踊り場から見た階段室。吹抜けのスキップフロアで、各階がゆるやかに、開放的につながっている
下左／ベンチが造作された玄関。車庫側の下地窓からの光が足下を照らす

内部では、ドアを最小限に抑えて空間を仕切らず、必要なところは引き戸にしている点も省スペースにつながっているようだ。ドアを設けたのは浴室とトイレ、居室では書斎のみ。トイレと書斎は引き戸にして、中2階の踊り場をすっきり納めている。

時間が経つほどに、味わいも深くなってくる。
気になるところがない。でしゃばってくるところもない。
住み手のことをよく考えているのだと思います。——施主

「山王の家」の住まい手は、ご夫婦と小学校に通う双子の兄弟。ご夫婦が永田さんに設計を依頼したのは、お子さんが生まれる前だった。

「子供は欲しいと思っていましたけど、当時はまだで。工事が始まって、現場監督の小島さんが『永田さんの家はよく子供に恵まれるんですよ』って言ってたんですが、本当でした」と奥様。ご夫婦は、雑誌や写真集を見る中で、永田さんを含めた3人の建築家に候補を絞り、タイミングよく受けてもらえた永田さんに決めたという。依頼から2、3カ月でプランが出てきた。

「模型をつくってくれたんですが、それがかっこよくて、とてもいい印象を持ちました。特にガレージの窓が素敵でしたね。庭をつくってくれた田瀬さんはその窓を『ドラえもんのお裾分け窓』って言ってました。

なるべく永田さんには注文しませんでした。そのほうがいいと思って。何を注文していいかわからなかったというのもありますが、永田さんが設計した家を一軒見に行って、それで細かく注文しなくていいねと夫婦で話したんです。こちらがいいと思うことを必ずやってくれるだろうと。例えば、どの窓も向こうに緑が見える。永田さんはそういう切り取り方を必ずしている。なので、部屋数も要望を言いませんでした。お願いしたのは、ミーレの洗濯機と食洗機を入れたいということと、車庫くらいかな」と、当時を思い起こすご主人。

永田さんに聞かれたのは、「どんな家具を持ってくるのか」「車庫は

車庫の奥の壁に空けられた窓。庭を絵画のように切り取り、視線と風を通す

小さくてもいいか」「木製サッシにするか、木製建具にするか」など。それでご夫婦は木製サッシを選んだ。車庫については、「もし子供ができたら、子供部屋にすることも可能だよ。玄関脇を空ければ部屋にできるから」と永田さんは言っていたそうだ。

「風がよく通って、夏は涼しく、冬は暖かです。仕事から帰ってくると、ほっとします。庭の眺めもとてもよくて、四季の移ろいも感じられます。キッチンで料理をしながら庭が見られるのもいいですよ」(奥様)

「庭があることでリビングが広く感じられる。庭の効果はすごいと思います。住み心地はもちろんいいんですが、そういう意識すらせずに自然に溶け込んでいる感じです。時間が経つほど、味わいも深くなってくる。永田さんの家は余計なところがない。地味というか、気になるところがないんですよね。でしゃばってくるところもない。だから家具もどんなものも似合う。住み手のことをよく考えているのだと思います」(ご主人)

住んでから変えたのは、リビング・ダイニングの床くらい。お子さんの誕生を機に、じゅうたんからフローリングに張り替えたが、全体的に部屋の使い方は変わっていない。子供部屋もこれからで、永田さんが以前言っていた車庫の改装を考えているそうだ。

施工は、幹建設が手がけている。幹建設・代表取締役の内田幸次さんと永田さんとのつきあいは長く、内田さんが幹建設を立ち上げる前から。内田さんが勤めていた工務店で出会い、独立時には後押しもしてくれた。

「木造に木の建具というのが永田さんの理念でした。アルミサッシは使いたくない、と。でも、法規制がどんどん厳しくなってきて、思っている設計ができないようなところでは設計したくないと言ってましたね。

図面も手描きからCADに、刻みも大工からプレカットに移行していきました。プレカットの技術も上がって、予算上、仕方ないこともあったけど、永田さんはしばらく、どうしても手刻みして欲しい、と。墨付け、手刻みなどの仕事がなくなれば、当然、匠の技がすたれてしまう。それを危惧して、ぎりぎりまでねばった。大工を大事に思ったのは、永田さん自身、大工から教わったことが多

右/2階、ホールから寝室に向かって。右は階段室。寝室の庭側は腰高窓、反対側は全面収納となっている
左/2階、寝室手前のホール。右は寝室の収納。寝室との間にドアは設けず、多目的に使えるスペースとなっている

墨付け、手刻み……、手仕事がなくなれば当然、匠の技がすたれてしまう。それを危惧して、ぎりぎりまでねばった。職人を大事にしてくれた建築家でした。——幹建設

かったからでもあるでしょう。職人を大事にしてくれた建築家でした」

　そう内田さんは話す。永田さんは、つくりを難しくはしなかったとも。難しくする設計者はたくさんいるけど、永田さんがこだわったのは、難しさではなく、「その場で、手でつくる」ということだった。

「家具でもキッチンでも大工の手でつくる。工場でつくったものをポンと置くというものではない、現場で職人が一つひとつつくる、という考えなんです。同じ仕様でも、当然のように一軒一軒、詳細図を描いてきましたから」

　当時、現場監督を務めた小島守さん（現在・小島工務店）は、「永田さんのすごいところは、現場を止めないところ」と語る。現場でわからないことが出てきて連絡すると、いつも即答してくれたそうだ。

「まだ先だけど、詳細図がないところがあったので頼んだら、電話の向こうで描き始めたので、『今じゃなくていいです』って言ったら、『ばかやろう』と（笑）。そのくらいすぐ対応してくれました。頭の中では納まりがすでにできていたんでしょうね。

　納まりでよく言っていたのは、『線を消す作業をしている』と。たとえば窓周りの額縁。枠やらたくさんの線が出てくるので、できるだけ線を消す工夫を図面化されていました。

　この家では、目線をしきりに気にしていましたね。傾斜地なので、裏の路地からの目線とか隣との関係とか、すごくこだわっていた。現場に来るたびに、目線、視線と気にされていたのを覚えています」

　印象に残っているのは、セミの話。セミが鳴いていて、なんのセミか言い合いになったが、結局永田さんが合っていたそうだ。「いろんなことを知っていましたよね、永田先生は」。小島さんはしみじみと振り返る。

右／現在はご夫婦の書斎としている中2階の部屋
左／中2階の書斎、庭側の掃き出しは、片引きの木製サッシと障子の組み合わせ。窓からは庭とその先の路地の緑が重なって見える

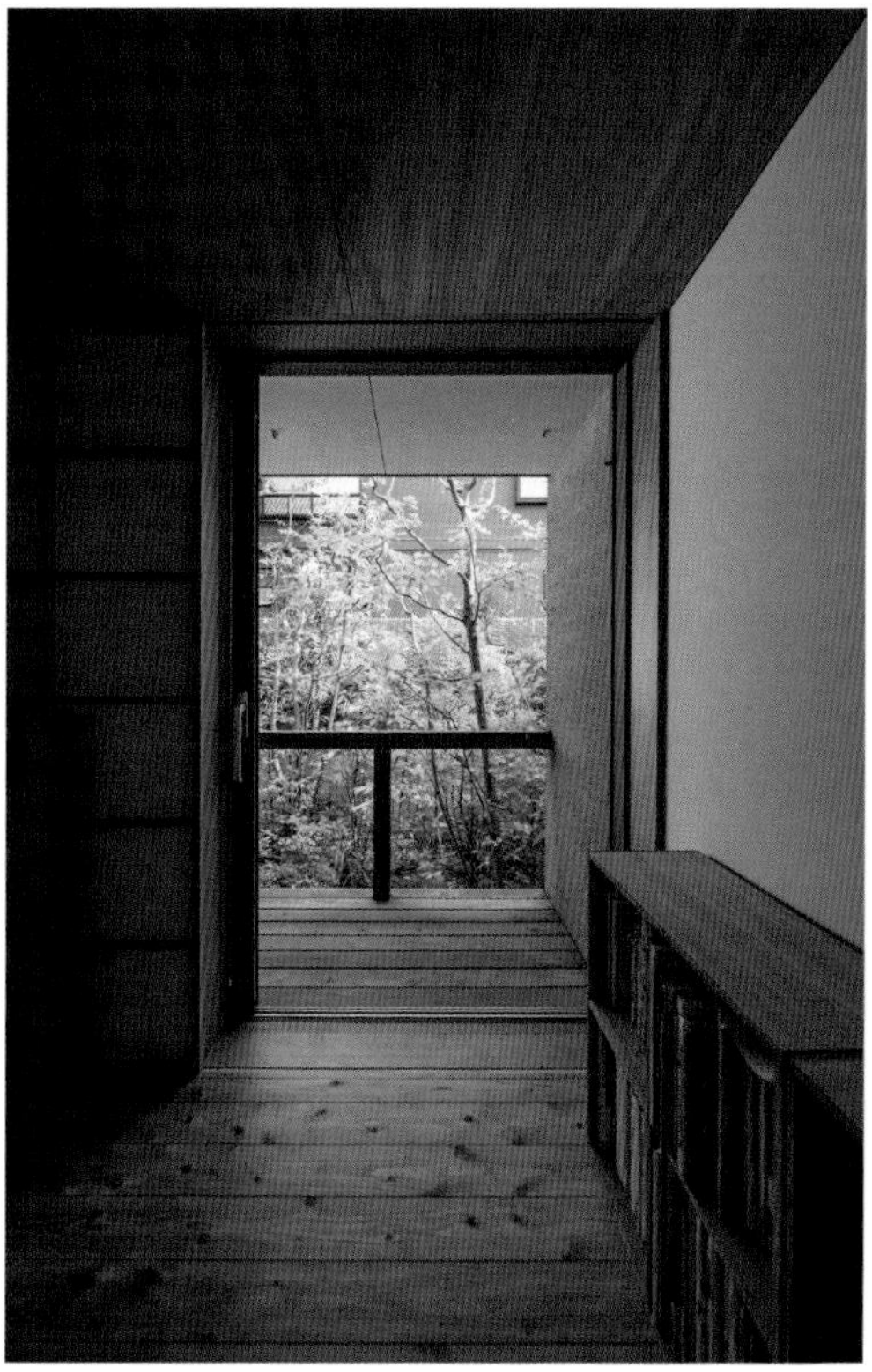

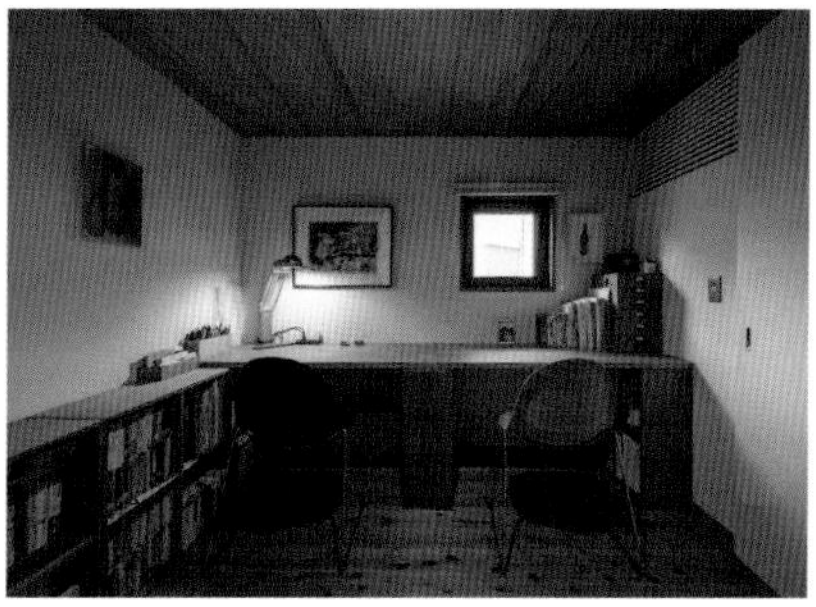

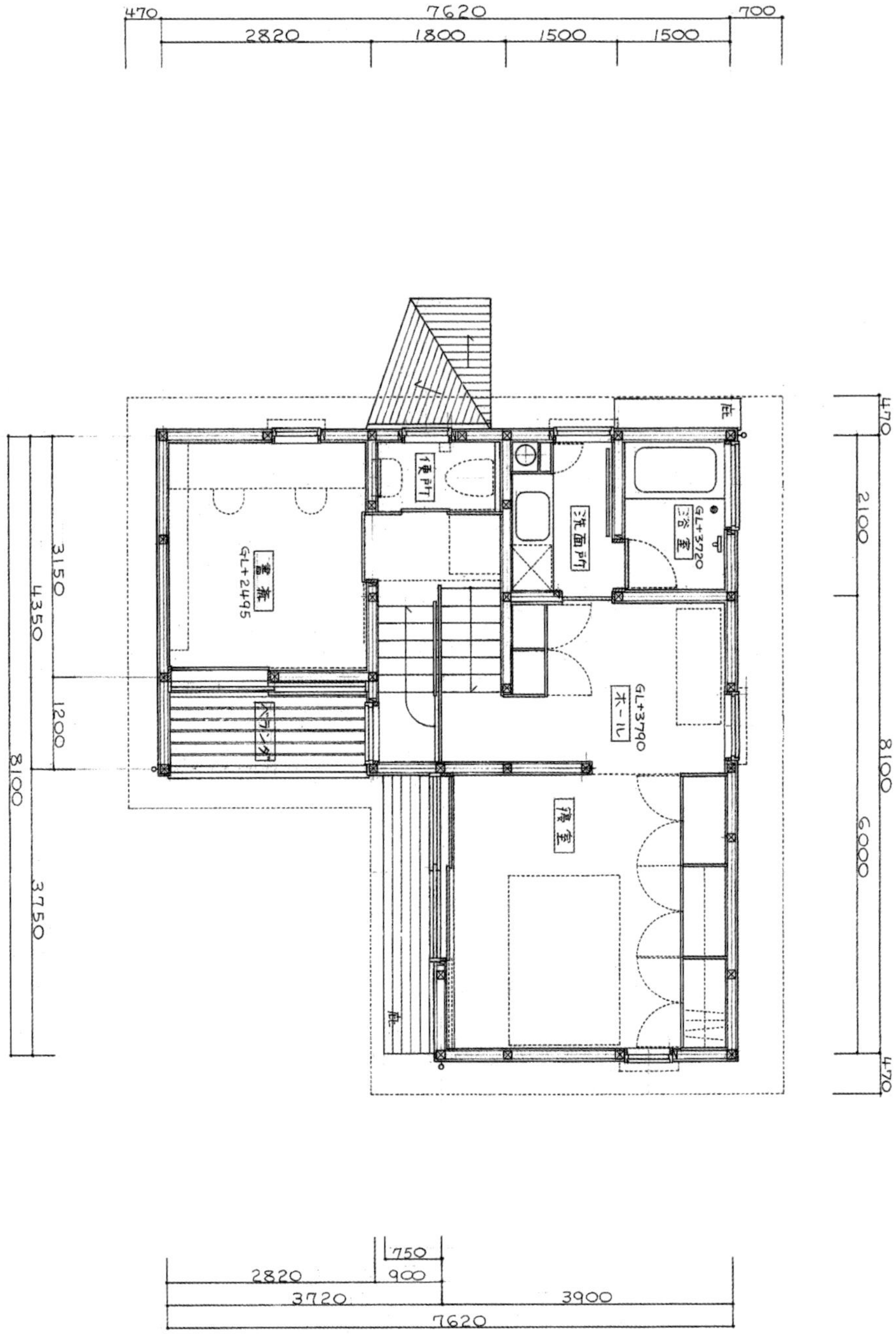
書斎
GL+2495
便所
洗面所
浴室
GL+3720
ホール
GL+3790
寝室
ベランダ
7620
2820
1800
1500
3720
3900
8100
6000
2100
4350
3150
1200
3750

2階平面図

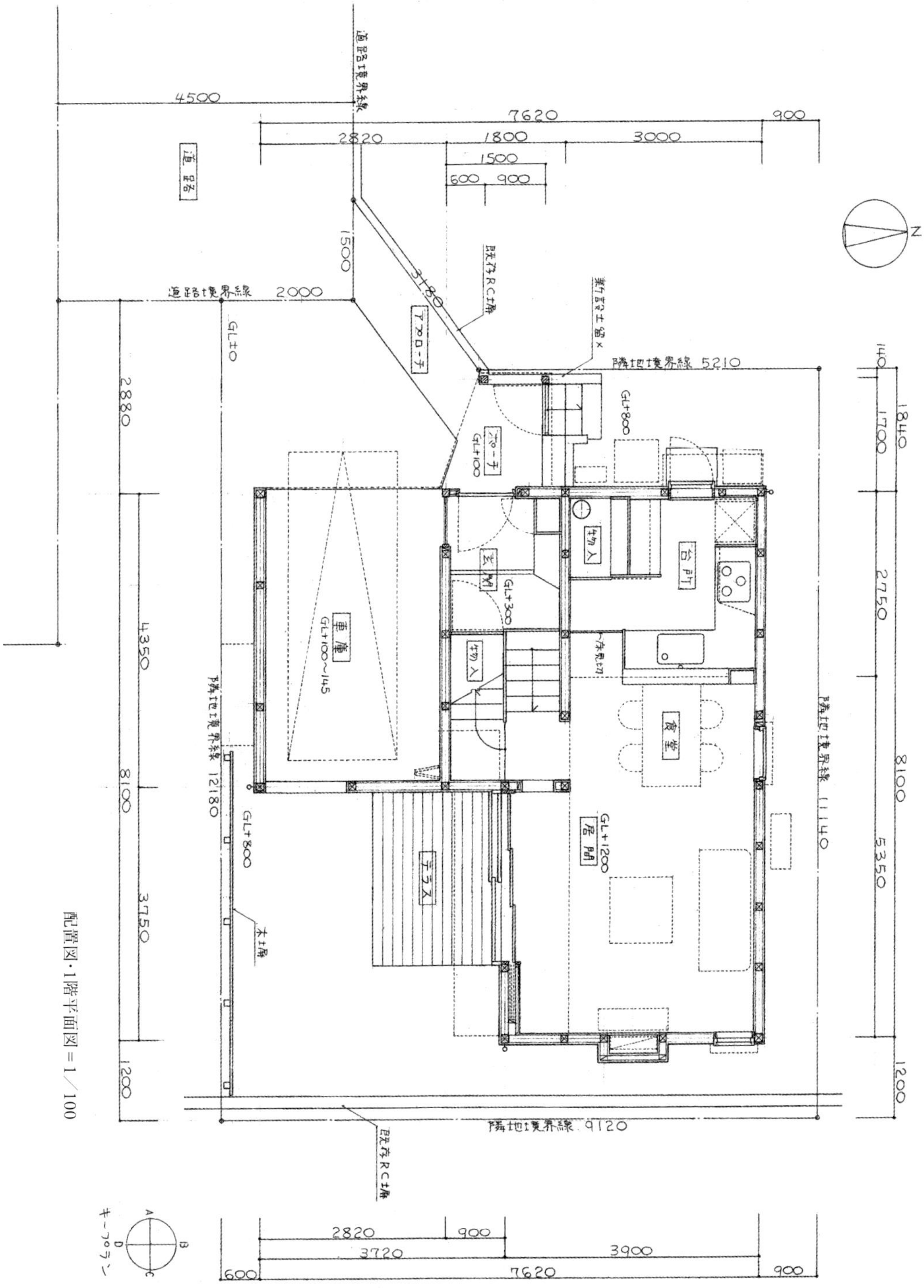

配置図・1階平面図＝1／100

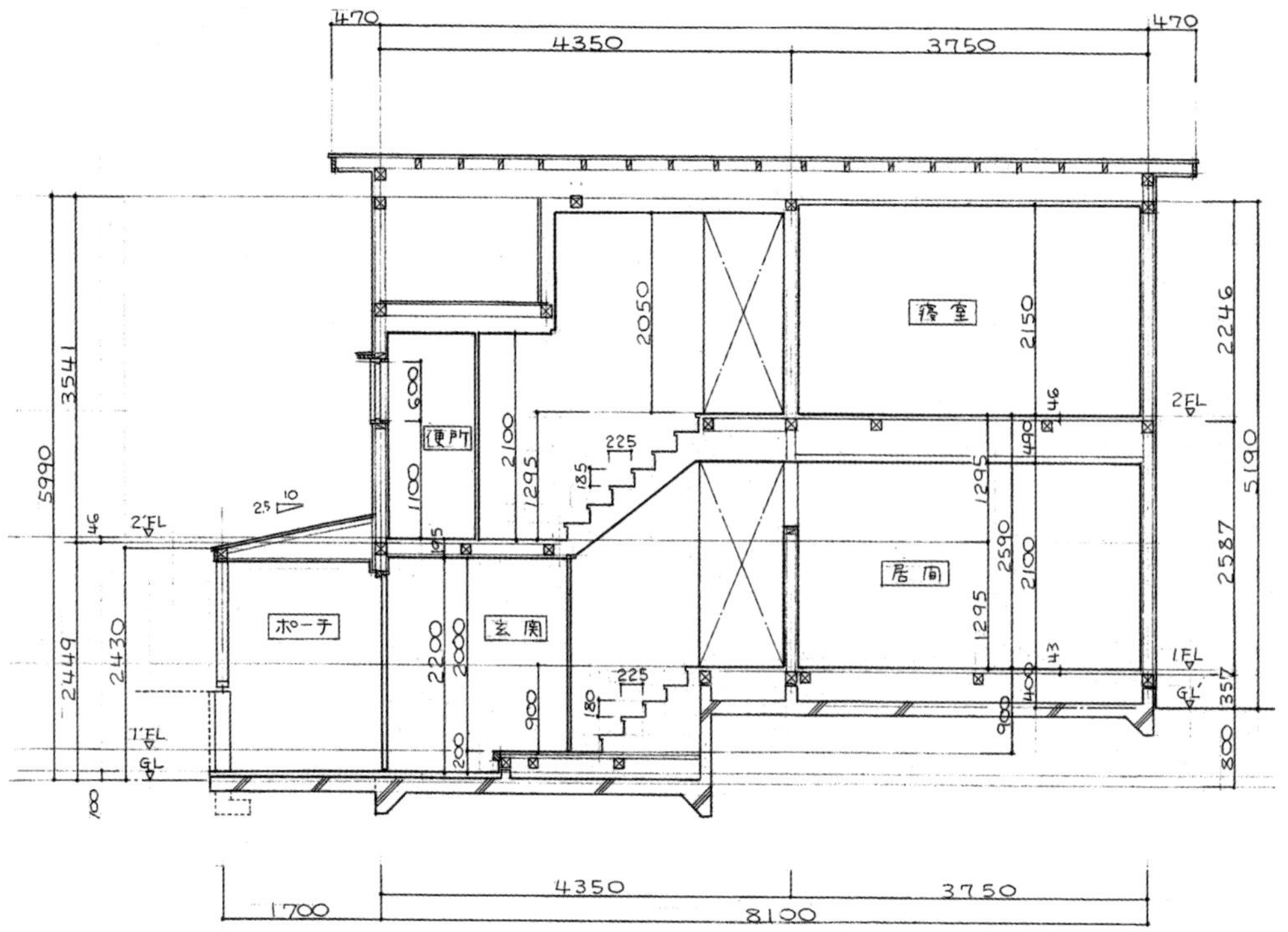

東西面断面図

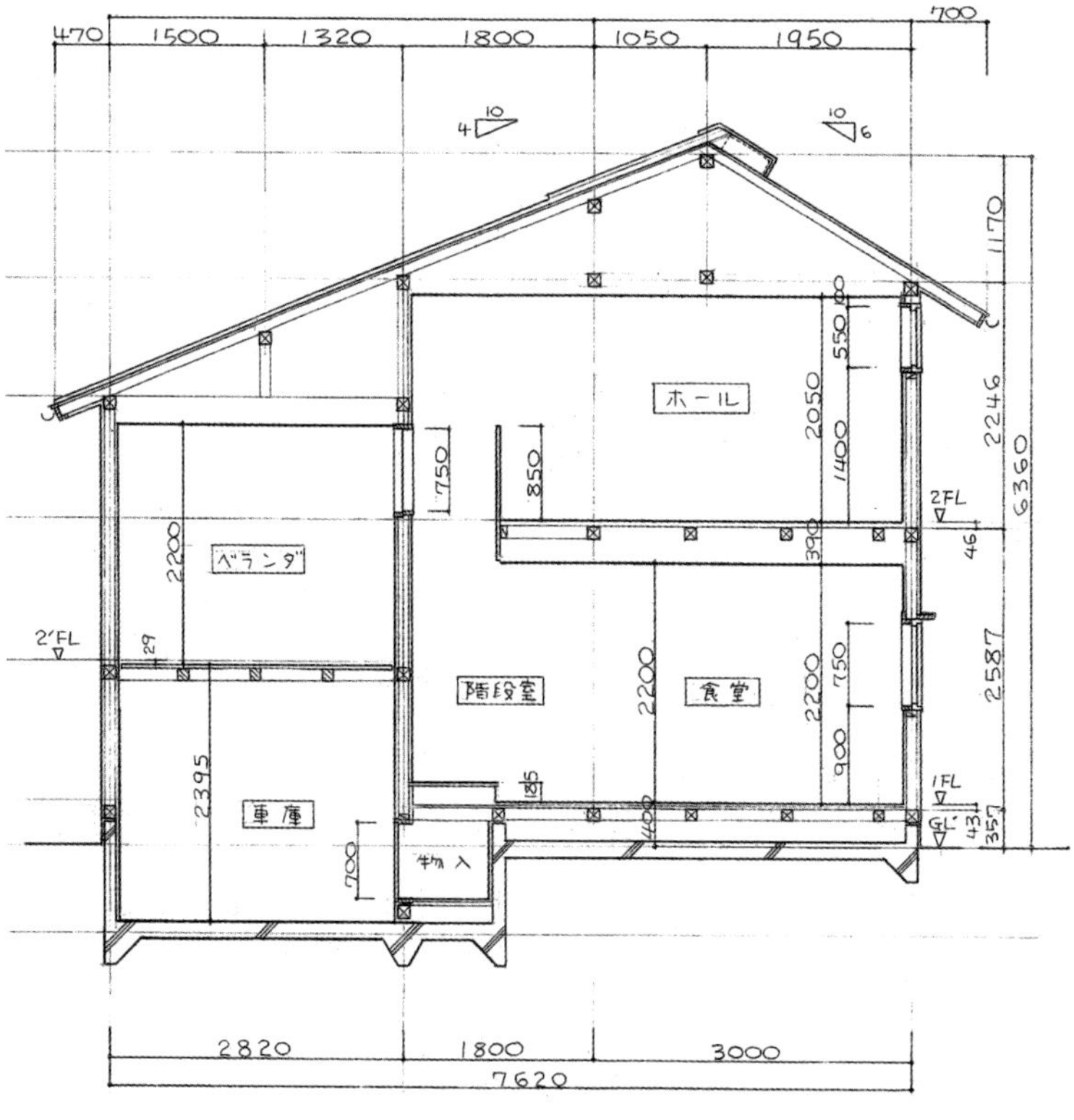

南北面断面図 ＝1／100

［山王の家］
所在地：東京都大田区
家族構成：夫婦＋子供2人
竣工：2004年8月
構造規模：木造2階建
敷地面積：106.04㎡
建築面積：49.06㎡
延床面積：95.54㎡（1階／47.77㎡、2階／47.77㎡）
設計：N設計室／永田昌民、飯田暢子
施工：幹建設
造園：プランタゴ／田瀬理夫、小田部真由美

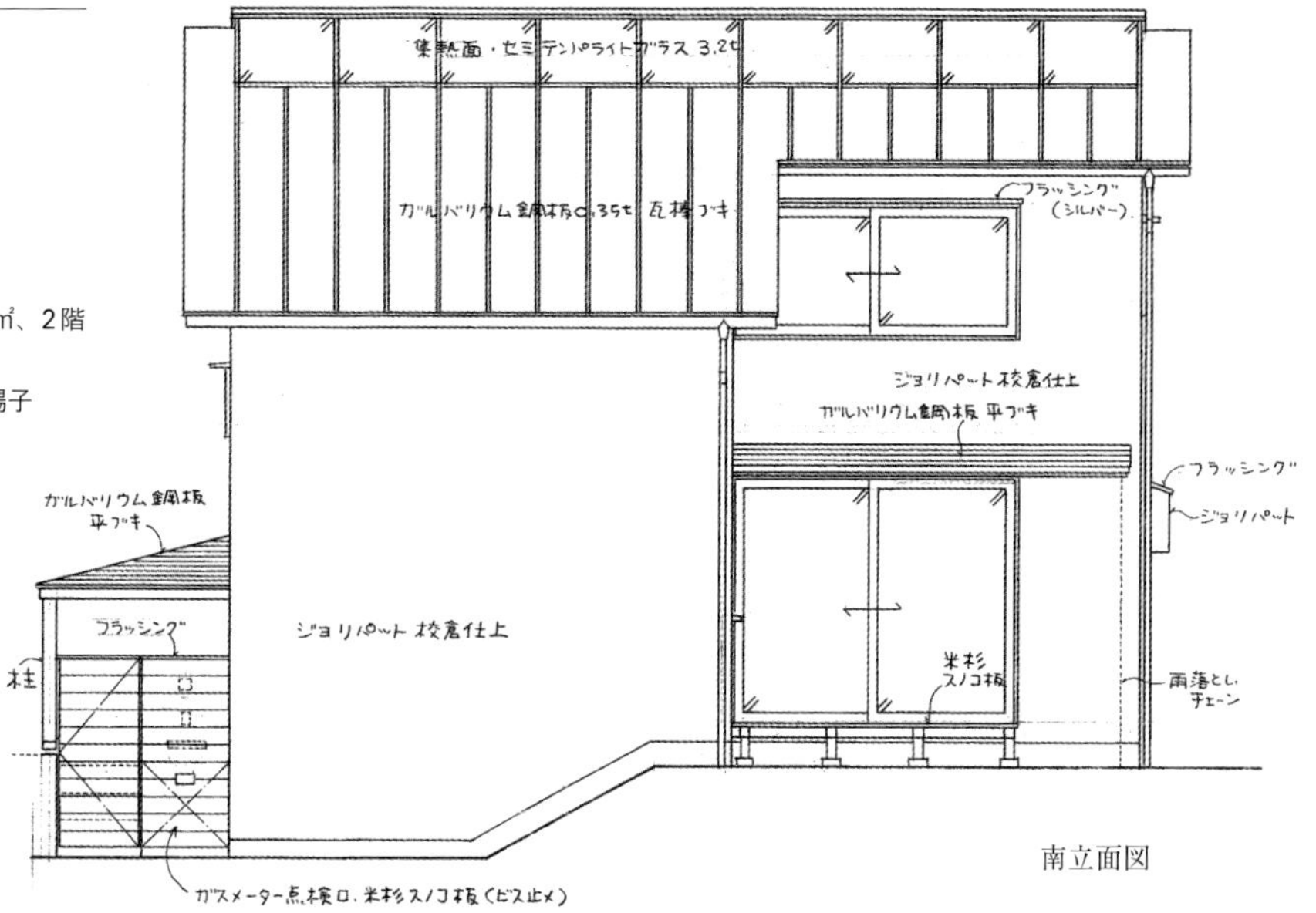

南立面図

●主な外部仕上げ
屋根：ガルバリウム鋼板瓦棒葺き
外壁：ジョリパット校倉仕上げ
建具：木製気密建具（アイランドプロファイル）
テラス：米杉

●主な内部仕上げ
天井：玄関・居間・食堂・台所・1階階段／PB厚9.5㎜寒冷紗パテシゴキ（目地部）AEP塗り、書斎・トイレ・中2階階段室・ホール・寝室・2階階段室／ラワンベニヤ厚5.5㎜目透し張りワトコオイル塗り、洗面所・浴室／サワラ縁甲板厚15㎜張り撥水剤仕上げ
壁：玄関・居間・食堂・1階階段／シックイ塗り、台所—タイル圧着貼り、書斎・トイレ・中2階階段室・ホール・寝室・2階階段室／PB厚12.5㎜寒冷紗パテシゴキ（目地部）AEP塗り、洗面所／サワラ縁甲板厚15㎜撥水材仕上げ、浴室／サワラ縁甲板厚15㎜撥水材仕上げ・ポリコンモザイクタイル貼り
床：玄関／レンガ羊羹敷き・一部大分杉縁甲板張り、居間・食堂／ナラフローリング、台所／コルクタイル厚5㎜張り、階段室・書斎・トイレ・ホール・寝室・洗面所／杉縁甲板厚18㎜ワトコオイル塗り、浴室／ポリコンモザイクタイル貼り

●設備
暖房：空気集熱式床暖房（OMソーラーシステム）
冷房：エアコン
給湯：給湯暖房ボイラー＋OMソーラー給湯方式

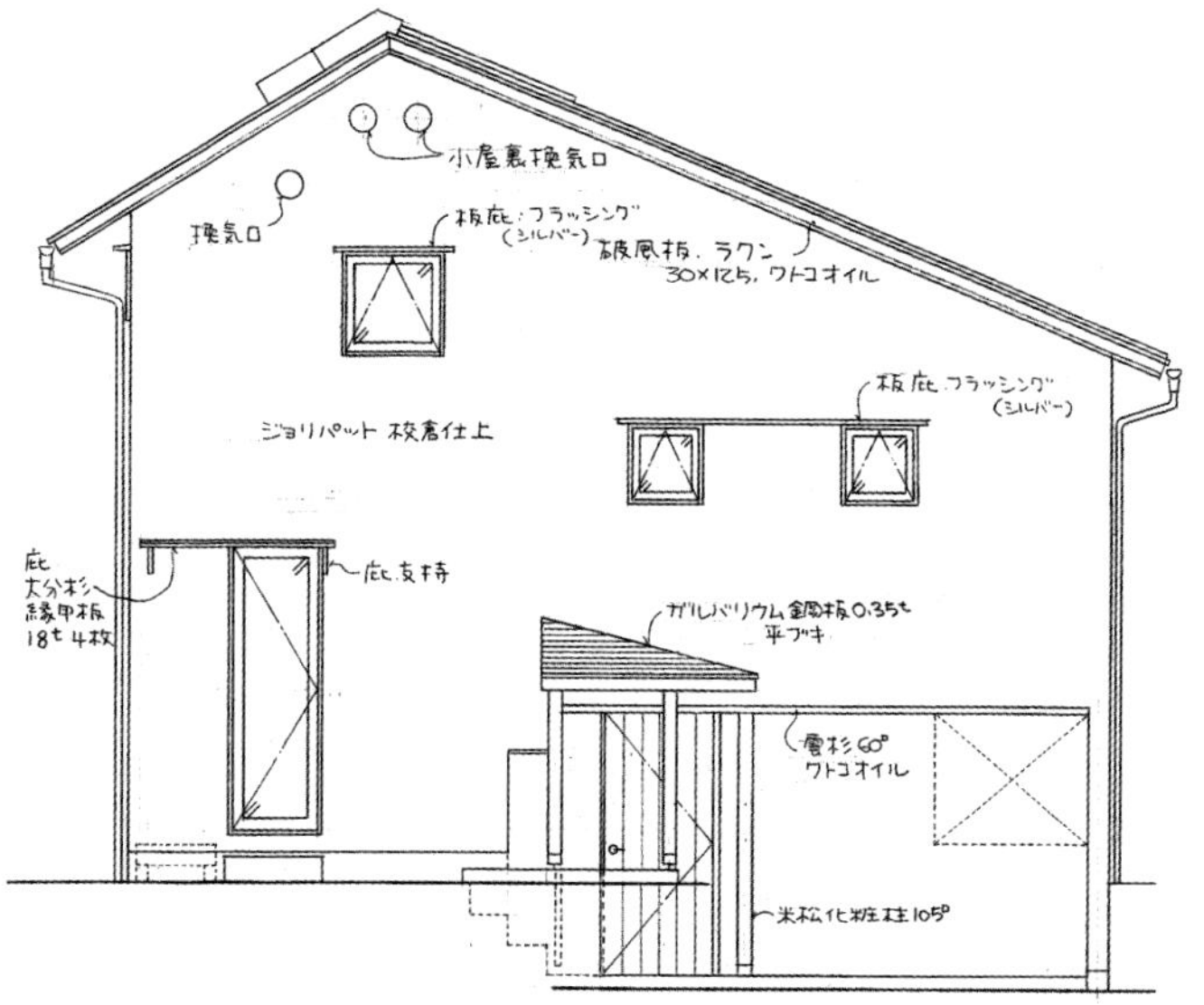

西立面図＝1／100

「所沢の家」

東京都所沢市・1999年

テラスへと同じレベルでつながるリビング。室内は、無塗装の型枠を用いたコンクリート打放し

屋上菜園をもつ都市住宅

人間と外界を取り結び、
世界を整序する、神話的な住宅。
建築から世界をつくることができるという確信を静かに、
しかし今の私たちには眩しいほどに伝えてくれる。

倉方俊輔（建築史家）

親和性と並び合う神話性

「所沢の家」について一言だけ口にせよと言われたら、何よりも「流れている時間が素晴らしい」と答えたい。竣工から現在までに「流れた時間」ではない。竣工の時の形だけでもない。現在進行形の住宅の内外の行為が美しかった。それを可能にしている形に心打たれて、どんな仕掛けがここにあるのだろうと考えた。

住宅のつくりは100㎡強の敷地に、平面がほぼ正方形の1階を鉄筋コンクリート造で構え、その上に木造の小さな2階を置いて、残りの半分強の面積に菜園を設けたものだ。ガレージを思わせるがっしりした見た目の上に、控えめに傾斜屋根が載ったその形は、周囲の住宅とよく似ている。敷地内から前面の遊歩道まで茂った草木と調和した姿も、健やかな暮らしそのもののようだ。住宅は、草が生えるように一軒また一軒と宅地化していった首都近郊の周辺環境に対して、親和的であり、それを愛でている。

永田昌民と同じ1941年生まれの安藤忠雄、伊東豊雄、六角鬼丈、毛綱毅曠らが「建築家」だとしたら、これは人目を驚かすような住宅でもなく、「建築家の作品」らしくない。生年から語るのは諦めた方が良さそうだ。加えて、1999年に建った「所沢の家」は、当時の建築界の潮流とも無縁に見えて、竣工年も批評の助けになりそうにはない。では、これが周辺環境や施主の生活といった既にあるものを受け入れ、巧みに調整した結果生まれた、主張の弱い単なる「いい住まい」かというと、まるで違う。空間が意志を持って切り分けられ、構築されているのである。

塊から掘り抜いた「横穴」

最大の切り分けは、1階と2階である。階における経験は、1軒の住宅とは思えないほどに異なっている。

1階は詰まった塊から掘り抜いた「横穴」のような空間だ。ほぼ南側にだけ空いた開口が、図面で見る限りはシンプルな空間に明快な方向性を与え、ガラス窓を通過して室内に注ぐ外光が床・壁・天井を舐めて、室内の空気にグラデーションをつくり出している。最も奥まった場所が眠るための空間であることが、当然に思える。片側には納戸がある。もう片側には洗面所と浴室が設けられている。就寝を補助するものが切り分けられることで、空間は純粋性を増し、窪みとしての形態も強められている。1階のワンルーム空間に、何にでも使えるでしょう、といった弱々しさはない。五角形の敷地の中に、南北の軸を毅然として造形し、内部に様々な居場所の必然性をつくっている。自然な方向性と場所性が、大きな構えとムラのある「横穴」を思わせる。ここに暮らす者が、この掘り込まれた窪みで休息を取ること、より外光に近く調理場所に接した位置で食事を取ることを、空間が自然に導いているのだ。

外との関係を捉えると、囲われた内部が主体で、そこに外界が取り込まれていることに気づく。改めて部屋の北端に腰掛け、南側の開口部に目をやろう。視界に入る上面、右面、左面とも、抽象的な「面」になるよう設計者が気を配っているのは明らかだ。天井面には何も付けず、西側の壁面もコンクリート打放しのままであり、東側の台所はフードとシンクを面一でデザインして、ヴォイドを掘り抜くという部屋全体の空間構築の主題を反復させている。ガラス窓の向こうに伸びるテラスの高さは床面とほぼ面一、開口部と同一の幅のまま敷地境界線において断ち切られ、仕上げは床に似せている。上下左右のうちの一面がそのままに延長され、敷地境界を越えて続いていくような内側の意識で、世界を規定しているのだ。壁の厚みを見せていることも、内から外へと穿《うが》つ感覚を強めている。西側の入口も同様で、だからこそ、引き戸一つで外部であっても不安は感じられない。この最も安心できる奥まった場所を起点に世界が始まっているようにさえ思う。室内の床面は、外部空間を測るグラウンドレベルである。

自然に取り囲まれた「ヴィラ」

上階の経験は対照的だ。1階は「横穴」であり、2階は「ヴィラ」である。従来の建築論の流れに接続するなら、例えばジョセフ・リクワート『アダムの家——建築の原型とその展開』のように、これらを「洞窟」と「テント」と呼んだ方が良いのかもしれないが、「洞窟」におどろおどろしい響きを、「テント」に単なる即物性を感じてしまうため、ここでは「横穴」と「ヴィラ」と記したい。

「ヴィラ」は自然に取り囲まれ、遊戯的で、軽やかである。1階では内側から外界を定義付けていた。2階は反対に、広がる空、周囲の民家や緑、屋上菜園といった外界が、内部空間のありようを左右している。不変の内部空間が世界のオリエンテーションを規定していたのとは逆に、移り変わる世界が室内の佇まいを侵食している。人間にできることは、ささやかな囲いをつくることくらいだ。こうして世界の中心であることの責任感から解き放たれた時、恣意性が生まれ、精神の自由が浮き上がる。小屋であっても、別荘であっても、あるいはハンモック一つであっても、それらを「ヴィラ」と呼びたいのだ。

だから、2階の天井は緩やかにカーブしていないとならない。それは天蓋のささやかさと同時に、つくった手の遊びが感じられる形を通じて、外部に侵食されすぎない人間の領分を意識させる。内部空間に方向性を付与していることも重要で、1階の南北軸に対して、ここでは東西軸が別の外界との付き合い方を生み出している。最も奥まった東端に、またしても窪みは用意されている。閉じ切らない人間の空間とするために控えめな位置に小窓を設けていることも、1階の北端と同様である。しかし、書斎は寝室とは異なり、生きるために必須の要素ではない。だからこそ、軽快なベニヤ張りの空間は、自然の中に一時、腰掛けるようにできている。移りゆく自然と共に生きる理想の「ヴィラ」は、囲い込まれて身と心を守る安住と共に初めて成立する。それは1階にある。

干渉しない2つの世界

「所沢の家」は、全体の上下を2分割した凡庸な住宅でもなければ、庭を2階に持ってきただけの観念的な住まいでもない。1階と2階は空間の意味合いから、体感される気候、周辺環境まで異なっている。2階では屋上菜園の土がグラウンドレベルのように感じられる。育てられた植物は、周辺の草木と一体となった環境を構成している。その中に庵が結ばれている。しかし、考えてみれば、周辺環境が良好に思えるのは、2階という適切な距離感を設けたからに他ならない。ここには、暮らし手の生活と外界との関係を、2つの床とオリエンテーションの構築によって秩序づけている設計者と、そこに軽やかな居場所をつくっている設計者の2人がいるかのようだ。

　2つの世界は、内部階段を設けず、両者を干渉させなかったことで成就している。外部階段は半分までが、両側を壁で閉ざされた1階内部のような空間である。折り返した地点から木々が現れ、2階の世界に転換する。先の2人の設計者とも、脆弱な理念でも、図面に現れる図式でも、ましては町並みや植物といった不確かなものに寄り掛かるでもなく、空間によって世界を切り分けているのである。

神話的な住宅

　感嘆するのは「定住」と「漂泊」という人間の住まいの2大テーマを同時に叶えた理念だ。世界と関わる2つの欲望と言っても良い。先に永田昌民を「親和的」と評した。確かに、そうである。「所沢の家」で「2階に畑を載せたい」と言ったのは、依頼者の側だった。暮らしを導く「横穴」のムラが適切であるためには、1階の台所と居間の境の天板は木でなくてはいけない。屋上菜園がグラウンドレベルに感じられるためには、コンクリートの立ち上がりがこの寸法でなくてはならない。設計者は素材の持ち味を発揮し、寸法の声を聞き、場所を手掛かりにし、暮らし手の声に耳をそばだてる。具体例を挙げていけば、本稿は終わらない。

　今までの語られ方は、そのようなものだったように思う。永田昌民という建築家は、もっぱら自己の理念と形態を押し立てる、同年生まれの神話的な建築家たちと対峙させられてきた。しかし、ここにあるのも人間と外界を取り結び、世界を整序する、神話的な住宅ではないだろうか。物のありようを決断し、時空間を切り分けて、建築から世界をつくることができるという確信を静かに、しかし今の私たちには眩しいほどに伝えてくれる。

　だからこそ、生活は律せられ、住まいの本の置かれ方一つまでが美しい。流れている時間が素晴らしいのである。

（くらかた・しゅんすけ）

踊り場をとらずにゆるやかなステップで折り返す外階段。正面はヤマボウシの木。大きく成長し、外からの視線を適度に遮る

上／屋上菜園。撮影時はちょうど植え替えの時期。菜園にはたっぷりと日が射し、空が近く広く感じられる。
右／2階の書斎。天井はラワンベニヤを大きくカーブさせ、菜園側は大きな開口部をとっている

左ページ
RC造のシンプルな箱の上に、木造の2階と菜園が載る。2階へは菜園の手前にある外階段で行き来する

「所沢の家」は上下を2分割した
凡庸な住宅でもなければ、
庭を2階に持ってきただけの観念的な住まいでもない。
感嘆するのは「定住」と「漂泊」という人間の住まいの
2大テーマを同時に叶えた理念だ。

●施主、施工者に聞く──文／編者

なんという潔さだろうか。RC造の1階に木造の2階と屋上菜園が載るこの家には、内部に上下階を結ぶ階段はない。2階へは屋根のない外階段で行き来する。そして1階は、一般的な玄関というものはなく、ほぼ全体が見渡せるワンルームのつくり。納戸と浴室・トイレが隔たれているだけの極めてシンプルな間取りだが、実によくプランが練られている。

大きく開口をとった庭側にリビング・ダイニング、キッチンと暮らしの中心となるスペースをとり、その反対側は小窓のみで閉じて寝室をおいている。リビングと寝室の間には壁や建具などの仕切りはないが、天井には鴨居が渡されている。寝室側の天井は、土を入れる菜園の荷重を考慮し、リビングより15㎝ほど低くして梁の機能を持たせているのだが、低く下がった境に鴨居が付けられ、いずれ建具を入れられるようにしてある。

キッチンから浴室まで、東側にまとめられた水回りもコンパクトに効率よく納められている。内部動線はもちろん、家の外周に余白をとり、勝手口と浴室の出入り口を設けて、ぐるりと回れる外部動線がしっかり考えられているのも、永田手法の王道と言えるだろう。

室内は、コンクリート打放しに床はスギ板。この空間を倉方俊輔さんが「横穴」と形容したように、無塗装の型枠を使い、仕上げの塗装も施していない壁・天井は、土のような粗いプリミティブな質感だ。光をやわらかく反射するさまも味わい深い。

一方、木造の2階は1階とは対照的な軽やかさだ。外階段を上がると、視界がぱっと開けた空の下に菜園が立ち上がり、濡縁を挟んで大きな開口部をもつ切妻屋根の2階が建つ。倉方さんの言う、まさしく「ヴィラ」である。室内はラワンベニヤとスギを使った木の内装。天井がカーブする伸びやかな空間だ。大きな開口部からは菜園がまるで地平線のように見え、都市とは思えないほど空が大きく広がっている。

テラスからも見渡せる、ほぼワンルームの室内。奥は寝室、左奥は納戸、右奥に浴室・トイレがある

2階に畑があったら、愉快じゃないですか。
2階を離れと考えれば、内階段はむしろないほうがいい。
こんなおもしろい家ない、って毎日思っています。——施主

家は住まい手そのものだとつくづく思う。この家はなおさらだ。ここまでそぎ落としたプランを良しとし、住みこなすことができる住まい手はそうそういない。そう書くとさぞや特別な人かと思われてしまうが、目の前の施主ご夫婦はいたって普通に自然体で暮らしている。この家は、子供の独立を契機に、ご夫婦の終の棲家として永田さんに依頼した。

「ある雑誌で永田さんの特集を見て、ピンときました。デザイン性だけでなく、暮らしの気持ちよさ、空気感であるとか僕らが求めているものと合ったんです」とご主人。そこには永田さんの1軒目の自邸でRC造の「東久留米の家」も掲載されていた。

「コンクリートの家が建てたかったので、『東久留米の家』を見て、〝この家だ〟って思いました。普通のRC造は西洋的で冷たい感じがするけど、永田さんのRCはそうじゃない。この家も田舎家のような、壁も呼吸しているような感じがします」と奥様。ご夫婦の要望はただ1つ、「2階に畑をつくりたい」ということだった。ランドスケープの設計事務所に勤めていた奥様は植物が好きで、仕事柄、屋上庭園などの事例も知っていたことから、2階に畑のある家を望んだ。しかし、なぜ2階なのか。土地の半分を畑にすることもできたはずだ。

「（畑を）地面につくったら、素人の私でも絵が見えてきちゃう。つまらないでしょ、普通ですもの。でも、2階に載せたら、絶対おもしろいと思ったんです。2階に畑があったら、愉快じゃないですか」。奥様がそう話す横でご主人が笑っている。やはり、すごい施主だった。日射しを考えれば2階の方がいいが、畑のためというより、家としての豊かさ、おもしろさを永田さんに求めたのだ。

2階に畑という条件から必然的にRC造となったが、予算内に納めるために永田さんはだいぶ思案したようだ。プランが出るまで半年。最

右／来客時など寝具を隣の納戸にしまえばリビング的な空間となる寝室。左はOMソーラーのダクト。リビングの天井高は2200㎜、寝室側は構造上耐荷重を高めるために2050㎜と低くした。その境には、いずれ建具が入れられるようにとの配慮から鴨居が付けられている
左／森の中のようなテラス。南側（右）には遊歩道の植栽があり、庭の木々と一体となってテラスを包む

初の案は階段が内と外に2つあった。
「2カ月ほど考える時間があって、2人で話しました。畑の作業を考えると外階段は絶対必要。でも内階段も暮らしには必要、どうしようかと。ある時、2階を離れと考えればおもしろいんじゃないかと思いついたんです。離れなら内階段はいらない。むしろないほうがいいと」（ご主人）
「スペースももったいないでしょ。プランから内階段をとってみたら、外を通って2階に行くイメージが見えてきたんです。断然こっちのほうがおもしろい。それで、永田さんに内階段はいらないって言ったら、『雨降ったらどうするの？』と。『傘さしていきます』って答えました」（奥様）

　ご夫婦の潔さは、予算にも空間性にも大いに効果を発揮した。内階段に加え、打放しの仕上げ塗装や建具など省けるところは極力省き、OMソーラーなど居住性に関わるところはきっちり採用した。そして現在、変わったのは、大きく成長した庭木や外構の緑だけ。寝室とリビングの間も建具は入れていない。

「（建具を）入れたらこの気持ちのいい広さが失われてしまう。壁も結果オーライだけど、この粗さがとても良かった。足りないところ？ うーん、ないね」と口を揃えるご夫婦。


　物も増えないようにしているが、それも自然な行為だ。2階も日々使う。ご主人は本を読んだりパソコンをしたり、毎日4、5時間は過ごすそうだ。晴れの日も雨の日も。

「うちは予算がなかったための産物。こんなおもしろい家ない、って毎日思っています。永田さんに頼んでよかった、って何度言ったかわからない。気持ちがいいものね」（奥様）

建てておしまいにはしなかった建築家。経年変化を気にかけていた。不具合があった場合は追及して、次につなげることを必ずしていました。——幹建設

　施工は幹建設による。代表取締役の内田幸次さんは、永田さんとの30年以上の長い付き合いを振り返る。

「建築家の方はそれぞれイメージを持っていて、つくり手である大工にしかわからないこともあります。永田さんは大工が好きでしたね。大工に多くのことを教わり、その仕事ぶりを図面化していった。手描きの詳細図には、ぱっと見てわかるスタイ

緑に覆われてほとんど見えない南側からの外観。右は遊歩道とその植栽。左の生け垣と板塀の間がアプローチ

ルがありました。

若手の建築家でも永田さんを尊敬している方は多いです。永田さんと仕事をしていた工務店だからと声をかけてくださる方もいます。永田さんの人柄もありますね。若い人と話すのも大好きでした。自分を飾らないし、お酒が好きで酒の席でも難しい話をするわけではなく雑談ばかり。そもそも余計なことは話さない。電話でも大きな声で用件だけはっきり話されたのを今でも覚えています」

この「所沢の家」の現場監督を務めた小島守さん（現在・小島工務店）は、現場での印象を思い起こす。

「建築は大勢でつくる芸術のひとつ、そんな言い方をよくしていました。きっと大勢でつくることが、好きだったんだと思います。この家では、OMソーラーのダクトを取り付けた時を思い出しますね。ダクトの取付けで屋根裏の狭いところに7、8人が固まって、せーのと声をかけながらわいわいやっていたんですが、見ている永田先生も楽しそうでした」

RC造では通常、塗装したコンパネを使うが、この家ではコストを抑えるために普通のベニヤを使ったことによって壁が粗い表情になった。

「空間の雰囲気が『東久留米の家』に似てるなーって感じました」

RC造の住まいは少なかったが、永田さんは木造と同様に詳細図を描いたので、問題はなかったという。

「どの物件でも、図面は見やすく、難しいところでもわかりやすく描いてくれたので、やりやすかったです。もちろん、技術的には高度だから大工はたいへんだったけど、僕の方は監理がしやすかった。変更が少なかったから、仕事が頭にはいりやすかったし、現場の作業を止めないようすぐに対応してくれたので、段取りもしやすかった。

大工にとっても難しい分、腕の見せ所でもあったから達成感が得られる現場だったと思います。印象に残っているのは、経年変化を気にかけていたことですね。住み始めてから、不具合が生じていないかよく見てました。何かあった場合は、どうしてそうなったか追究して、対応はもちろん、それを次につなげることを必ずしていました。大工が言ってました、『永田先生は同じミスはしない。ちょっとしたことも次に反映していた』と。建てておしまいにはしなかった建築家でした」

右／1階と2階をつなぐ外階段。屋根はないので、雨の日は傘をさして
左／外階段を組み込んだポーチ。いわゆる玄関というものは設けず、このトビラが出入り口となる

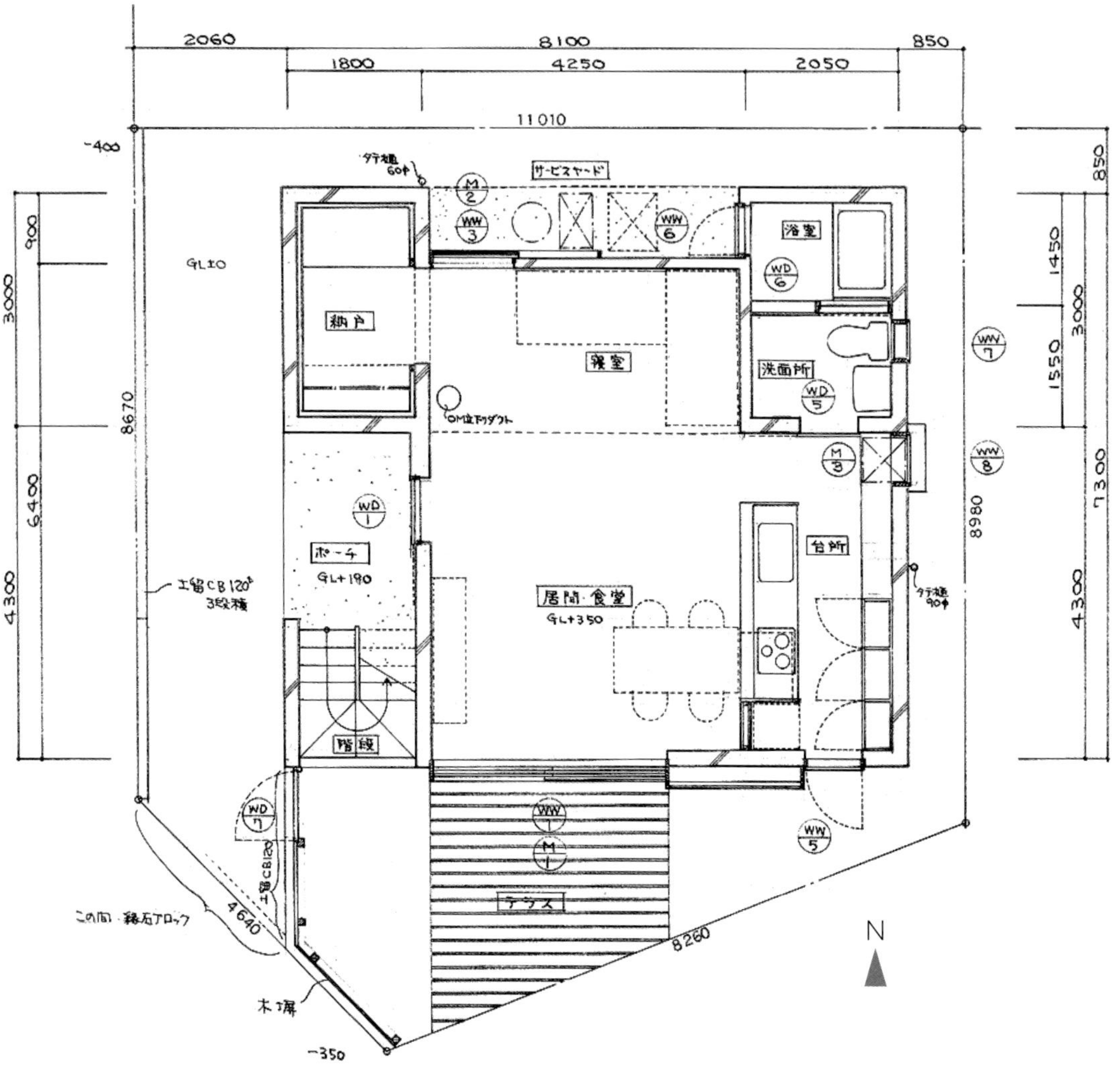
2060
8100
850
1800
4250
2050
11010
−400
GL±0
サービスヤード
浴室
納戸
寝室
洗面所
ポーチ
GL+190
居間・食堂
GL+350
台所
階段
テラス
8670
8980
4640
8260
木扉
−350
N

1階平面図＝1／100

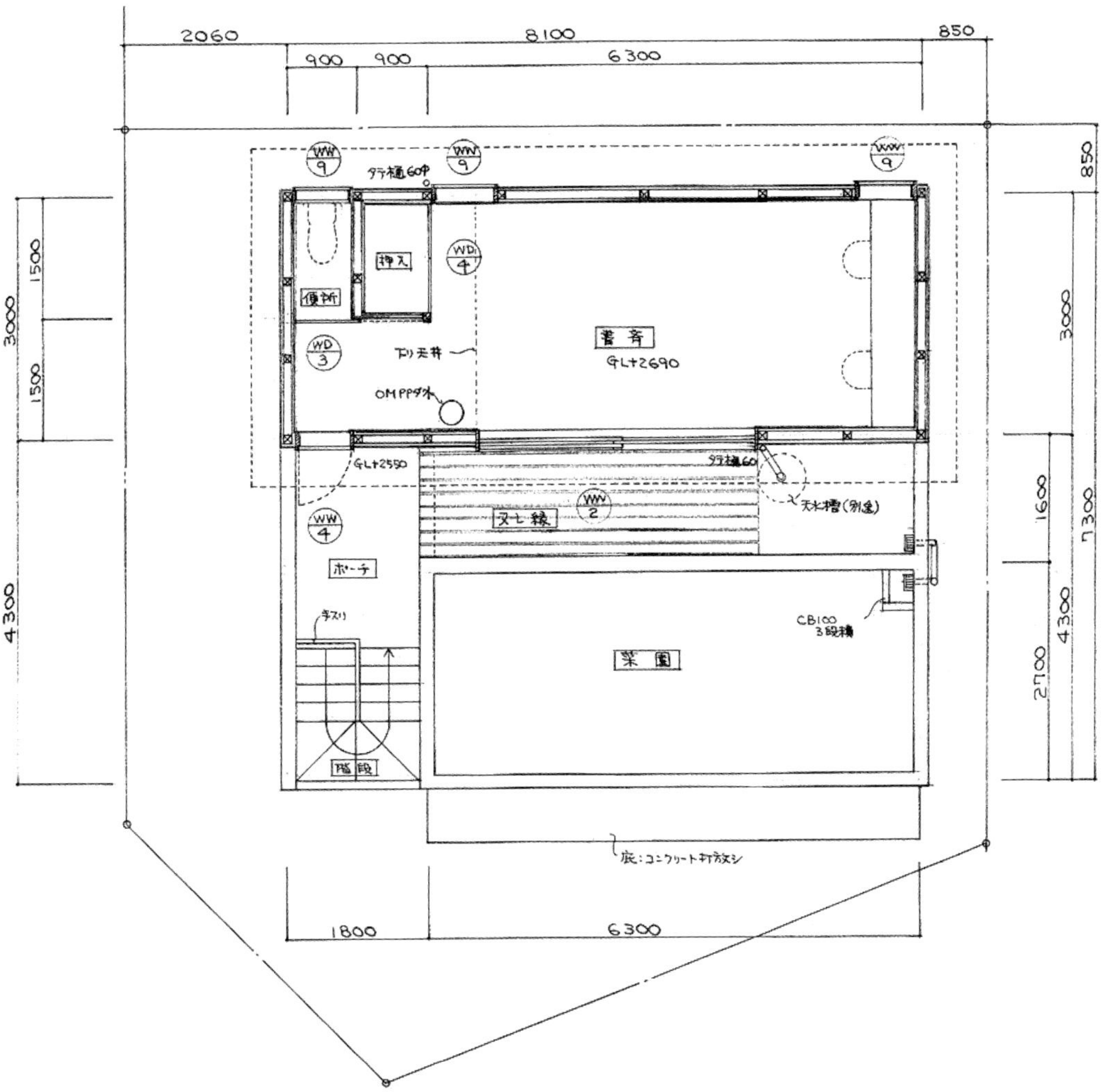
2060
8100
850
900
900
6300
書斎
GL+2690
押入
便所
下り天井
ポーチ
階段
菜園
CB100
3段積
天水槽(別途)
GL+2550
1800
6300
1500
3000
1600
7300
4300
2700

2階平面図

●主な外部仕上げ
屋根：カラー鉄板瓦棒葺き
外壁：1階／コンクリート打放し、2階／漆喰塗り
建具：木製建具

●主な内部仕上げ
天井：居間・食堂・台所・納戸・洗面所／コンクリート打放し、書斎／ラワンベニヤ厚5.5㎜目透し張り
壁：居間・食堂／コンクリート打放し（一部PBの上OP）台所・流し前／タイル貼り、納戸・書斎／ラワンベニヤ厚5.5㎜目透し張り、洗面所／コンクリート打放し
床：居間・食堂・台所・納戸・書斎／杉板厚18㎜縁甲板、洗面所／ポリコンモザイクタイル貼り

●設備
暖房：空気集熱式床暖房（OMソーラーシステム）
冷房：エアコン
給湯：給湯暖房ボイラー＋OMソーラー給湯方式

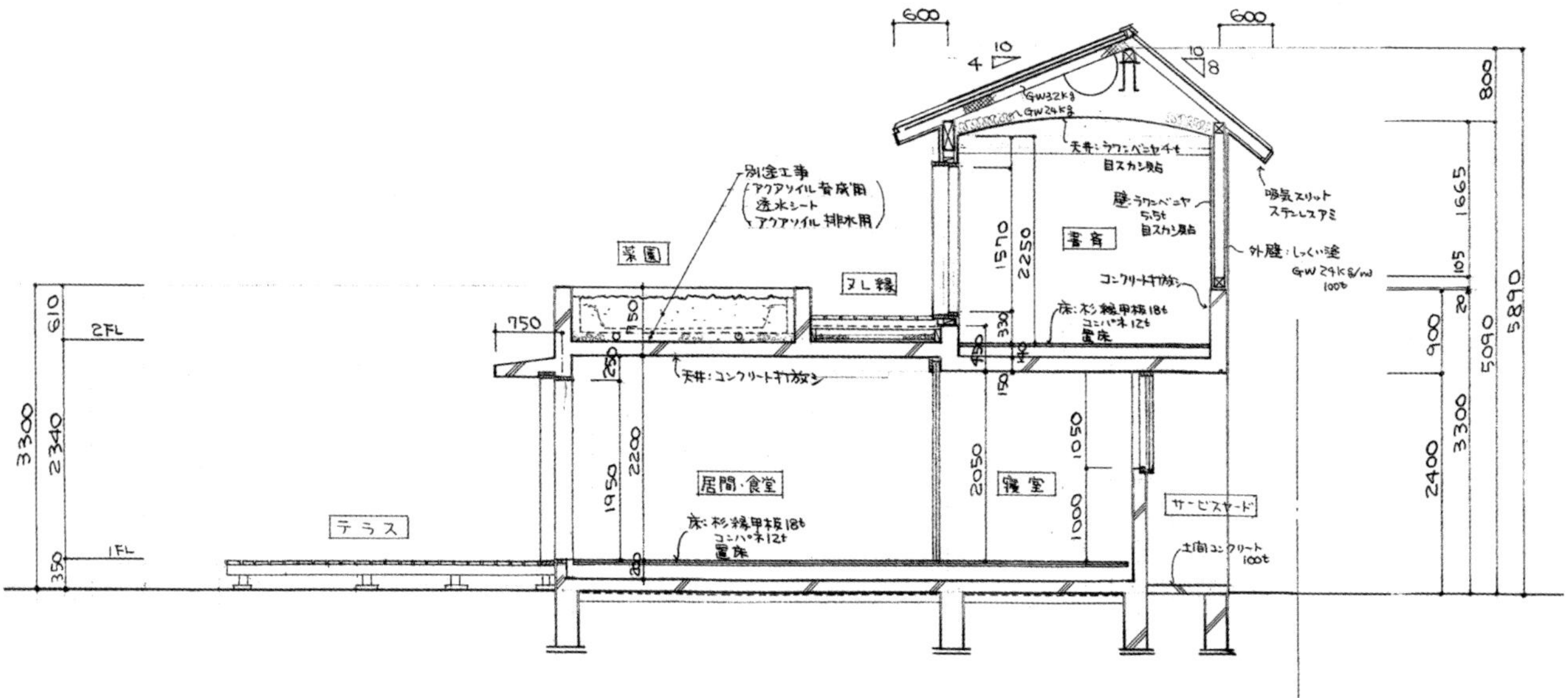

断面図＝1／100

[所沢の家]
所在地：東京都所沢市
家族構成：夫婦
竣工：1999年3月
構造規模：RC造地上1階＋木造建
敷地面積：114.81㎡
建築面積：59.13㎡
延床面積：83.43㎡（1階／59.13㎡、2階／24.3㎡）
設計：N設計室／永田昌民、越阪部幸子
施工：幹建設

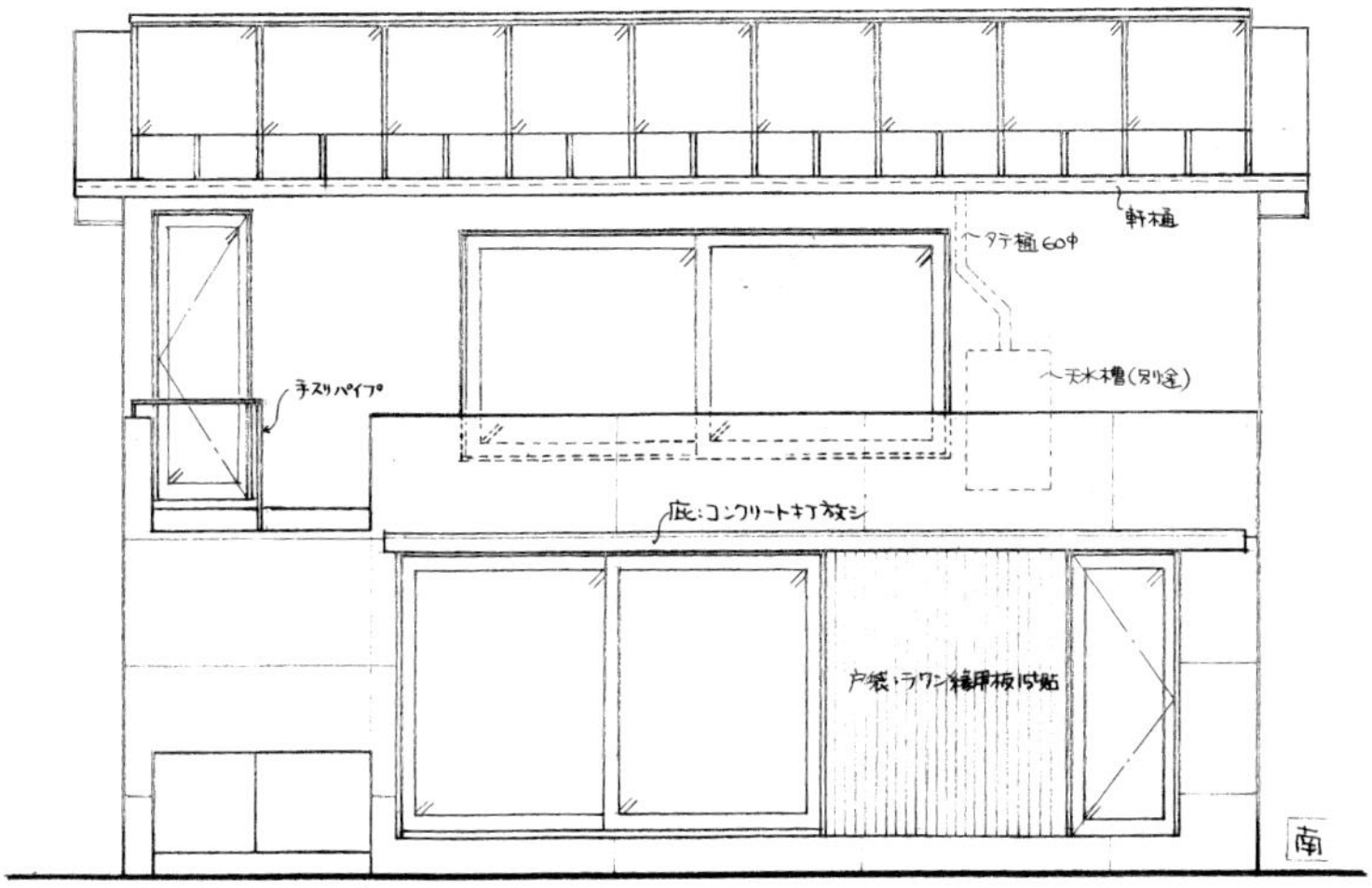

立面図・南

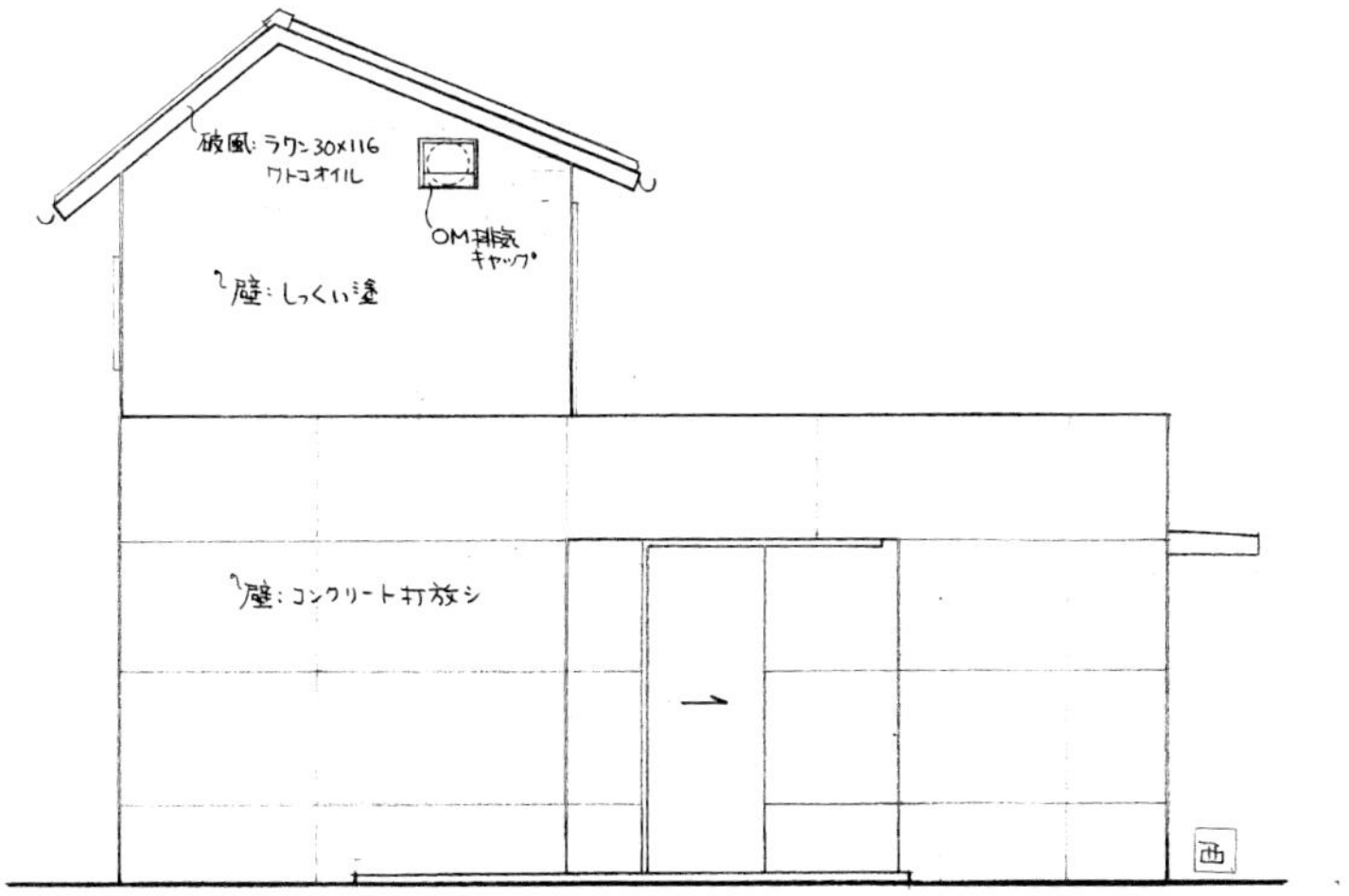

立面図・西＝1／100

「奈良の家」

奈良県奈良市・1989年

下屋となる広間は、屋根なりの勾配天井。美しい板張りが頭上を覆う、おおらかな空間だ。2階を支える丸柱が広い空間の拠り所となっている

勾配天井のある住まい

建築家は、太陽や空気や、それらをとらえて、気持ちのよい住まいにするために、さまざまな仕組みを考え、実践していくものなのだ。

三澤文子（建築家）

美しさにつながる設計

学生のころ、まだ独立したばかりの建築家・竹原義二さんの事務所に出入りをしていた。そこで、竹原さんが見せてくれたのが、建築雑誌『住宅建築』のM＆N設計室の特集号だった。「M＆Nの作品はいい。これは見ておいた方がいいよ」と、お勧めのページをめくって見せてくれた、その時の誌面での出会いを今でも忘れない。それから、M＆N設計室の仕事が紹介されたページを穴のあくほど眺めるようになった。

その数年後、結婚を機に東京へ。そしてとうとうM＆N設計室を訪問することになる。もちろん就職のお願いである。奮発して当時の自分にとっては高価な高野のフルーツゼリーを手土産に目白に向かった。

M＆N設計室では、益子義弘さんが応対してくれた。永田さんは一番奥の製図台に向かって、おそらく図面を描いていたのだろう。ただ話は奥まで聞こえるはずで、話の途中に「ダメだよー。座る場所がないからさー」とあっけらかんとした声が聞こえた。それは決して冷たい口調ではなく、なんだか思いやりのあるような雰囲気を感じて、少し緊張感がほぐれたのを今でも覚えている。

それからずいぶん経って、すでに大阪で設計活動をしていた私は、あるパーティーで永田さんに再会し、その話をしたのだったが永田さんはまったく覚えていない。そして「うちに来なかったから、今のあなたがあるんだよー」と言ってくれたのだった。その時の笑顔も忘れられない。

その後は、MOKスクールで永田さんを大阪にお呼びし講義をいただき、その際は我が家に泊まっていただいたこともあった。

そんなことで、永田さんのつくる住宅は、根本的に私の好きなものなのである。

その永田さんの設計した「奈良の家」。実は完成当時に訪問している。住まい手のKさんが建築系の親しい方を呼んで開いた見学会に、縁あって呼んでいただいたのだった。完成したばかりの「奈良の家」のリビング・ダイニングでは、OMソーラーの施工に取り組み始めたばかりの山﨑博司さん（当時、出口工務店の現場監督）、そして建て主のKさんらが、熱心にその仕組みについて説明していた。永田さん不在ではあったが、永田さんがこの仕組みを搭載するのはこの家が初めてで、少し心配ではあったようだが、住まい手のKさんから逆に励まされて実現したらしい。

私は道路側につくられたベンチに腰掛けて、初めて聞く説明を、半分以上わからない状態で聴いていた。リビング・ダイニングは五角形で、ダイニングテーブルを中心に話が弾んでいたのだが、私は少し遠くからその様子を、若干クールに眺めていたように記憶する。クールというのは、批判的では決してなく、実は「なんだかよく解らない」という感覚だったように思う。しかしながら同時に、これはとても面白い仕組みであり、建築家は、ただ図面を描いて美しい家をつくるだけでなく、太陽や空気や、それらをとらえて、気持ちのよい住まいにするために、さまざまな仕組みを考え、実践していくものなのだ、と熱気あふれて語り合う大人達を眺めて感心していたのだった。

五角形の中心にある丸柱

そんな、「奈良の家」との最初の出会いから27年が経った晩秋に、再び「奈良の家」を訪問することになった。当時のニュータウンも年月とともに、落ち着いた表情になり、樹木も十分に大きくなった。

道路に対して角度の付いた外壁が見える。その佇まいに記憶がつながった。永田さんらしいつくりのさりげないアプローチ。そして小さな玄関室。暖かさが逃げないように玄関室をつくる手法は、小さくても第一印象を良く、家は家族のためのものという意味が込められているようにも思う。

そして、あのリビング・ダイニングに入る。五角形の中心にある丸柱。2階の隅柱だ。この柱を巡っては、住まい手Kさんと永田さんとのやりとりがあったようだ。そのやりとりの文面のなかで永田さんは「この柱は、食堂の天井の低い落ち着いたコーナーとの空間づくりに一役かっていることとして存在を認めました。立体的に見ると大黒柱的にその役割を果たしていると思っていますが、いかがでしょうか」と説明している。2階があるところの天井は白く塗られたフラット天井。下屋になる部分の天井は屋根なりに勾配天井になっていて、外部の屋根のかたちに合わせて、不思議に勾配があり、高低差があるように見える。小幅板張り、入隅が突き付けできっちりつくられている。変化のついたメリハリのある天井のかたちと仕上げに、この柱はやはり一役かっている。

OMソーラーを使う理由

永田さんの窓は必ず木製建具でなければならない。もちろんこの頃はシングルガラスで、2枚片引き建具の、召し合わせの框の見付けも細い。ピアノの横の1本引きの建具は、外の景色を絵にしてしまう。といっても、気密は良いはずはない。それで思い出したのが、OMソーラーは常に外気を家の中に入れて、室内はプラス圧になるので「実は隙間風がない」という、いつだったか聞いた説明。この「奈良の家」以降、基本的にすべての住宅に、永田さんはOMソーラーを搭載していたのだが、それは気密性の良いアルミサッシは使わず、建具屋さんがつくる木製建具で窓をつくり続けるため、というのも一つの理由なのではないかと思った。

ゆとりのあるバスルームや洗面室、トイレは、時間が経っていても、とてもきれいだった。板材は、色がだいぶ濃くなっている。品があって、親切なつくり。実はこんな部分が、住宅設計をやりたい若き自分を引きつけていたのではないかと思う。雑誌にある美しく知的な写真の中に、求める暮らしを自分なりに想像していた。

階段はダイニングの脇にあって、台所のシンクの前に立つと、階段の様子がよく見える。子どもたちの上がり下りなど、お母さんが目配りをするのにちょうどいい。台所の位置は家中の気配が感じられるちょうどいい位置にある。家中つながっていてどこにでも目が届く。その中心が台所。家全体を緩やかに温めることをめざした空気集熱システムで廊下や階段室を仕切る必要がなくなり、のびやかにつながることができるのだ。

階段は、階段幅をできるだけ広くとり、手すり壁はパネルのように薄い。厚み18㎜の合板を2枚重ねた上にパテでしごいて塗装をしたとのこと。つるっと白いパネルのような手すり壁が周囲の木の素材を引き立たせている。そもそもが、階段を広くといったような親切な理由で始まった設計がいつも美しさにつながっている。踊り場につくられた小さなスペースはトップライトで明るい。目線が移動する場所につくられた明るさの仕掛けは、住まい手の感性にどんな効果を与えるのだろう。

2階には小さな和室があった。窓からの街路樹の見え方を推考したのだろう、窓の開け方に細心の注意を払った結果、現場で窓の変更があったそうだ。結局コーナーウィンドウになり、そしてずらしてのもう一つの窓。低い和紙貼りのフラット天井が、窓の存在をさらに際立たせている。清楚で純朴な印象の和室のつくり方は1階の座敷も同じだ。長い呼吸を誘うような落ち着いた気持ちをもたらしてくれる。

住む人の心に大切なものを残す

住まい手の暮らしに寄り添ったような住まいを設計するのに、永田さんはどうしているのだろうか。手がかりとなる資料をその後、受け取ることになる。それは、プレゼンテーション図面から始まる住まい手とのやりとりの記録である。

プレゼン図面に対する、住まい手Kさんからのレポート用紙2枚の要望書、それに対する修正したプラン等々と、それは大方の合意が得られる時まで続く。その資料は、永田さんが講師となる住宅設計スクールの資料としてまとめられたもののようで、そのやりとりは、少し整理されているようにも見えるが、手描きの図面やスケッチ、お手紙やコメントなど、あたかも永田さんが、それを読み上げる声が聞こえるようだ。

住まい手Kさんも建築畑の人。それでそのキャッチボールの記録は、設計者がプランを固めていくまでのいわば教科書のような、わかりやすいとても良い資料となっている。また、この資料を読んでみて、永田さんも、実はしっかり人の言うことをよく聞いて設計しているんだ、と妙に感心したりもした。

2度目の「奈良の家」の訪問では、リビング・ダイニングでたくさんのお話を聞いて過ごした。27年の時間によって、家族の暮らしもずいぶん変わってきたこともわかった。でもここで暮らしたことで得られた幸せがしっかりとあることが、同時に実感できた。

暮らしに寄り添うといっても、おせっかいでなく、逆に「これが良いんだ」と断定して投げかけるような。でも確かに言えるのは、「住む人の心に、大切なものを残している」ということである。

（みさわ・ふみこ）

上右／2階を支える隅柱は、大黒柱のような存在。ダイニングスペースをゆるやかに仕切る役割も果たす。丸柱は、もともと角柱だったものを現場で大工が削った
上左／広間から玄関ホールに向かって。ホールとの間には開き戸がある。右のストーブは今なお現役で、2階まで暖める
下左／ラワン縁甲板張りの美しい勾配天井の下に広がる開放的な広間。南に正対する道路側の窓（左）の外にはテラスがあり、その先に駐車スペースが取られている
下／道路側、ピアノ脇の小窓。障子を引き込むと、前庭の植栽を絵画のように切り取る

そもそもが、親切な理由で
始まった設計が、
いつも美しさにつながっている。
暮らしに寄り添うといっても、
おせっかいでなく、
逆に「これが良いんだ」と断定して
投げかけるような。

●施主、施工者に聞く——文／編者

奈良市郊外の広大なニュータウン。京都、大阪へのアクセスも良く、なだらかな丘陵地にゆったり区画されて周辺には緑もあり、子育ての地として施主が選んだことも大きくうなずける。1980年代の開発地はすっかりなじみ、落ち着きある町並みとなっている。この「奈良の家」の竣工は1988年。ご夫婦とまだ幼い子供3人の住まいとして設計された、まさしく、ニュータウンに建つニューファミリーのための家だった。

敷地は、北西から南東にゆるやかに下がる段状の宅地で、北東から南西に振れた長方形の土地。南西の道路側にアプローチと駐車スペースを設け、北西に家を寄せて南東に庭を置いた。

木造2階建の家屋は、1階のみ南側に大きく張り出させ、その下屋にリビングとなる広間を設けている。伸び伸びとしたその広間が「奈良の家」の大きな特徴だ。キッチン、ダイニングと一体になったワンルームの中央には2階の隅柱となる丸柱があり、下屋空間は2階の壁を少々見せながらラワン縁甲板張りの美しい勾配天井が広がる。

一方、2階が載るダイニングまでのフラット天井は白く塗装され、下屋空間と明確に分けた仕上げとなっている。広間の五角形の平面は、南に正対する窓をとるため。永田さんのエスキースには、「日当たりのよいところに集まれる広い場をとる。遠くの眺望と光を求めて南へ変形に張り出していく」とある。三澤文子さんは、「南から光を採りたいけど、敷地自体が（南北の軸から）振れているので、建物本体を南に正対させるのは難しい。そこで敷地に沿わせて建物を置き、南に正対した窓をとるために下屋を張り出させたという手法。下屋は自由に形がとれるので最大限に活用して、南の日射しをたくさん入れようと考えたのでしょう。南に正対する窓は日射取得には大切ですが、永田さんのように信念を持ってとる設計者は意外と少ない」と語る。下屋を張り出すことによって、空間に奥行きも生まれる。それも永田手法の1つだ。

1階はキッチンに立つとほぼ全体が見渡せ、施主の要望により1階ですべ

踊り場に出窓を設けた階段室。床に落ちた外光が壁を照らす。合板を2枚重ねた白い手すり壁は厚さ36㎜

左ページ
1階の和室。東の庭側には掃出し窓とバルコニーを、北側には小さな地窓が設けられている。当初は客間として使っていたが、現在はご主人の寝室に

てが足りるプランが練られた。2階の子供室は、子供が小さい時は家族みんなの寝室とし、成長してからは後で戻せる仕切りを設けて3人の個室をつくり、ご夫婦は2階の和室を寝室とした。3人の子供達が独立した現在、2階の和室は奥様の寝室、ご主人は1階の和室を寝室としている。

27年間で大きな変化はない。驚くのは、OMソーラーも竣工から替えることなくずっと稼働していることだ。この「奈良の家」は、永田さんがOMソーラーを最初に採用した家で、機器も設計者も施工者もまだまだ手探り状態だったにも関わらずだ。冬の間、広間も2階もOMソーラーとポット型ストーブだけで十分暖かいという。三澤さん曰く「永田さんは、直感的にわかったんでしょう。OMソーラーによって自分のやりたい設計ができる、例えば気密性の低い木製建具でも快適な広い空間が可能であると」

OMソーラーは、おもしろそうだからやってみようかと。入れてよかった。お湯は取れるし、床は冷たくないし、木製建具でも隙間風がまったく入ってこない。――施主

ご主人は、建築を学び、家づくり・まちづくりの仕事に関わられていた。長女の小学校入学を控えてこの土地を購入し、たまたま奥様の友人がN設計室の所員だったという縁で永田さんに設計を依頼した。「永田さんへは、1階に広いリビングと和室1室、2階に子供部屋として広い部屋を1室と和室1室をお願いしました。設計ノウハウやディテールはわからないので、〝言葉〟で希望を伝えたんです」とご主人。その要望書や永田さんとのやりとりが残っている（64～65ページ参照）。

永田さんから提案された初めのプランは、ほぼ現在に近いものだった。しかし、南側に庭をとった一般的なプランも検討したいと思ったご主人は永田さんにそのプランもお願いする。でも、その案では、1段下がった北側東隣家の1階は日照がまったく確保できなくなる。

「私も頭ではわかっていましたが、プラン案を描いてもらって納得しました。この家の居住環境だけを良しとするのではなく、周囲の環境にも配慮する永田さんの〝設計作法〟にやさしさを感じました。外観デザインも同様ではないでしょうか。特徴がないと言われますが、周辺との調和を考えて自己主張しないことを考えた結果なのだと思います」

初めのプランから数回やりとりを繰り返して実施案にこぎつくが、途中、広間の柱が検討事項となった。

「プランを見ると真ん中にあるので気になって、ないほうがいいなと思ったんです。永田さんも考えてくれて、鉄骨で組んでキャンティレバーにすれば可能だと。でも、それもたいへんなので、あっていいことにしたんですが、できてみたらまったく気になりませんでした」

誕生したばかりのOMソーラーの導入には不安はなかったのか。

「永田さん自身も半信半疑のように感じたのですが、おもしろそうだからやってみようかと。最低、お湯を取ることができればいいと思ったんです。住んでみて、入れてよかったと思っています。お湯は取れるし、床は冷たくないし、木製建具でも隙間風がまったく入ってこない。換気も同時にしてくれるし、補助暖房のストーブがよく効いて2階まで暖かい。今、1階の和室で寝ていますが、そこだけOMを入れてないから冬は寒い。ぜんぜん違うんですよ」

27年間の住み心地は、変わっていない空間が証明している。

「キッチン中心の回れる間取りがよかった。月が見えるお風呂も気に入っています。あえて不満を言うなら、駐車場が狭かったこと。永田さんは車を運転しないから、車のことはあまり気にしないんですよね（笑）」

家や永田さんを語る時、ご夫婦のやさしい表情が印象に残った。

施工を手がけた出口工務店は、当

ダクトを組む時やコーキングを打つ時には 永田さんにも手伝ってもらいました。 現場で職人を大切にされる、正直な方でした。——出口工務店

2階の和室。周囲の緑が見えるよう、この窓の位置に現場で変更した。天井、中央は埋め込み照明、右隅はOMソーラーの引き込みファン。左写真、左端のスリットは、階段側に出ている床の間の壁と柱の間に設けられたもの。襖を閉めてもここから1階からの暖気を入れ、天井のファンで引き込むという仕組み。襖紙は京都・唐長の手摺りの唐紙。永田さんと施主で京都に出かけて選んだという。畳は施主が用意した琉球畳

時、発足したばかりのOMソーラーに加盟し、この「奈良の家」を担当することになった。現場監督を務めた山﨑博司さん（現在、ツキデ工務店奈良分室室長）は、見積もりから関わり、竣工後も施主、そして永田さんと親交を深めてきた。

「永田さんの物件を手がけたのは、この家が初めてで、数多くの原寸図面をもらった時は冷や汗ものでした。とてもわかりやすい図面でしたが、そこまで細かく見積もっていなかったからです。この家で難しかったのは、リビングが変形であること、建具（雨戸、網戸、ガラス戸、障子）がすべて木製で（壁に）引き込みなこと、窓の鴨居が天井との見切りになっていて、さらに軒の天井の見切りにもなっていること、チリ（納まり上の許容値）がゼロになっていること、きれいなラワンベニヤを必要数揃えること、などでした。

　感心したのは建具のつくりですね。全体的に材料が細くて、特に吉村障子は仕口を組むのが困難なほど細くて、障子紙を貼る前はグニャグニャしてました。だから、どれくらいもつのか心配だったのですが、今も丈夫で驚いています」

　OMソーラーの施工は山﨑さんもはじめてだった。

「まだ施工マニュアルもなかったので本当に手探り状態でした。永田さんもよくわからないと言ってましたね。手づくり感満載のシステムで、ダクトを組む時やコーキングを打つ時には、永田さんにも手伝ってもらいました。楽しそうに冗談を言いながら施工したんですが、煙試験では煙がダダ漏れで。木造の工法も今と違ったので、根太間の断熱・気密が取れていなかったんですね。永田さんは唖然としていましたが、仕方ないと言ってくれて。でも、竣工時には60℃のお湯がちゃんと取れて、みんなで感激しました」

　山﨑さんの目には、永田さんはどんな建築家に映ったのだろうか。

「現場で職人さんを大切にされる方でした。そして、正直な方だと思いました。施主と永田さんとの顔合わせの時、『君の見積もりは木製建具が安すぎるから、もっと上げなさい』と施主の前でおっしゃったのには驚きました」

　山﨑さんはその後、永田さんの物件を多数手がけている。その実直さはずっと変わらなかったそうだ。

右／庭に開けた洗面所と浴室。子供が庭で遊んで、泥だらけになっても直接風呂に入れるようにと出入り口を設けた。浴槽につかると月も見えるそう
下右／ポーチから玄関内は、同じレンガを用いながら敷き方を変えて。玄関扉はスリットにガラスをはめ込んだものを特注。素材の味わい深い経年変化に、築27年という歳月を感じる
下左／バス通りに面した南西側外観。土地のゆるやかな高低差を活かし、左側の数段上がったところにポーチと玄関を、右側に駐車スペースを設けた

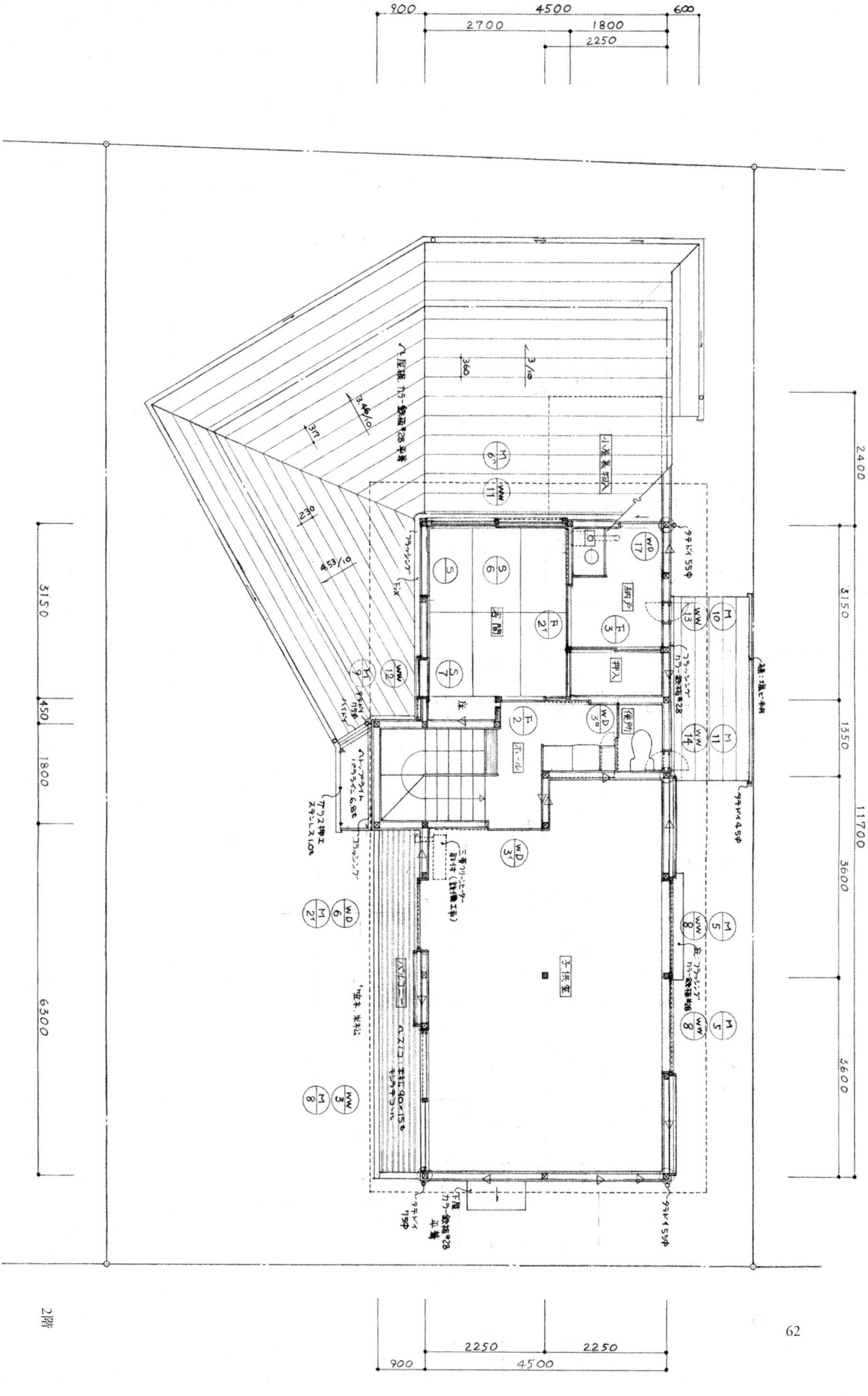
900
4500
600
2700
1800
2250
3150
450
1800
6300
2400
1350
3600
11700
客間
納戸
押入
便所
ホール
子供室
バルコニー
小屋裏収納

2階

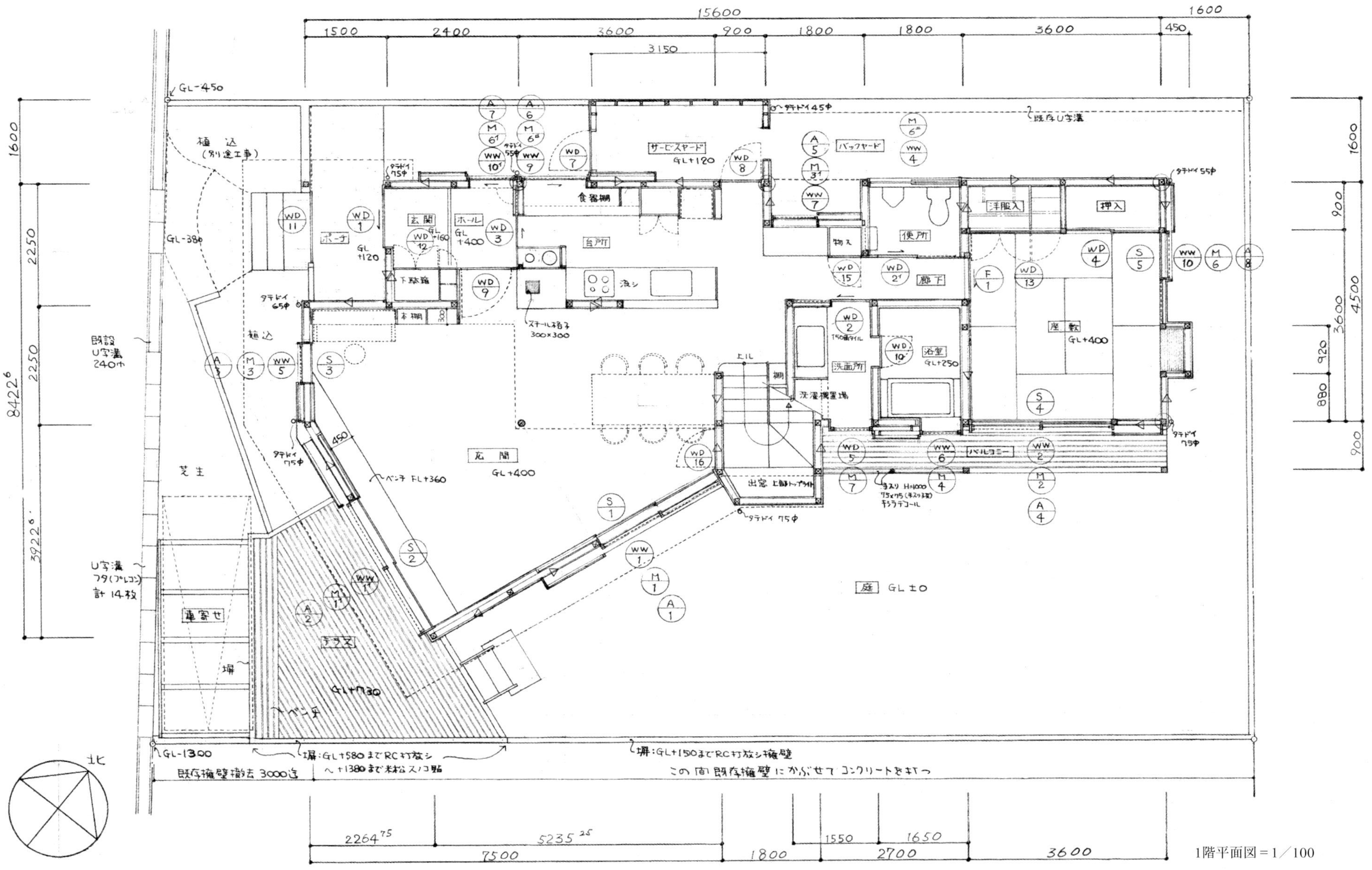

植込（別途工事）
ポーチ
玄関
ホール
下駄箱
本棚
食器棚
台所
流シ
スチール格子 300×300
サービスヤード GL+120
バックヤード
便所
物入
廊下
洗面所
浴室 GL+250
洗濯機置場
出窓 上部トップライト
洋服入
押入
座敷 GL+400
バルコニー
広間 GL+400
芝生
車寄せ
テラス GL+730
ベンチ
ベンチ FL+360
庭 GL±0
既設 U字溝 240巾
U字溝 フタ(プレコン) 計 14枚
既存U字溝
既存擁壁撤去 3000迄
塀:GL+580までRC打放シ ～+1380まで米松スノコ貼
塀:GL+150までRC打放シ擁壁 この面既存擁壁にかぶせてコンクリートを打つ
北

1階平面図＝1／100

永田さんから施主に送られた、2度目のプレゼン案

●主な外部仕上げ
屋根：カラー鉄板厚0.4㎜瓦棒葺き
外壁：硬質木片セメント板厚12㎜押縁張りAEP
建具：木製建具

●主な内部仕上げ
天井：ホール、食堂、台所／ガラスクロスパテシゴキAEP　居間／ラワン縁甲板オイル拭き　座敷、子供室／ラワンベニヤ厚5.5㎜オイル拭き　客間／和紙貼り
壁：居間、食堂、座敷、子供室／ラワンベニヤ厚5.5㎜オイル拭き　客間／ルナファーザー貼りAEP2色重ね張り
床：居間、食堂、台所、子供室／ナラフローリング厚15㎜張りオイル拭き　座敷、客間／琉球畳

高さ関係。
敷地GLを±0としたとき
1FL +450
玄関 +200
} くらいですので
ポーチと道路で550の差があります。水勾配をとっても
180ミリくらいの段が3段ないと入れません。
(スロープが不可というほどでもありませんが。)

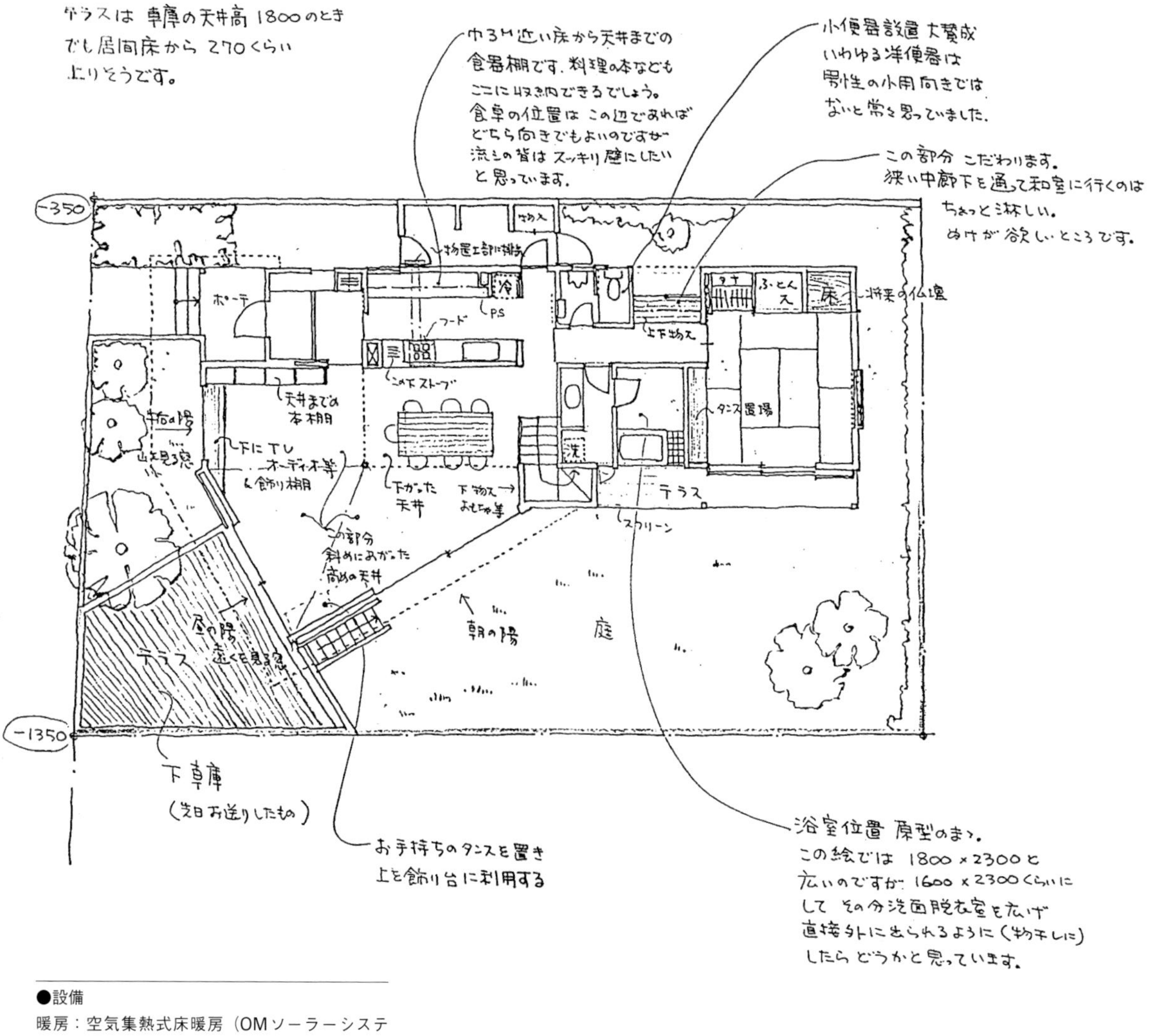
テラスは 車庫の天井高 1800のときでも居間床から 270くらい上りそうです。
巾3M近い床から天井までの食器棚です。料理の本などもここに収納できるでしょう。食卓の位置は この辺であればどちら向きでもよいのですが 流しの背は スッキリ壁にしたいと思っています。
小便器設置 大賛成 いわゆる洋便器は 男性の小用向きではないと常々思っていました。
この部分 こだわります。狭い中廊下を通って和室に行くのはちょっと淋しい。ぬけが欲しいところです。
−350
物入
ポーチ
冷
PS
フード
この下ストーブ
上下物入
タナ
ふとん入
床
将来の仏壇
天井までの本棚
タンス置場
午后の陽
山を見る窓
下にTV オーディオ等 & 飾り棚
下がった天井
下物入 おもちゃ等
洗
テラス
スクリーン
この部分 斜めにあがった 高めの天井
朝の陽
庭
昼の陽 遠くを見る窓
テラス
−1350
下車庫
(先日お送りしたもの)
お手持ちのタンスを置き 上を飾り台に利用する
浴室位置 原型のまま。この絵では 1800×2300と広いのですが 1600×2300くらいにして その分洗面脱衣室を広げ 直接外に出られるように(物干しに)したらどうかと思っています。

●設備
暖房：空気集熱式床暖房（OMソーラーシステム）＋ストーブ
冷房：エアコン
給湯：ガス瞬間給湯機＋OMソーラー給湯方式

プラン検討のやりとりの中で、永田さんから
施主に送られた、広間の柱についての説明

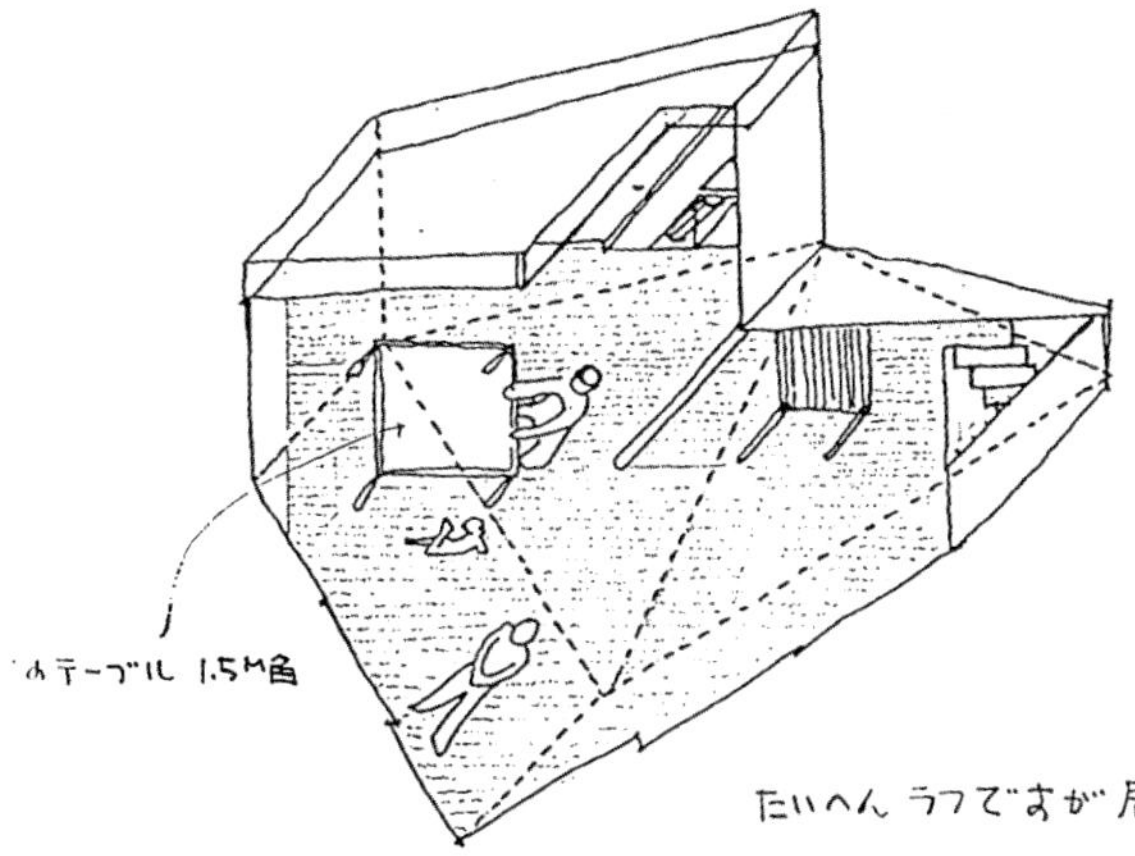

たいへん ラフですが 居間のアイソメです。
うっとおしいと気にされている柱は こんな感じで考えています。
平面的にみると確かに じゃまで、構造的には 鉄骨梁をいれれば
決してとれないものではなく、我々も とろうか 位置をずらそうか迷いました。
しかし、居間の平屋部分の屋根のかけ方をからめて、高い天井の部分と
食堂の天井の低い 落ちついたコーナーとの 空間づくりに 一役かわせる
ことにして 存在を認めました。
立体的に見ると 大黒柱的に その役割を果たしていると思っていますが
いかがでしょうか。
このスペースが この家の顔ですので 1/10 か 1/20 のインテリア模型をつくり
再検討 するつもりです。

家をつくるのに どこもかしこも すべてOKが一番良いのですが、
限られた中ですので どこを一番 大事にするか、を常に考えています。
この案では その為に 2階プランが制約されたことはいえますが、
全体としての 家としての 魅力を考えて頂けたら、と思います。
パッシブソーラーについては 今週中に 奥村先生の所で コンピューターに
よるシュミレーションをする予定でいます。

この後： 1/50 の部分室内模型を作り、じっくり眺めて頂いた結果
この位置に柱が残った。
棚や台所の高さ、小壁の量、購入予定のテーブルの大きさなど
の検討も同時にできた。

［奈良の家］
所在地：奈良県奈良市朱雀
家族構成：夫婦＋子供３人（竣工時）
竣工：1988年8月
構造規模：木造２階建
敷地面積：241.62㎡
建築面積：90.91㎡
延床面積：138.83㎡（1階／84.56㎡、2階／54.27㎡）
設計：N設計室／永田昌民、越阪部幸子
施工：出口工務店

「安曇野の家」

長野県安曇野市・2009年

田園を望む、スキップフロアの住まい

主義主張やスタイルに迎合することなく、観念や形式からも自由な一人の建築家でありたいと願っていたに違いない。

横内敏人（建築家）

西側、アプローチから見た外観。樹木がすっかり生い茂り、道路からはほとんど家が見えない

相反するものの融合

永田さんのことは「地域主義ミニマリズムの旗手」と勝手に呼ばせていただいている。といっても地域主義ミニマリズムという言葉自体、私が永田さんの建築を言い表すためにつくったようなものなので、たいした説得力はない。しかし、そもそも相反する性格をもつ地域主義とミニマリズムが融合してしまっているところが永田昌民の建築の最大の特徴であり、その存在が稀有である理由に思えてならないのである。今回は永田さんの晩年の設計である「安曇野の家」を見せていただいた印象を通じて、彼の建築の不思議な魅力の理由について私なりに考えていきたい。

まず、地域主義とミニマリズムについて少し説明する。地域主義というのは近代建築のインターナショナリズムのアンチテーゼとして、1950年代以後アルヴァ・アアルトやルイス・カーンや吉村順三といった欧米から見ると辺境の地で活躍する建築家達によって提唱され実践されてきた思想で、建築は地域の気候風土や歴史、文化によってさまざまな特徴的な形をもつべきものだという考え方である。それは今日の日本の住宅建築においては木造の伝統の継承、環境への配慮と適応、自然素材への傾倒などの考えにつながっていて、当然ながらその建築の姿はある種の保守的な雰囲気をもつものとなる。

一方でミニマリズムとは、近代主義の美学の根幹である無装飾、単純化、抽象化といった概念を極端に先鋭化させたもので、元はといえばインターナショナリズム当初の白い箱形の建築に由来し、ミース・ファン・デル・ローエや篠原一男や安藤忠雄を経て、SANAAなど今日の日本の若い建築家達に大きな影響を与えている建築家達が、前衛を標榜するために用いるスタイルとなっている。彼らは環境的配慮にはあまり興味を示さず、ひたすら建築的美学を追究するために、どこでも庇がない箱形の建築をつくっては、何でも白く塗ってしまうのが

特徴なので、私は彼らを「ホワイト」と呼ぶことにしている。それに対して前述した地域主義の一派は、その土着的な印象から「ブラウン」と呼んでいる。

このミニマリズムと地域主義、つまりホワイトとブラウンはあらゆる面で対立的である。つまり前衛に対する後衛、アートに対するクラフト、抽象に対する具象、観念重視に対する経験の重視、グローバリズムに対するローカリズム、近代の科学技術への信奉に対する自然への畏敬などなどである。そしてこの2つの考え方の違いやそれにともなう建築的表現の違いは、90年代以後今日に至るまでの間に特に住宅建築のジャンルにおいては、きわめて明確になりつつあるように思う。

地域主義的な外観、ミニマリズムな内部

前置きが長くなってしまったが、このような住宅建築を取り巻く状況の中で永田さんの作品を見ると、一種の不思議な感覚を覚えるのである。それはこの人はいったいどちらの味方なんだろうという疑いから始まる。しかししばらくその空間に身をおくと、理屈で考えると対立しがちな2つの考え方や表現が何の不自然さもなく統合されていることに感覚的に納得させられてしまう。そこにあるのは、良い住宅を見たときに共通して感ずる、「ああ、なんだこれで良かったのか……」という静かな驚きに似た感動なのである。

今回見学させていただいた「安曇野の家」は、その外観においては間違いなく地域主義的である。家の姿は広い農地に接したのどかな周辺環境に溶け込んでしまっていて、住所をたよりに探し出そうとしても見付けるのが難しいほどだった。寝室を半地下にしたスキップフロアを採用しているので南側の軒が低く、そのために周辺の2階建ての民家よりもむしろ農地に点在する平屋の農機具小屋を思わせるほど謙虚な印象である。また、家の南側に設けられた月見台のような広いデッキテラスと、美しい屋根とひと続きの深い軒庇を見れば、この家が日本の木造の伝統の良き継承者であることはすぐにわかる。その意味でこの家はきわめて地域主義的だと言い切れるのである。

しかし一歩室内に足を踏み入れると、様相は一変する。そのシンプルなプランニングと空間構成の明快さ、真白に塗られたプラスターボードペンキ塗りの天井や壁の印象は、外観とは異なりきわめて現代的で都会的で若々しい感性に満ちている。地域主義の住宅によくありがちな木造らしさを見せつけようと木構造や仕口を現しにしたり、さまざまな自然素材を見せびらかすようなことは一切なく、むしろそういった設計者の作意を極力押し殺し、エレメントを少なくし、床と家具と開口部以外は素材感を感じさせないようにデザインされている。そのおかげで、内部にいると建築の存在があまり気にならず、その場に置かれた生活に仕えるための家具や、美しい開口部によって切り取られた屋外の景色に自然と意識が行くことにより、住み手の生活そのものの豊かさが生き生きと感じられる空間となっているのである。そしてこの建築の重苦しい呪縛から解き放たれた清廉で透明な感覚こそミニマリズム建築が持つ最大の特徴なのである。

建築は気候風土に、感性は今日的に

私の知るかぎり永田さんは経験主義的で感覚的な方なので、彼の建築に内在するこの2つの対立的な側面については明確に意識をされていなかったのではないだろうか。今から思えば生前にお聞きしておけば良かったと悔やまれる。しかし聞いたとしても、おそらく「その方が気持ちがいいんじゃない？」と吉村順三みたいなことをおっしゃるに決まっている。ただ、晩年の作品に繰り返しこの表現を用いていることを見ると、このスタイルについてはかなり強い確信を持たれていたのだと思うのである。

永田さんはおそらく、地域主義的建築が持つ、過度な土着性、つまり田舎臭さや古臭さ、素材表現の過剰さなどを嫌ったのではないだろうか。建築はあくまで気候風土に立脚し、土着的で、環境共生的であることが未来永劫普遍であり正しいが、しかし一方で、人々の生活や感性は常に今日的であるべきであり、いかに日本の木造建築の伝統が素晴らしいからといって、それにしがみつくようなことは現代を生きる建築家としてすべきではない、という明確な姿勢と哲学が、そこにはあるような気がしてならない。ミニマリズム的表現でさえも永田さんのそれは建築雑誌をにぎわせる若手作家のように建築の美学を純粋に追究したり、観念的な形態操作の結果に生まれたものではなく、あくまで今日的な日本人の感性を表現しようとして到達した結果なのではないだろうか。

永田さんはどのような主義主張やスタイルにも迎合することなく、どのような観念や形式からも自由な一人の建築家でありたいと願っていたに違いない。それにより、独特のわかりにくさ、説明の難しさはまぬがれないものの、ある主義やスタイルを意識し、それを貫こうとした途端、その表現があざとく、過剰になり、建築の品格を落とし、時代の変化と共に建築が消費されることになりかねない危険性を熟知するがゆえに、あえてそれをしなかった数少ない建築家の一人ではないかと思う。そこに永田さんの他の建築家にはまねのできない本質が隠されているような気がしてならないのである。

この原稿を書き終えようとした途端、「何だよ、俺の建築をホワイトとかブラウンとか頭で分析なんかするんじゃないよ。いいものは理屈抜きでその場に立てば、誰にでも一瞬でわかるだろ。そういうものがつくれるようにならなきゃだめなんだよ」という永田さんのちょっと酔っぱらった声が頭の上から聞こえてくるような気がした。

（よこうち・としひと）

北アルプスの豊かな自然の中に建つ「安曇野の家」（右端）

建築はあくまで
気候風土に立脚し、
土着的で、環境共生的に。
人々の生活や感性は
常に今日的に。

南側外観。1階を半階下げているので、建物の高さが低く抑えられている。ベランダには階段を設け、外からも出入りできる

そもそも相反する性格をもつ
地域主義とミニマリズムが融合してしまっているところが
永田昌民の建築の最大の特徴であり、
その存在が稀有であるである理由に思えてならないのである。

上／遠方まで視線が通るリビングからの眺め。雨戸、ガラス戸、網戸、障子はすべて引き込められ、風景を余すことなく切り取る
下／ベランダから室内に向かって。右がキッチン、正面の窓の先がリビングから半階上がった2階の予備室

右ページ
広くゆったりと設けられた玄関ポーチ。深く庇が取られ、まるで外部のリビングのような空間に

●施主、施工者に聞く——文／編者

豊かな田園風景が広がる中に建つ「安曇野の家」。半階掘り下げた2階建ては、周囲の建物より控えめの背丈で、木々に溶け込み自然の一部のように佇んでいる。アプローチを進むと丸柱で支えられた玄関ポーチが迎えてくれた。木のガーデンベンチが置かれ、なんとも心地いい空間だ。

この家は、建坪27坪と小さな家だが、贅沢な環境にある。南北に長い500㎡近くある敷地の南側には田畑が広がり、視界が開けている。永田さんはその風景をできる限り活かしたいと、南に正対して家を配置し、半階掘り下げて4層のスキップフロアとした。半地下に寝室と子供室、1階に水回り、中2階にキッチンとリビング・ダイニング、そして2階に予備室。スキップフロアとしたのは、各部屋から見える風景に多様性を持たせることと、ここは豪雪地帯ではないが冬にはまとまった雪が降ることも多いので、積雪時にもリビング・ダイニングが閉ざされず、ベランダも活用できるようにという意図からだ。住まい手は、ご夫婦とお子さんが一人。

このプランに対して横内敏人さんは「なかなか思いつかない」と話す。「傾斜地ならともかく、平らなところで地下を掘るという発想は、ふつうは出てこないでしょう。でも、家を見ると納得できる。リビングからの見晴らしが良くなって風が抜けるし、空間的にもおもしろくなる。また地下は、水の心配のない場所であれば有効です。断熱をきちんとすれば温熱環境的には一年中安定して、地熱によって冬も寒くないし、夏は涼しい。なおかつ、この家はパッシブソーラーシステム（以下パッシブソーラーに略）を入れているから冬は床が暖められる。よくできています。プランやつくりにもムダがない。ディテールもすっきりしているから、余計なものが目に入らず窓など大事なところに目がいく。それらはすべてコストにもつながっています。工夫によってコストのかからないシンプルな納まりにし、その簡素なディテールが空間の美しさに結びつくように洗練されているのはさすがです」

ちょっとしたところも、見逃さない。プランを見ると、キッチンの配膳台部分が出っ張っている。間口1800㎜のキッチンには納まらないからだ。

右／1階、玄関入ってすぐのホール。半階下がった先は子供室、右に寝室。半階上がるとキッチン、リビング・ダイニング
左／2階の予備室から見下ろす。白く塗装された壁と傾斜天井で明るく広がりのある空間に。薪ストーブは小型を選んだ

「ふつうは、納まるようにダイニング側に寄せるでしょうね。でもそうすると、柱の位置がずれて構造的に複雑になってしまうし、リビングも狭くなる。だから、永田さんはそこだけ外側に出した。配膳台だけ出っ張らせることで、他の部分がすべて助かってシンプルになる。その判断がすごいですね。部分が原因で全体がくずれるよりも、全体をきちんと成立させて部分で解決しようという考え方。ムリをしないという考えがよくわかります」(横内さん)

家を建てるに当たって、雑誌や本などで勉強したというご夫婦。その中で永田さんを知り、『大きな暮らしができる小さな家』を読んで、小さい家がいいと思ったそうだ。

「日々の暮らしにあった、コンパクトで居心地のいい家を建てたいと思いました。いずれ夫婦だけになれば、40坪の家でも掃除がたいへんだし、客間が必要といっても毎日お客さんが来るわけではないし」(奥様)

しかし、永田さんのいる東京とは距離もあったので、地元の建築家も考えたが「ダメ元で連絡をとってみたら『いいですよ』とお返事いただいて。でも、そこから3年待ちました」と朗らかに笑う奥様。土地は決まっていたので、永田さんは土地と当時住んでいた家を見に訪れ、その半年後くらいに2つの案が出てきたという。A案は現在のプラン。B案は1階にリビング・ダイニング、2階に寝室というオーソドックスなプランだった。永田さんはもちろんA案がお勧めだったが、半地下をつくりスキップフロアにすることで施工費が少し上がってしまうので、その検討材料としても2つ提案したようだ。

「半地下でスキップフロアという案にはびっくりしましたが、こっちがいいとすぐに決まりました。どうなるんだろう、と楽しみでした」と話すご夫婦。案を決めた後、永田さんは「いいものをつくりますから、まかせてください」と言ったという。

なんの過不足もない。スキップフロアも違和感なく自然体。半地下は予想以上、温度も湿度も1年を通して変わりません。――施主

リビングから半階上がった予備室。1階に浴室などの水回り、半地下に寝室と子供室、中2階にLDK、そして2階にこの予備室と、4層のフロアから成る

「それはもう、おまかせするしかないと思いました。それまでは家オタクになっていて、蛇口ひとつでも調べるほど（笑）。でも、他の見学会で、きっとお施主さんの要望を全部聞いちゃったんだろうなと思えるような、ちぐはぐな家を見て、そういうことは避けたいと」（奥様）

ただ、２つ、ご夫婦が要望したものがある。薪ストーブと雨戸だ。念願だった薪ストーブは、当初、永田さんにいらないと言われたそうだ。部屋の広さとのバランスと、パッシブソーラーが入るのでその必要はないと。しかし、どうしてもと頼み、一番小型のものを選んだという。

「完成後、永田さんがいらっしゃった時に『薪ストーブもいいなー』って言ってくれました」と奥様。冬には毎日この薪ストーブが活躍する。お二人とも仕事をしているので、ウィークデイは帰宅してから火をつけてそのまま朝まで、休みの日は朝からつける。真冬にはマイナス10℃にもなるが、パッシブソーラーと薪ストーブで家全体が暖かいそうだ。

雨戸は風の強い地域であることから。断熱性も考慮してケイカル板を張ったが、これが夏場にもとても役立っている。朝、家を出るときに雨戸を閉めていくと熱気がこもらず、帰ってきて通風だけで過ごせるそうだ。永田さんは、リビングにエアコンの取り付け場所を用意しておいたが、まだ設置していない。

「半地下が涼しくて、暑さがひどい時も地下に行けばしのげます。地下は、１年を通して、温度も湿度もあまり変わらないですね」（奥様）

案を見た時は驚いたスキップフロアも、「住みはじめから、まったく違和感なく自然体で住んでいます」とご主人。「なんの過不足もない」とご夫婦は穏やかな笑顔を浮かべる。

横内さんも「施工がいい。プラスターボードに塗装は安くて手軽だけど、きれいに仕上げるのは難しい。それをとてもきれいに施工されていますね」と評価する施工を手がけた

シンプルだから難しい。永田さんの仕事は、〝やりやすい大仕事〟。設計にも人柄が出ていました。繊細さの中にやさしさがある。

――小澤建築工房

右／リビング・ダイニング。外側から、ケイカル板を張った雨戸、網戸、ガラス戸、障子。すべて戸袋に納まる
左／勝手口のように設けられたキッチンの開口部。外からベランダに上がって、ここから出入りすることもできる

のは小澤建築工房。「下地がしっかりしてないとダメですね。大工さんの腕です」と話す代表の小澤文明さんは、永田さんとはOMソーラー発足時からのつきあいで、山梨や長野エリアの物件を5軒ほど施工してきた。ご自身で設計も手がけるが、永田さんをはじめ名だたる建築家の施工も多く手がけている。

「永田さんの住宅は、基本的に建物自体はシンプル。シンプルなほどたいへんな仕事はありません。たくさんいろいろくっつけてくれるほうが楽ですよ。でも、永田さんは、ディテールの施工図がきちんとできているので、仕事としてはやりやすいんです、段取りも読める。やりやすい大仕事です（笑）」。永田さんの手法を熟知し、技術のある大工を起用しているからこそ言える言葉だろう。

「この家では、やはりスキップフロアに手がかかりました。大工の作業は、通常、下から上へと上がっていくのが当たり前。なので、上から下へ物を下ろす、下へつくっていくというのは意外とたいへんで手間がかかる。下ろす方が楽に思えるけど、実はやりにくいんです」

また、スキップフロアは構造が不連続になる。1つのフロアの面がずれているので、とりあいが難しい。

「それも、一般的な家では天井裏や屋根裏に隠れてしまうんですが、この家では表に出ているので、さらに難しい。パッシブソーラーも、スキップフロアで空気の流れをつくるのは難しいんです。ここでは、半地下の床下に暖気を送り込んで、1階の浴室は切り離しました。吹抜けも階段室しかないので、空気の流れをプランの段階から考えていかないとダメなんです。永田さんはそこらへんを踏まえて設計していました」

家族ぐるみの長いつきあいの中で、永田さんは友達以上の存在であり、好きな建築家であった。

「はじめは取っつきにくかったけど、相談できる穏やかな人でした。手に触れるところはやさしいつくりで、設計にも人柄が出ていましたね。永田さんの仕事は、包み込むお母さんのようだと思っています。繊細さの中にやさしさがある。中にいると母体のような感じがします。永田さんからいろいろ教えていただいたことに感謝しています。この経験を大切にして、私なりの家づくりに活かしていければと思っています」

右／寝室。一年を通して温度、湿度の安定した半地下は快適で、夏も涼しいという。冬はパッシブソーラーによって半地下の床に暖気が吹き込まれる
左／半地下の子供室。天井際に取られた窓で、室内は十分明るい

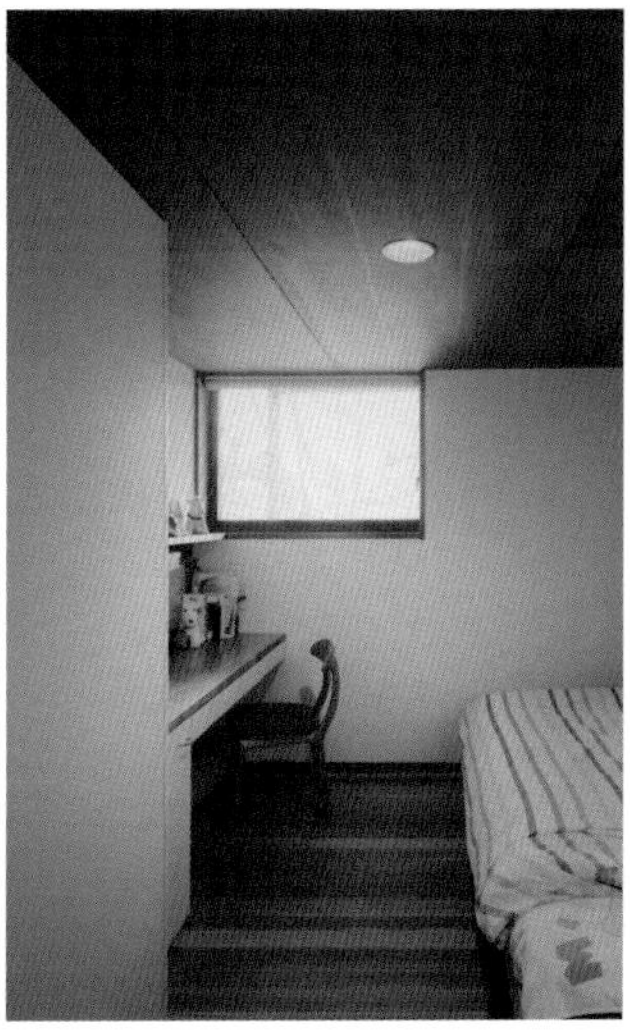

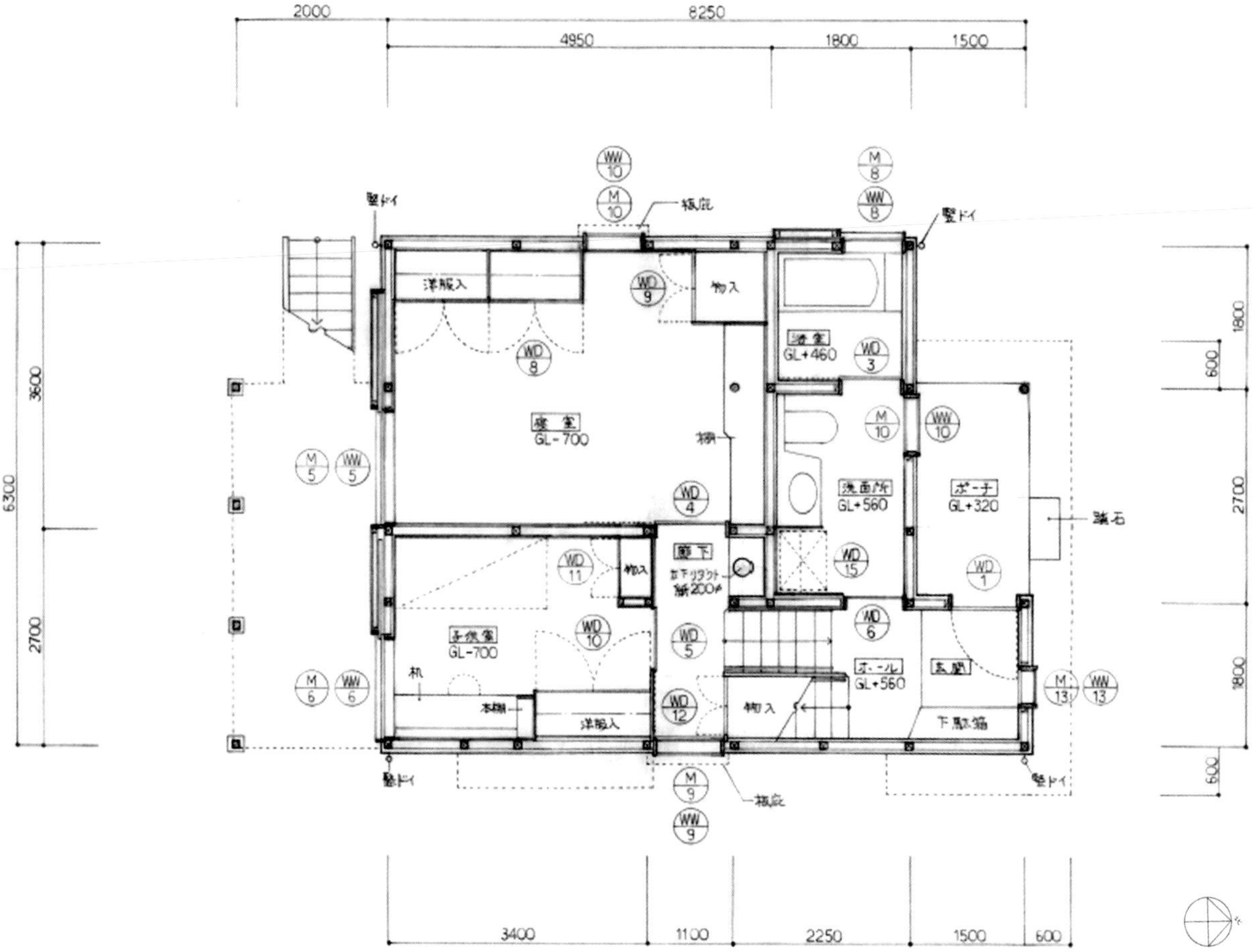
2000
8250
4950
1800
1500
6300
3600
2700
1800
600
2700
1800
600
3400
1100
2250
1500
600
竪ドイ
板庇
洋服入
物入
寝室
GL-700
浴室
GL+460
洗面所
GL+560
ポーチ
GL+320
踏石
廊下
子供室
GL-700
机
本棚
ホール
GL+560
玄関
下駄箱

1階平面図＝1／100

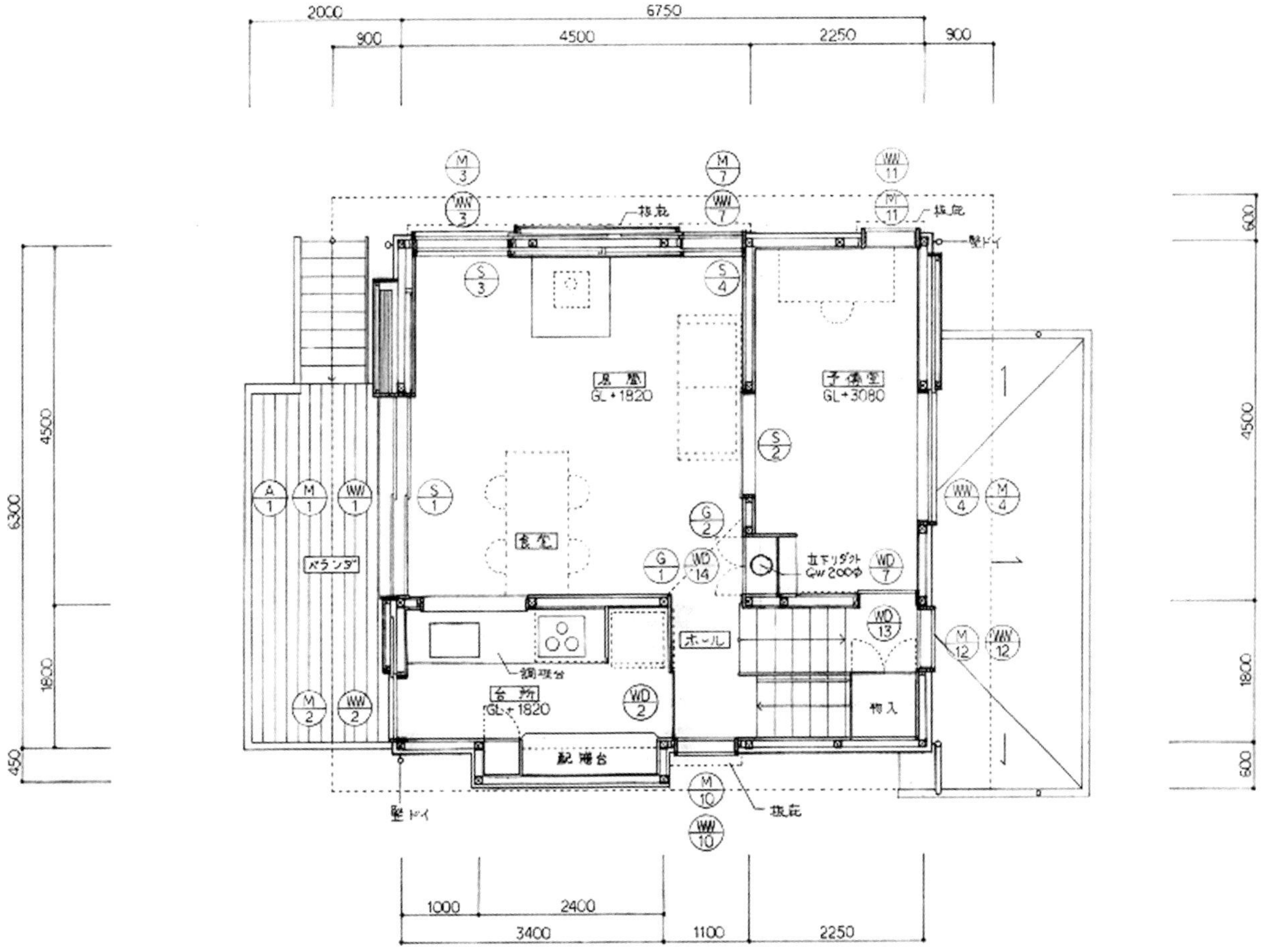
2000
6750
900
4500
2250
900
居間
GL+1820
子供室
GL+3080
食堂
ベランダ
台所
GL+1820
調理台
配膳台
ホール
物入
立下りダクト
GW200φ
竪ドイ
6300
4500
1800
450
600
1000
2400
3400
1100
2250

2階

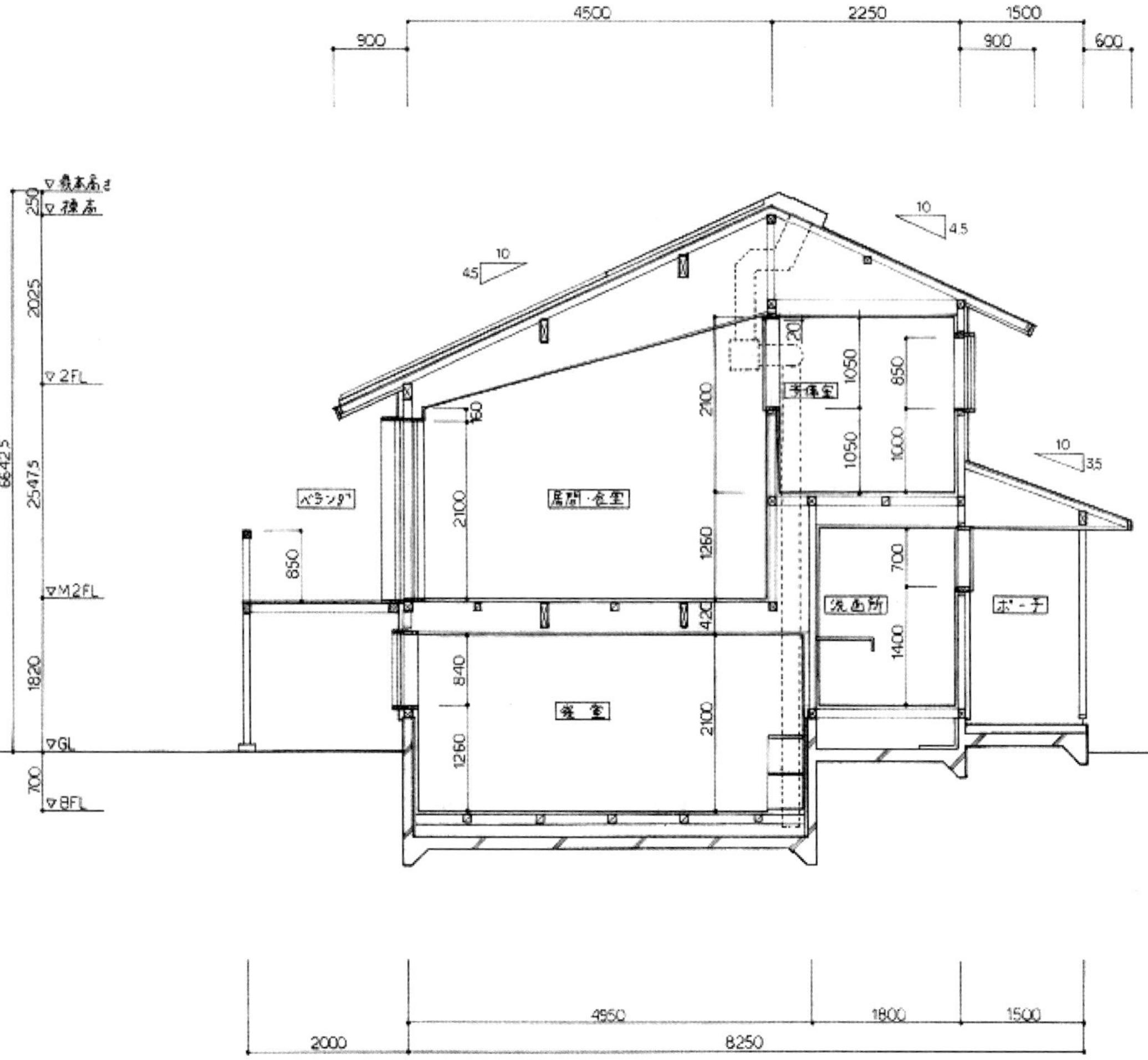

断面図＝1／100

［安曇野の家］
所在地：長野県安曇野市
家族構成：夫婦＋子供1人
竣工：2009年12月
構造規模：木造2階建
敷地面積：499.00㎡
建築面積：59.35㎡
延床面積：88.82㎡（1階／45.22㎡、2階／43.60㎡）
設計：N設計室／永田昌民、小森正和
施工：小澤建築工房

●主な外部仕上げ
屋根：ガリバリウム鋼板厚0.35㎜瓦棒葺き
外壁：そとん壁かき落とし仕上げ
建具：木製建具

●主な内部仕上げ
天井：玄関、台所、居間・食堂、予備室／PB厚9.5㎜寒冷紗パテシゴキAEP　寝室、子供室／ラワンベニヤ厚5.5㎜目透かし張りワトコオイル　洗面室、浴室／サワラ縁甲板厚15㎜撥水剤塗布
壁：玄関、寝室、子供室、台所、居間・食堂、予備室／PB厚12.5㎜寒冷紗パテシゴキAEP　洗面所、浴室／サワラ縁甲板厚15㎜撥水剤塗布　浴室腰／ポリコンモザイクタイル貼り
床：玄関／煉瓦敷き　洗面所、寝室、子供室、居間・食堂、予備室／カラマツ縁甲板厚15㎜、ワトコオイル・ワックス　浴室／ポリコンモザイクタイル貼り台所／コルクタイル厚㎜貼り

●設備
暖房：空気集熱式床暖房（ソーラーれん）＋薪ストーブ
冷房：なし
給湯：給湯暖房ボイラー＋貯湯槽

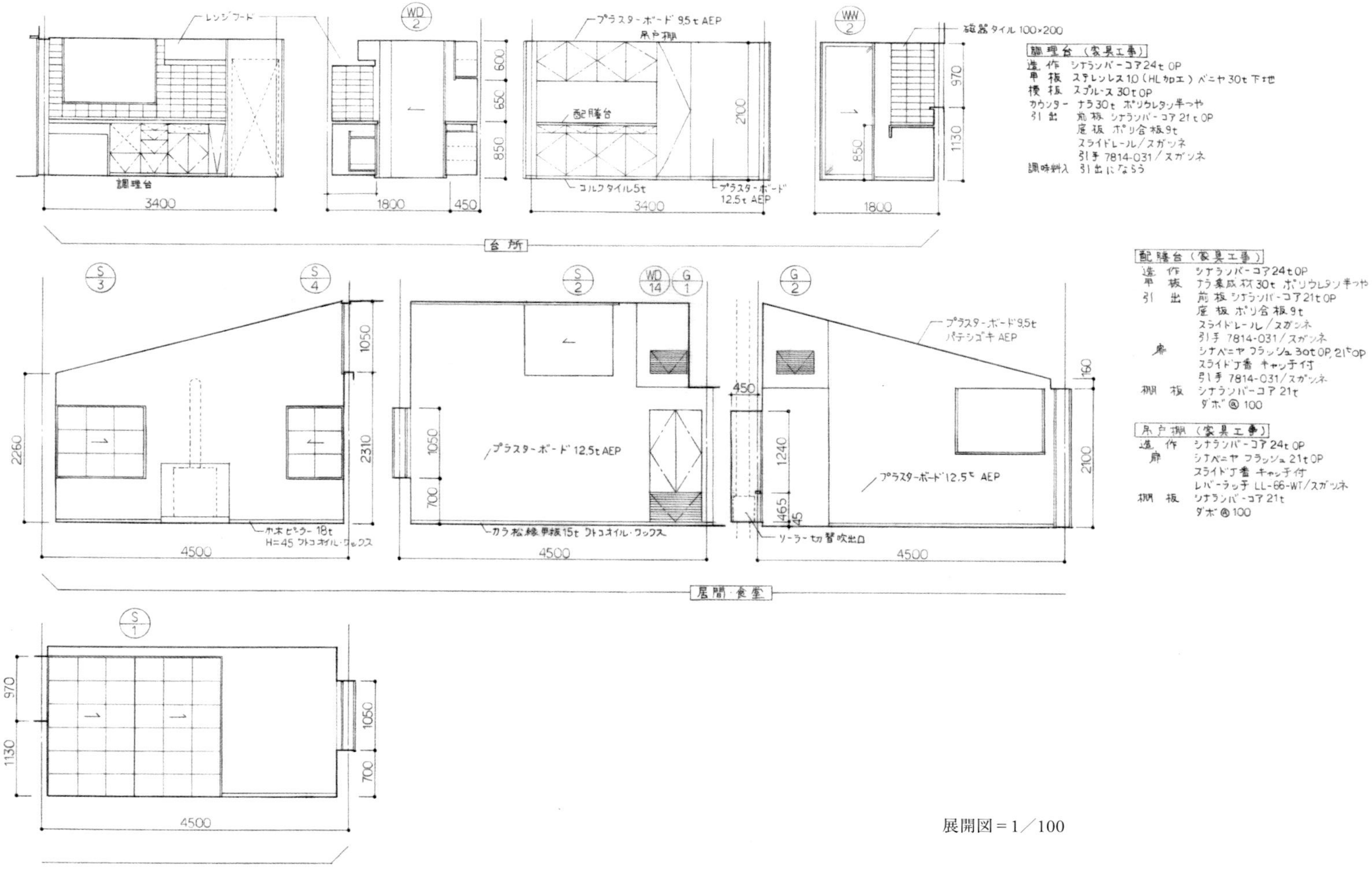

台所
居間・食堂
調理台
レンジフード
配膳台
吊戸棚
プラスターボード 9.5t AEP
コルクタイル5t
プラスターボード 12.5t AEP
磁器タイル 100×200
調理台（家具工事）
造作 シナランバーコア24t OP
甲板 ステンレス1.0（HLカロエ）ベニヤ30t 下地
横板 スプルース 30t OP
カウンター ナラ30t ポリウレタン半つや
引出 前板 シナランバーコア 21t OP
底板 ポリ合板9t
スライドレール／スガツネ
引手 7814-031／スガツネ
調味料入 引出にならう
配膳台（家具工事）
造作 シナランバーコア24t OP
甲板 ナラ集成材30t ポリウレタン半つや
引出 前板 シナランバーコア21t OP
底板 ポリ合板 9t
スライドレール／スガツネ
引手 7814-031／スガツネ
扉 シナベニヤ フラッシュ 30t OP, 21t OP
スライド丁番 キャッチ付
引手 7814-031／スガツネ
棚板 シナランバーコア 21t
ダボ@100
吊戸棚（家具工事）
造作 シナランバーコア 24t OP
扉 シナベニヤ フラッシュ 21t OP
スライド丁番 キャッチ付
レバーラッチ LL-66-WT／スガツネ
棚板 シナランバーコア 21t
ダボ@100
プラスターボード 9.5t パテシゴキ AEP
プラスターボード 12.5t AEP
米松ピーラー 18t H=45 ワトコオイル・ワックス
カラ松縁甲板15t ワトコオイル・ワックス
ソーラー切替吹出口

展開図＝1／100

「知多の家」

愛知県・2014年

庭と一体化する郊外の住まい

永田さんは内側から外を見てマドを開き、家の中を回遊しながら設計しているんだと実感した。

田瀬理夫（造園家）

マドの外への思い

　永田さんの住宅は敷地にスポッと納まっていると感じる。15年ほどの間に永田さんと15の［庭］をつくる機会を得た。個人の住宅が12で、それ以外のものは上池台の集合住宅、OMソーラーの社屋「地球のたまご」、岩手県遠野の馬付住宅「クイーンズ・メドウ・カントリーハウス」である。

　住宅は敷地に限りがあるので、敷地ごとの答えがあるわけだが、永田さんの住宅はどれも無理なく納まってしまう。「山王の家」（24ページ～参照）もそうだが、小さな旗竿敷地の「下里の家（自邸）」（129ページ～参照）や「都立大学の家」、上池台の集合住宅「THS」はどれも旗竿の先の矩形にスポッと納まっていて、家のまわりをぐるりとめぐることさえできる。前も後も左も右も2階建ての家に囲まれていても1カ所は目の前に庭があり、視線は緑の先にぬけるよう仕組まれている。上池台の集合住宅は私にとって永田さんの建築に造園する最初の仕事で、竣工後に旗竿の部分だけをデザインした（2001年）。

　そこでは、兵庫県神戸市の里山住宅博で街区の連続景観を形成したアースワークの開発初期の立体的な造形工法（当時はGabion Greeningと呼んでいた）を使って、3日間の施工で、緑いっぱいのアプローチガーデンをつくり関係者をびっくりさせた。もちろん永田さんも驚いたにちがいない。私はそのとき初めて1階と2階のそれぞれの住戸を見たのだが、驚愕した。道路から入ってアプローチは両側に2階建ての隣家がせまっていて狭い空があるだけと見ていたが、寝室の北西のマドは北隣家の庭の柿の木の葉に反射した光がさし込んで明るく開いていた。LDKから南東にちょうど旗竿の幅分せり出したバルコニーからは隣家の緑がのぞき、空が続いていた。永田さんは内側から外を見てマドを開き、住宅を設計しているんだと実感した。

　堀部安嗣さんが「建築の外皮にポイントがないので内部と庭が連続

中央、水草の浮く水盤にはメダカも。日本の自生種にこだわった植栽は、アオダモやヤマザクラ、ヤマボウシなど

し、次に町や風景に、さらに風土や日本の良さや時代性といったところまで見渡せる世界を創出しているように思えてくるから不思議だ」（12ページ参照）と書かれているが、永田さんは家の中を回遊しながら設計している。15の庭をつくる過程で、私は永田さんの家づくりを「庭園回遊式のすまい」と呼ぶことにした。

立体回遊式庭園

永田昌民＋N設計室の住宅の庭づくりでは、まず敷地と建物を確認に行く。道路からアプローチ、玄関ポーチへ、玄関を上がって居間から1、2階すべての部屋をめぐりすべてのマドを確認する。イスに腰かけたレベル、床に座ったレベルなどいろいろな視点で、マドの先に何が見えるか、何を見せたいか、ということが庭づくりのはじまりである。

図面では読み取れない隣地の建物や庭の様子、周辺の家並みの状況、空の見え方、遠くの眺望などが見えてくる。「ああ、こう空に抜けていますか！」「ここに1本の木を植えますか？」といった具合に、建物の中を回遊する。また敷地の四隅や、マドの中心と敷地境界の交点に立って建物を眺め、レベルを確認する。自身が眺める対象になり、そのスケールを把握する。

さらに、道路に出て、周辺をぐるりとまわって、建物がどのように見えるかも確認する。広狭、明暗、開閉、曲折、レベルの変化など、すでに仕組まれているので、永田さんの住宅の仕事は、私にとっては立体回遊式庭園の設計をしているようなものだった。

居間と同一レベルの地面

居間の前のウッドデッキが居間と同一レベルというのは当たり前だが、デッキの先が地面にストンと40～50㎝下がっていると、とてもみすぼらしいものになってしまいがちだ。内外一体の広がり感や安定感が大切なので、たいていはデッキの際まで地面をカサ上げすることにしている。耐久性のある金網カゴで土留をして、排水性と保水性にすぐれた人工軽量土壌で盛土して、地面を持ち上げている。

アースワーク・地面の造成

地面のカサ上げを緑でなにげなく簡単にやってしまうのが、5×緑（ゴバイミドリ www.5baimidori.com）というカゴ状やL字形パネル金網をつかったアースワークだ。金網の内側に不織布を貼り、中に土を入れる。土は現場発生したものを使うことが基本だが、たいていは間に合わない。スペースがないので工事中現場に仮置きできる土の量は限られている。建物が建ってしまうと重い土を搬入するのは大変な作業になる。袋入りの人工軽量土壌を使うと、軽々と安々と自由自在に地面の造成ができる。地面に高低ができると段差がつくので、階段やスロープなどが必要になる。地面レベルの変化は、視界の変化や足もとへの視線の変化など庭の様相を多彩にする大切な要素だ。

多種類植栽

庭の愉しみは植物の種類の多さにあるといっても過言ではない。

永田さんの自邸「下里の家」には、その前に26年住んだ「東久留米の家」の庭から引っ越しした木本類、草本類あわせて200種類以上の植物が植わっている。「逗子の家」は100種ほど。特に草本類（いわゆる草ですが）が多いと俄然自然度が増す感じになる。野鳥やチョウの飛来、虫の音が多彩になり、春夏秋冬の植物の移り変りをより感じる瞬間が増えるということだと思う。

1本の木

永田さんは必ず「1本の木を植えませんか？」と建て主に勧めた。「下里の家」には「東久留米の家」から運んだヤマボウシが居間の前に、「逗子の家」には朝日で花を愛でるヤマザクラが玄関脇に、「広島の家」では夏の強い日差しを和らげるセンダンを思いっきり枝をひろげられる南庭のデッキに植えた。いずれ近所のランドマークにもなるだろう。植物の選択には原則があって、その地域の在来種でかつ、できるかぎり近くで生産（育てられた）されたものを選ぶ。

周辺の山、例えば「逗子の家」なら桜山の植生と同じ植物を植える。桜山と同時に緑はうつろい、鳥は往きかうわけで、おのずと地域らしいたたずまいになる。

小さな池

永田さんが「東久留米の家」から近くの「下里の家」に移る際に、庭の植物と同時に水盤を移設した。常滑焼の直径90㎝の土管の底をコンクリートでふさいだもので、澄水の中に水草が繁茂しメダカがツンツンと泳いでいた。水盤の底には永年にわたって落葉などが分解した「土」が堆積していて、フナがひそんでいた。水を抜いただけで、下里に運んで居間の前の水盤とした。

その後、永田さんとの仕事に限らず、住宅の庭には水盤を設けることにしている。そのディテールは土管の水盤の様相を再現したものだ。

プラスティックの容器の底に農薬などに汚染されていない土を入れ水生植物を植えメダカやマブナなど在来魚を入れる。池は水と土のバクテリアと植物、生物のバランスがとれると、永年澄水を保つ。澄水には清涼感があり、なによりも水面は庭に動きをもたらす。陽光、月光を反射し、あたりの情景も映す。トンボや季節ごとの野鳥が飛来し、庭さきで思いがけないドラマが展開する。

「1本の木を植えませんか？」とともに、「小さな池をつくりませんか？」とお勧めしている。

ふたつの庭

永田さんの設計図にはたいてい「庭」の文字がふたつ書かれている。南庭と北庭、表の庭と、奥の庭といってもいいが、住宅にふたつの庭があると回遊性は高まり、住まい方はよりうれしいものになる。南と北では同じ時刻でも緑の色彩や輝きが違うように、ふたつの庭、部屋からの眺め、庭に出て微細な「もの」を見つめる、玄関から出る、道から家に入るという日常の中に、思いがけない景が多彩に展開することになる。

「知多の家」は永田さんの最終作であるが、普段と変わらず敷地にスポッと納まっている。庭づくりも12の住宅の工夫の積み重ねの結果のディテールで無理なく納まっている。給排水衛生設備図を見れば分かるが、機器と配管はすべて庇の下に配されて、庭づくりの支障となるものは皆無で、地面はもっぱら植物のために開放されている。

永田さんは、建て主に既存のカイズカイブキの高生垣を残すことを提案し、あとは好きな木を選んで植えればいいという考えだったようで、建て主もご自分で庭づくりをされるつもりでいた。知多にふさわしい多種多様な植物を、年ごとに植えたすことで庭との生活はより多彩で豊かなものとなるだろう。

家づくりは「庭づくりのはじまり」であり、その愉しみは永く住まい手のものである。

（たせ・みちお）

永田さんは必ず
「1本の木を植えませんか?」と
建て主に勧めていた。
広狭、明暗、開閉、曲折、
レベルの変化など、
すでに仕組まれているので、
私にとっては立体回遊式庭園の設計を
しているようなものだった。

上・左/下屋を張り出させて設けたリビング。掃き出しは南に正対し、床と同じ高さでテラスと庭が続く

右ページ
上/リビング、奥のコーナーから庭に向かって。庭側の一角を斜めに切り取ったことで、内部空間に奥行きが生まれ、外からは庭木だけが目に入ってくる
下右/玄関。ポーチから同じタイルで仕上げ、内外に連続性を持たせた。室内側には引き戸を設けて仕切れるようにしている。その手前に2階への階段がある
下左/リビングからキッチンに向かって。障子を閉(た)てたリビングは一変して静寂の空間に

●施主、施工者に聞く——文／編者

この「知多の家」の施主が永田さんに最初に会ったのは、2010年。中古住宅が建っていたこの土地を購入し、建て替えの設計を永田さんに依頼した。いつになるか約束できないけれど、と依頼を受けた永田さんはその後2度訪れ、土地を読み、施主の暮らしぶりを見ていった。そして2013年、永田さんからプランができたとの連絡があり家づくりがスタート、永田さんも参加しての地鎮祭が行われた。しかし残念なことに、その年末に永田さんは鬼籍に入られてしまった。竣工は2014年の5月。永田さんは完成を目にすることはできなかったが、この家を訪れてみて、永田さんの住まいへのあたたかいまなざしを改めて感じたのだった。

場所は、山を切り開いた傾斜地で、道路側と約1mの段差があるほぼ正方形の敷地だ。住まい手はご夫婦とお子さん1人。1階にはリビング、ダイニング、キッチンと土間が1室。土間は、ご主人の趣味であるバイオリン制作の場だ。2階には寝室、子供室、家事室と浴室を置いた。

特徴はやはり、東に張り出させた下屋に設けたリビングだろう。庭側は南に正対するよう斜めに切って大きな開口部を設け、床と同じレベルでテラスをつくって庭と一体化させている。まさしく永田流である。室内にはぐっと奥行きが生まれ、面積以上の広がりが感じられる。キッチンとダイニングは、壁で仕切りながらシンク前はオープンにして、食卓はもとより1階全体が見渡せる。ここで大いに効果を発揮しているのがダイニングの庭側の窓だ。一枚の絵画のように庭を切り取る。当初のプランではこの窓は掃き出しだったが、庭への動線はリビングの掃き出しがあることと、その開けたリビングに対してこちら側は閉じた方がよいだろうという判断から腰高窓に変更された。

庭を手がけたのは田瀬理夫さん。家が完成してから関わることになったが、永田手法を知る田瀬さんは、なんら問題はなかったという。施主には菜園と水盤を提案し、光が一番当たるところに菜園を設け、リビングのテラス周りはテラスと同じレベルに地面を上げた。室内と同じ高さにすることで、室内から見た時に奥行きと広がりを感じさせている。

右／キッチンからダイニングの窓に向かって。腰高の窓が、まるで一枚の絵のように庭を切り取る
左／キッチンは壁で仕切って内部は見せずに、ダイニングと一体感あるつくりに。テーブルと椅子は奥村昭雄さんの家具

「永田さんのすごかったところは、窓の取り方はもちろん、こちらが植物を植えたいところに植えられるように、外構をきちんと意識した配管計画が成されていたことです。庭に関心のある建築家でも徹底している人は少ない。それはメンテナンスも考えてのことです。長く住むことを基本に設計していましたね」（田瀬さん）

古くなってよくなる家が欲しい。そういう家を頼むなら、永田さんしかいないと思ったんです。——施主

永田さんの施主の審美眼には感心してしまう。「知多の家」も言うまでもない。永田さんにたどりついた元は、永田さんの大学時代の先輩でありOMソーラー考案者の建築家・奥村昭雄さんの家具だった。バイオリンづくりから木工に興味を持ち、結婚を機に家具を探したところで奥村さんの家具を知り、木曽三岳まで工房を訪ねてテーブルと椅子を購入したそうだ。

その後、家づくりの相談を木曽三岳の工房にしたところ、うまい工務店があると阿部建設を教えてもらった。訪ねると社長の阿部さんの自邸が永田さんの設計で、見学すると「これは違う、と。頼むなら永田さんしかいないと思いました」と振り返るご主人。出会うべくして出会ったといえるいきさつだ。

ご夫婦が希望したのは、ご主人の趣味の部屋、客が泊まれる部屋、洗濯ものを干すベランダ、薪ストーブなど。永田さんには「古くなってよくなる家が欲しいと言いました。永田さんがつくる家はそうだと思ったから」とご主人。プランは、初めに出てきたものとほぼ変わっていない。

「暖炉が欲しかったけど、ここは住宅街なので、なるべく煙の出ない薪ストーブにしました。OMソーラーの効果もあるので、火を入れるのは夜7時から10時くらいまで。ガスファンヒーターを補助暖房としておいていますが、使うのは特に寒い朝くらいです」。夏は風通しがいいので、エアコンは2階だけ。お子さんもバイオリンを弾くので、防音のた

右／使い勝手よくコンパクトにつくられたキッチン。背面にたっぷりの収納棚と配膳台を造作した。小窓で風通しよく、視線も抜ける。ガスコンロ横のドアはご主人の工房に続く
左／ご主人の趣味のバイオリンの工房。土間とし、外から直接出入りできるドアも設けてある

めに閉め切った時に入れている。

　ＯＭソーラーによる効果で驚いたのが浴室だ。「永田さんが換気扇はなくても大丈夫と言って、つけなかったのですが、確かにカビていません。永田さんは過剰なものはいらないと言っていました」。快適さと設備、コスト面のバランス感覚も永田さんの優れていた面だろう。

　庭は、永田さんには自分たちでやると言ったが、「いざとなったらどこに何を植えるのかわからない（笑）。それで田瀬さんに頼むことにしました。永田さんとは模型を持ってきてくださった時や地鎮祭の時に（お酒を）飲みました。完成したらカラオケに行きましょうと言っていたのですが、それが叶わなかったことが心残りですね」（ご主人）

「知多の家」の施工を担当した阿部建設は、腕の良いことで定評のある工務店だ。創業は明治38年、社長の阿部一雄さんは5代目となる。

「私は大学で建築を学んだのですが、卒業後、建築以外の仕事をしてから家業につきました。ちょうど会社に入った頃、勉強のためにと永田さんの設計塾に行ったのですが、とてもびっくりしたのを覚えています。その空間の気持ち良さに」と阿部さん。心地いい住宅づくりという初心に返らなければとハッとし、永田さんにモデルハウスの設計を依頼、その後自身が住むことにしたという。

「モデルハウスとしてつくった時は正直なところ、音も響くし使いにくいと思ったんですが、住んでみたらとても住みやすい。引き戸、障子で光や風、視線も調整できる。永田さんの考えで一番おもしろいところは、〝開くことと閉じること〟につきると思っていますが、光の入れ方は本当に絶妙です。そして、住み始めて数年後に私は事故で車いすの生活になり、増築をしたのですが、車いす

あの設計はまねられるものじゃない。だけど姿勢は学んだ。家づくりとは何か、教えてもらいました。

——阿部建設

上／寝室。天井際に寄せた横長の窓に障子をしつらえて、静かな落ち着きある空間に
下右／2階の家事室は和室に。来客用など多目的に使える。奥の箪笥はご主人の祖母から譲り受けたもので、ぴったり納まるように設計した
下左／2階、子供室。ラワンベニヤでラフに仕上げた。白い円柱はソーラーシステムの立下りダクト

のために手を入れたのはトイレの手摺りとバス内の床を嵩上げしただけ、しかもレイアウトは変えてない。廊下の幅は110cmあるので広げる必要はなく、ほとんど引き戸で段差もない。永田さんの設計はもともとバリアフリーになっていたんですね。それにもびっくりしました。永田イズムを日々、自邸で感じています」

ある家の設計では、永田さんの見積もりの数字を見抜く目にも驚いた。

「永田さんは自分で数字を拾われる。型枠の量とか見て、ここ高いだろうとか指摘されるんです。1／2の図面を描くから見えるんですね。だからごまかしがきかない。そういうアトリエ系の建築家はいませんでした」

数字が読めるからこそ、予算をうまく減らすこともできた。

「永田さんは、ローコストのケースでは木製建具を使って坪単価70万円で設計できた。設計力のある建築家でもなかなか100万を切れないのに。永田さんはよく言ってました。『70パーセントくらいでいいだろう。余分なことはいるか？』と。住んでから必要だったらつくればいいと、最低限のつくりにする。だから、減らせたんです」

つくり手に対しては、厳しく、やさしかった。

「ダメなことはめちゃくちゃ怒ったけど、仕事がわかるから、うまくいったところは褒めてくれた。だから現場スタッフとも信頼関係がありました。永田さんのすごいところは、現場で間違いがあっても絶対に壊せと言わなかったことですね。なんとかそれを活かそうと考えてくれた。工務店のがんばりを見てくれました。だから相見積もとらなかった。『おれはそういうことをしないけど、がんばれよ』と言われたこともあります」

阿部さんが永田さんと一緒につくった4軒目がこの「知多の家」。

「地鎮祭の後、お施主さんが一席設けてくれたのですが、永田さんは子供のように楽しそうでしたね。僕は永田さんを勝手に師匠と思っています。自分が建築を始めた原点、設計に迷った時に戻る原点。うまくいかないところを『ずーっと考えてるんだよ。ほっといてるわけじゃない』と徹底的に考えることを学びました。あんなシャープな線はまねできません。あの設計はまねられるものじゃない。だけど姿勢は学んだ。家づくりとは何か、教えてもらいました」

右／植栽にあふれる玄関周り。玄関ポーチ（手前）には多様な植物を植えた緑化ユニットを用いた
左／木塀と植栽が相まって自然な趣きを醸す佇まいは、さりげなくも美しい町の風景ともなっている

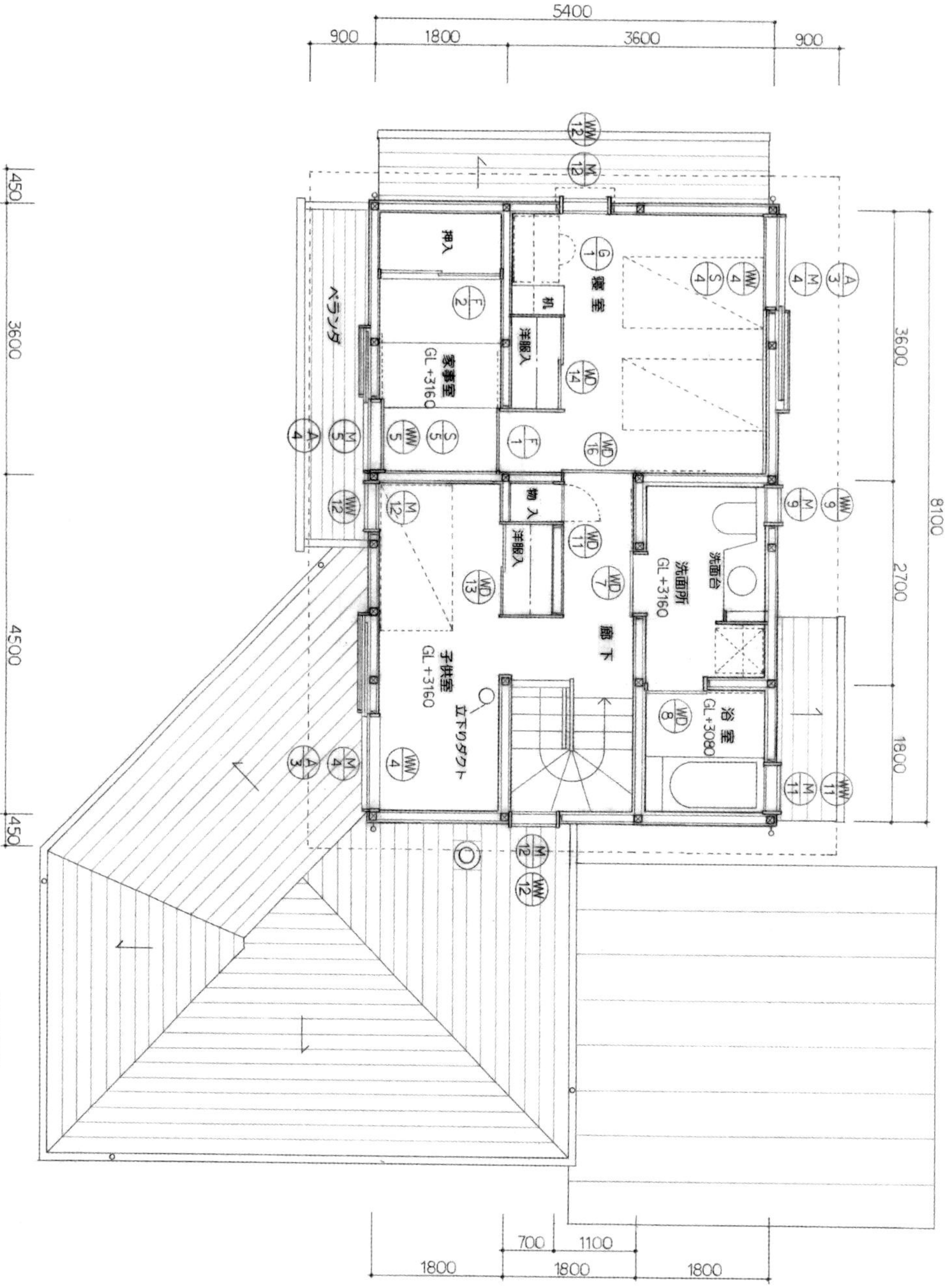
5400
900
1800
3600
900
450
3600
8100
4500
450
2700
1800
押入
家事室
GL +3160
ベランダ
寝室
机
洋服入
物入
洋服入
廊下
洗面所
GL +3160
洗面台
浴室
GL +3080
子供室
GL +3160
立下りダクト
700
1100
1800
1800
1800

2階平面図

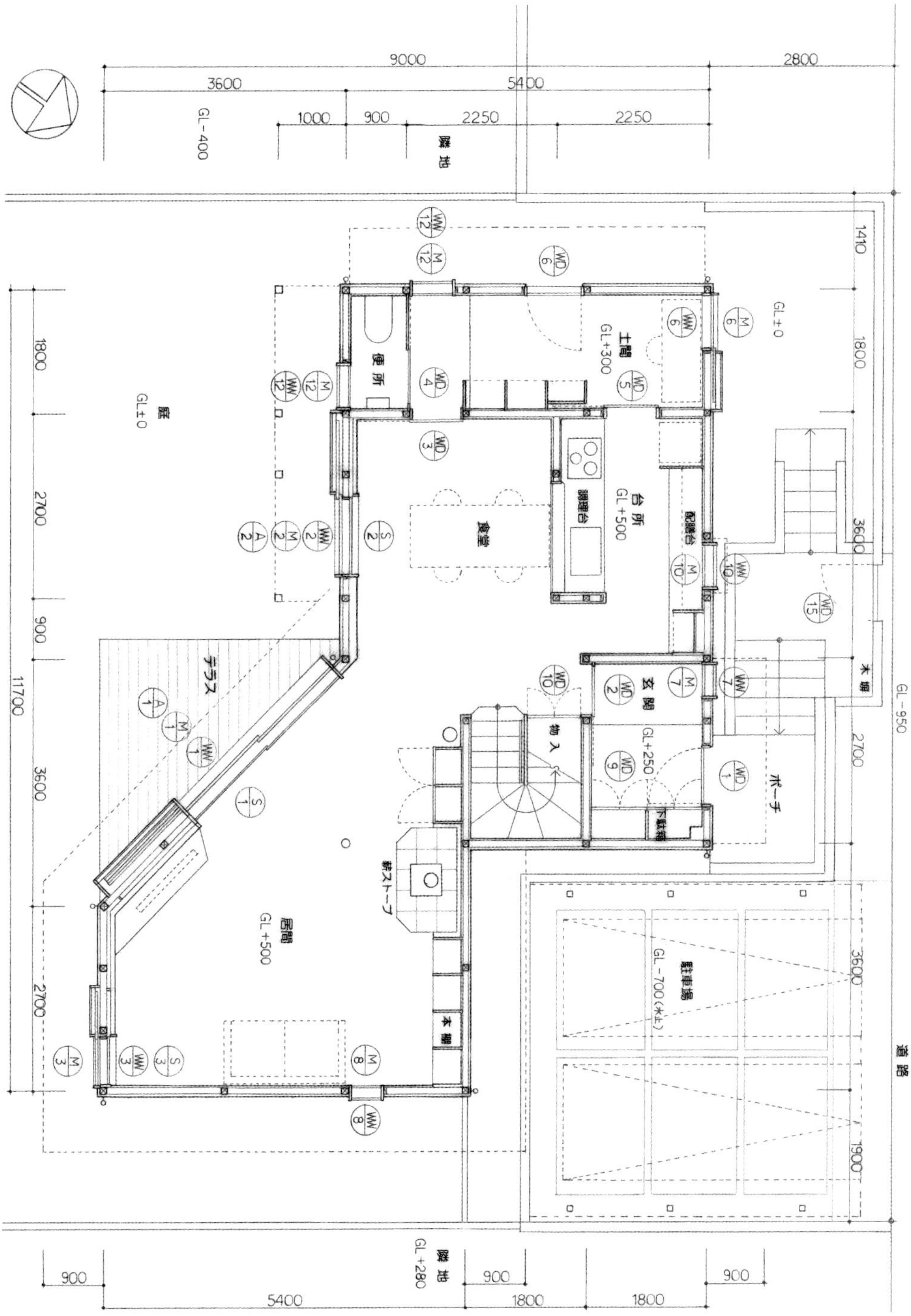
9000
2800
3600
5400
1000
900
2250
2250
GL－400
隣地
1410
GL±0
1800
3600
2700
1900
GL－950
木塀
道路
庭
GL±0
1800
2700
900
11700
3600
2700
便所
土間
GL＋300
台所
GL＋500
調理台
配膳台
食堂
テラス
玄関
GL＋250
物入
下駄箱
ポーチ
薪ストーブ
居間
GL＋500
本棚
駐車場
GL－700（水上）
隣地
GL＋280
900
5400
900
1800
1800
900

1階平面図＝1／100

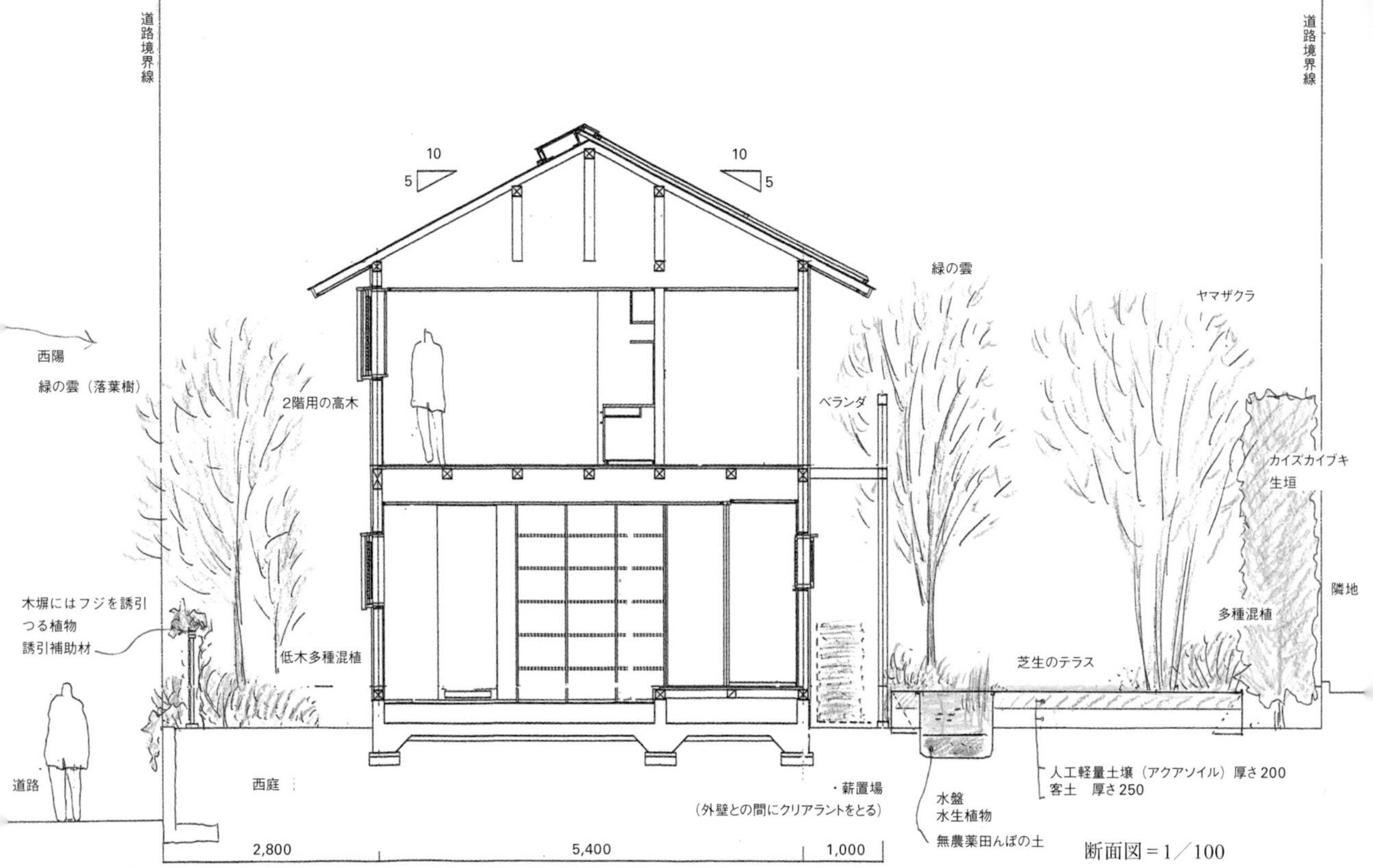
道路境界線
道路境界線
10
5
10
5
西陽
緑の雲（落葉樹）
2階用の高木
緑の雲
ヤマザクラ
ベランダ
カイズカイブキ
生垣
隣地
木塀にはフジを誘引
つる植物
誘引補助材
低木多種混植
多種混植
芝生のテラス
道路
西庭
・薪置場
（外壁との間にクリアラントをとる）
水盤
水生植物
無農薬田んぼの土
人工軽量土壌（アクアソイル）厚さ200
客土　厚さ250
2,800
5,400
1,000
断面図＝1／100

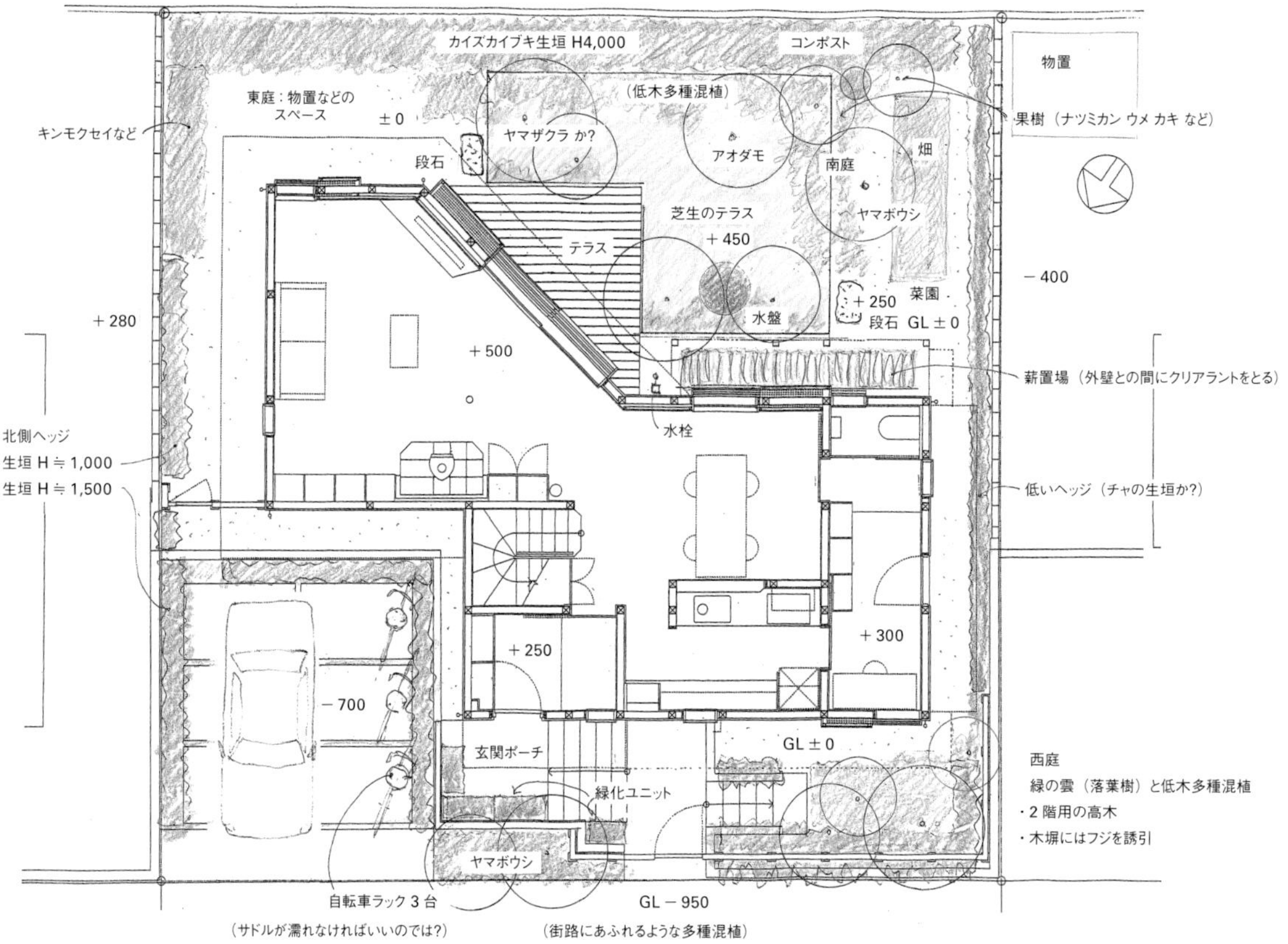
カイズカイブキ生垣 H4,000
コンポスト
物置
東庭：物置などの
スペース
±0
（低木多種混植）
果樹（ナツミカン ウメ カキ など）
キンモクセイなど
ヤマザクラ か?
アオダモ
段石
南庭
畑
ヤマボウシ
芝生のテラス
＋450
テラス
－400
＋250
菜園
段石 GL ±0
＋280
水盤
＋500
薪置場（外壁との間にクリアラントをとる）
北側ヘッジ
生垣 H ≒ 1,000
生垣 H ≒ 1,500
水栓
低いヘッジ（チャの生垣か?）
＋250
＋300
－700
GL ±0
玄関ポーチ
西庭
緑の雲（落葉樹）と低木多種混植
緑化ユニット
・2 階用の高木
・木塀にはフジを誘引
ヤマボウシ
自転車ラック 3 台
GL － 950
（サドルが濡れなければいいのでは?）
（街路にあふれるような多種混植）
植栽プラン図＝1／150

●主な外部仕上げ
屋根：ガルバリウム鋼板0.4t平葺き
外壁：ジョリパットゆず肌仕上げ
建具：木製建具

●主な内部仕上げ
天井：居間、食堂、台所、便所（PB9.5㎜寒冷紗パテしごきAEP）／玄関（ピーラー縁甲板15㎜ワトコオイル塗）／土間、階段室、寝室、子供室（ラワンベニヤ5.5㎜目スカシ張ワトコオイル）／洗面所、浴室（サワラ縁甲板15㎜撥水剤塗）／家事室（PB9.5㎜和紙貼）
壁：玄関、居間、食堂、階段室、寝室（ラスボード9.5㎜下地シックイ塗）／土間、子供室（ラワンベニヤ5.5㎜目スカシ張ワトコオイル）／洗面所、浴室（サワラ縁甲板15㎜撥水剤塗）／浴室腰壁（ポリコンモザイクタイル貼）／台所、便所（PB12.5㎜寒冷紗パテしごきAEP）／家事室（ラスボード9.5㎜下地ジュラク塗）
床：居間、食堂、台所、便所、寝室、子供室、洗面所（ナラ縁甲板15㎜ワトコオイル・ワックス）／玄関（レンガ敷き）／土間（タイル張り）／浴室（ポリコンモザイクタイル貼）／家事室（タタミ敷き）

●設備
暖房：空気集熱式床暖房（OMソーラーシステム）＋薪ストーブ
冷房：エアコン
給湯：給湯暖房ボイラー＋OMソーラー給湯方式

［知多の家］
所在地：愛知県
家族構成：夫婦＋子供1人
竣工：2014年5月
構造規模：木造2階建
敷地面積：222.09㎡
建築面積：70.92㎡
延床面積：110.16㎡
（1階／66.42㎡、2階／43.74㎡）
設計：N設計室／永田昌民、小森正和
施工：阿部建設
造園　設計：プランタゴ／田瀬理夫
　　　施工：富士植木、前野園芸場

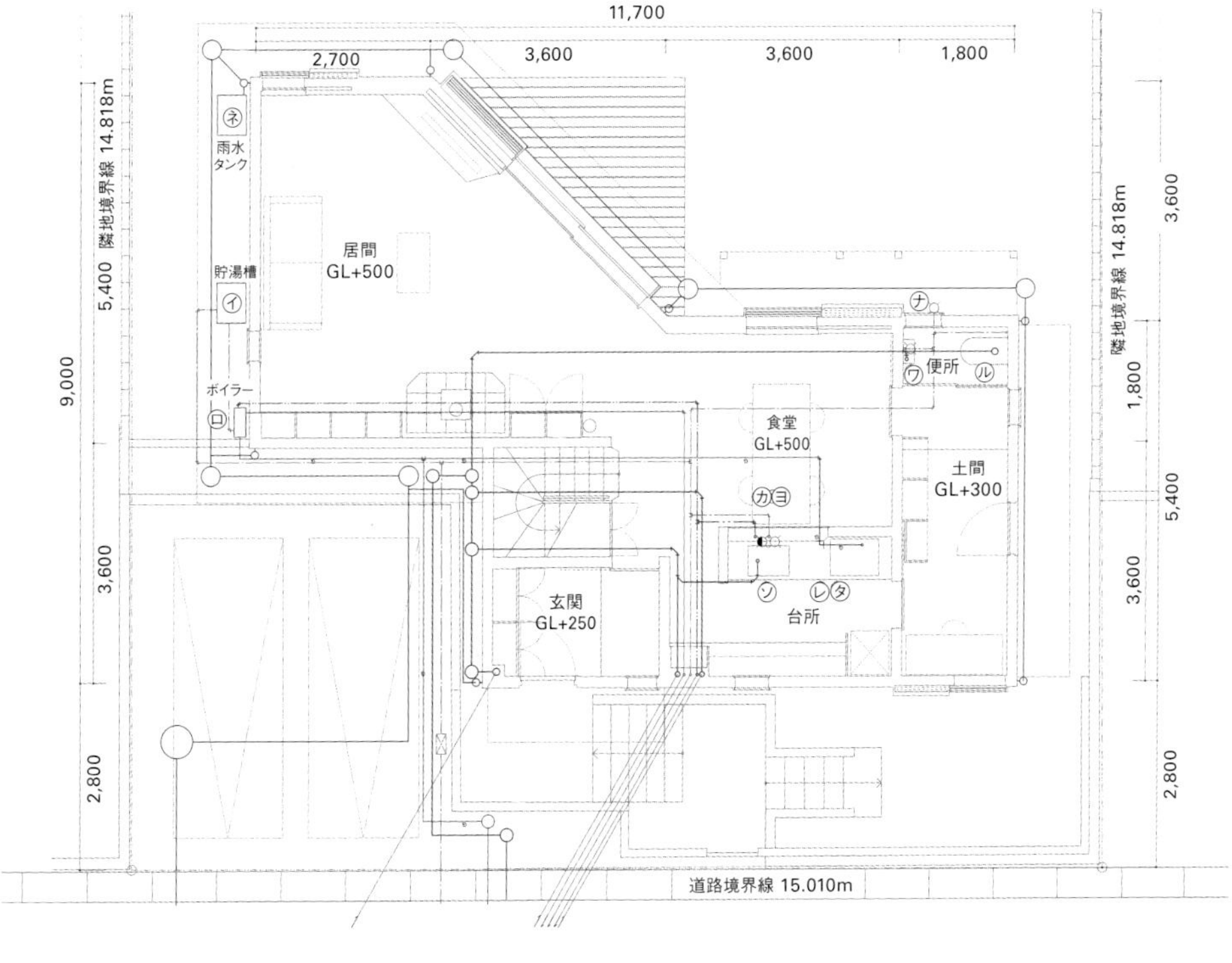

給排水衛生設備図＝1／150

2章

設計の仕事にたずさわって40年近く、
そのほとんどが住宅の設計である。今思えばずっと
「居心地のよい家」を
思考錯誤してきたのかもしれない。
――「居心地のよい住まい」2007年1月17日

永田語録から読み解く

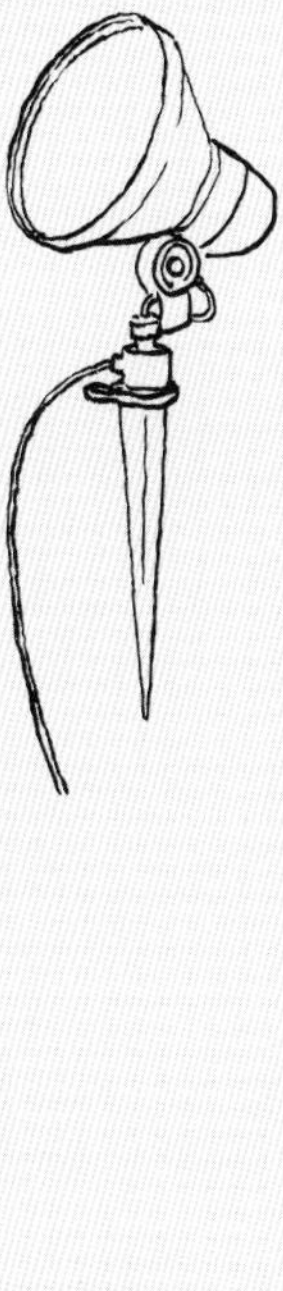

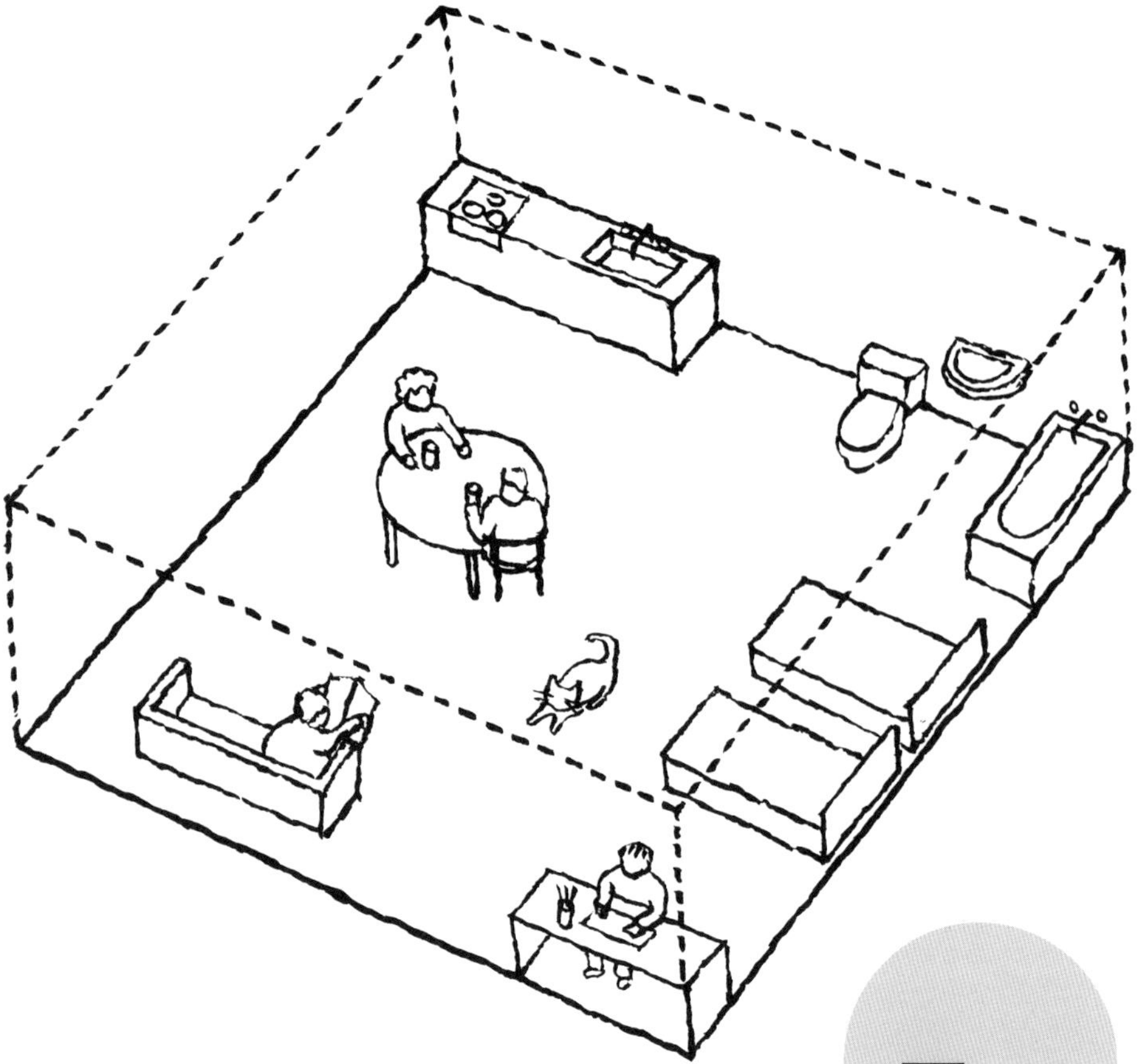

永田マインド

原風景

●僕にとって「いえ」に対する原風景は、おぼろげで断片的ではあるがいつも具体的である。やけに広い玄関、その横にある疑似西洋の応接間、チャブ台のある茶の間、そしてあたたかい電灯の下での団欒、茶の間に続く広いが少し暗い台所、低い流し、カマド、柱にはってあるへっついの神様のお札。入ることを禁じられていた客間、陽なたぼっこのできる縁側、お化けが出そうで夜中の用足しを我慢した離れた便所、木の香りがプンプンするお風呂等々、合理的でもないし、近代的でないかもしれないが、「いえ」そのものを五感で感じとれる。なんとなく素朴で、おおらかであたたかい。そこには家族がいる。団欒がある。住むという実感がある。細やかな生活の襞がある。そして綿々として続いてきた生の証しがある。そこには目に見えない、なんらかの力が働いている。それは「いえ」の神様というべき「いえ」のスピリットがそこに住んでいるからであろう。単なる憧れかもしれないし、感傷なのかもしれない。でもそんな原風景を大事にしたいと思う。時間のファクターを必要とするであろうが、いつか「いえ」のスピリットが住みついてくれるような住宅をつくってみたいと思う。『住宅建築』1977年11月号

設計屋

●僕は建築家ではなくて設計屋だと思っていますから、設計という職人だと考えています。大工さんは大工さんの、ペンキ屋さんはペンキ屋さんの、設備屋さんは設備屋さんの、電気屋さんは電気屋さんの領域がある。設計はそれらの統括をしているというところがあります。統括というのは、偉そうに君臨するということではなくて、その仕事に関して、でき上がるまでの責任は持たなければならないということと、総合的に見ていかなければならないということです。そういう意味で、やっぱり僕は設計屋でありたいなと思います。

●建築家と言うと、何か偉そうでしょ。それは僕の個人的な思いなのかもしれないんですけど。音楽家とか彫刻家とか画家とか、彼らはファイン・アートですね。建築というのはいろんなものが絡んでいて、それだけで成り立つわけではない。いろんな人がいないかぎり成立しない。一つのものができていくとき、それぞれの部分を持っている人たちは、小さくても大きくても、大事なところも含めて、一つの部分としての歯車みたいなものですね。そういう意味で設計もその歯車の一つであるということで、設計屋でいいのではないかと思っているわけです。［土曜建築学校］1994年4月16日

誠実さ

●（吉村順三先生との話で）強く印象に残っているのは、「キミ、やっぱり一つひとつ誠実に仕事をすることだよ」と。僕はそれを金科玉条に、大事にしたいなと思っているんです。誠実と言ってもいろいろあるけども、自分の能力に合った、間違いのない仕事をしたいということです。だから僕は年に10軒はできないし、金額の高い家を優先する、というわけにはいかないわけです。それは依頼主に対する信頼の話なんですね。僕がやっているようなアトリエ的な零細な事務所を選んでいただいたときには、それにちゃんと応える必要があるだろうと思います。だから、至らないときは反省するし、その間違いは次の所ではなるたけしないようにしていますけどね。施主という〝人〟に対しての誠実さということと、自分の仕事＝表現として伝えるための図面に対しても誠実であるということ。すべてを含めてということかもしれないですね。

［土曜建築学校］1994年4月16日

居心地のよい家

●僕の場合、こんな家をつくろうという具体的なイメージが計画の始めからあるわけではなく、住まい手の夢や要望、生活の具体性、敷地の条件等を手がかりに、どちらかといえば受け身の姿勢で計画をスタートさせる。充たすべき要素を思考錯誤しながら組み立てていったその結果が、ひとつの家族にとって居心地のよい住まいであることをいつも考えるようにしている。
●シンプルで大きな構成――シンプルな間取りで広々と住まう魅力、生活の変化に応じて区切ることができるフレキシビリティ、建設コストの経済性、ランニングコストの経済性。
●居心地のよい場所――明るいところと暗いところ、狭いところと広いところ、開けたところと隠れるところ、低いところと高いところ、抜けるところと閉じるところなどが、ちゃんと納まっていること、そしてそれぞれの場所のもつ質が均一でないこと。「居心地のよい住まい」2007年1月17日

小さな家

●かつて学生時代に吉村順三先生に天井の高さを低く押さえるわけを聞いたことがある。「低く押さえれば材料にも無駄が出なくて合理的だし空間と人とが親しくなれるんだよ。低く押さえることで総合的に建物の高さが押さえられれば周りに迷惑をかけなくて済むだろ。ただ天井が高くて大きいだけの家なんて成金趣味だよ」。その言葉が強く印象に残っている。小さな家をつくりたいと思う。なるべく低くつくりたいと思う。身のほどにあった家をつくりたいと思う。そこに住む人が空間と仲良くなれるようなそんな家をつくりたいと思う。結果として、その家が周りとも仲良くなれるような。『住宅建築』1997年7月号

敷地を読む

●方位、隣家の状況、道路の取りつき、陽のあたり方、風のとおり、一本の樹、視線の抜け、視界の広がり、地面のレベルなど、敷地の状況を読み取ることから計画の手がかりを見つけだす。言葉をかえていえば、敷地が持っている場所の力を見いだすことで、おぼろげではあるがその家固有の在り方が浮かびあがる。「居心地のよい住まい」2007年1月17日

●建築の場合は敷地がもっている力が大きいように思う。周囲の環境や地形地質、郷に入ったら郷に従うつもりで、その土地になじむ形を見ようと目を凝らしていると、何かが見えてくる。どこに中心を置きどちらを向くかといったようなものだ。これはすぐに見つけられる時もあれば、何カ月も四苦八苦する時もあるが、とにかく見つけられるまで粘る覚悟が必要だ。ここをいいかげんにすると、できあがったものに難はなくても、魅力に欠ける気がする。見つけられたら一安心、あとはそれを頼りに生活の流れを重ねていく。一番良い所に腰を据える場所を決め、ストーリーを展開していく。『住宅設計作法――永田昌民・N設計室の仕事』

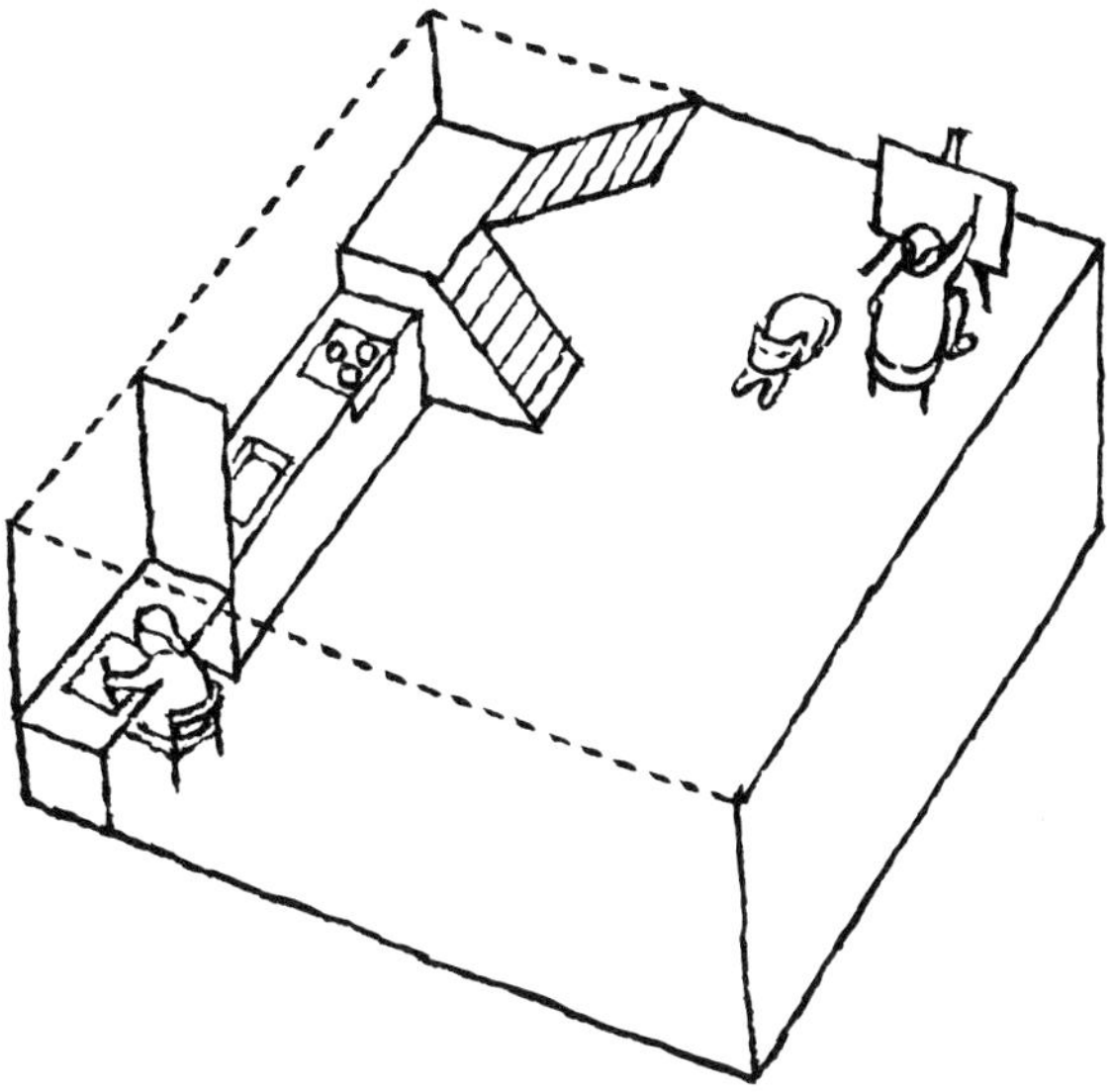

ディテール

●ディテールというのは、全体をどういうふうに見せるか、構築していくか、つくっていくか、ということのために必要なものなんです。ディテールはディテールのためにあるものではないわけです。ディテールというのはある意味ではすごく冒険かもしれないし、間違いを起こすかもしれない。でも、この建物のこの部屋はこういうふうな形で見えることがすごく意味があるんだ、ということを考えつくのがディテールなんです。何でこういうことをしているのかなということは、こうありたい、こうしてみたいという設計をする意図です。僕はそういうディテールの捉え方をしています。［土曜建築学校］1994年4月16日

●ディテールというのは、こんな形にしようというデザインのカテゴリーでは決してないということです。物がちゃんとうまく実物として納まるためにどう考えるかということなんです。そういうことは、やはり原寸で物を考えるということだから、機会あるごとに原寸で物を考えたり、原寸で物が見られるという訓練をしておくと、いくつかに対応ができるということになるんじゃないかという気がします。［土曜建築学校］1994年6月11日

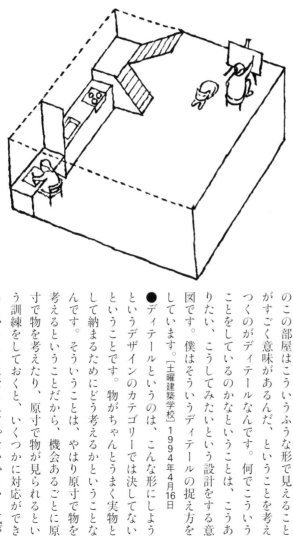

庭

●「居心地のよさ」ということについては、あいまいで抽象的なものとの意識が頭からはなれなかったが、ある経験を通して、そうではなく具体的なものなんだということを教わった。

　その経験とは、「東久留米の家」（片山和俊さんとの共同設計）での借家住まいである。建物は、20坪のワンルームの平屋（１９８６年子供達の成長にあわせて８坪強の木造の子供室を2階に増築）で、内外共コンクリート打ち放しの単純な箱である（１４５ページ、配置図参照）。竣工時には建物以外の更地のままであったこの家も、先の住人が植えた人丈くらいの高さのコナラやヒバ、鳥が運んできた実生のヤマザクラが移り住んだ20年間で、建物の高さをはるかに越えて８m余りに成長したし、敷地周辺の塀代わりのツツジやクチナシも人丈を越している。植物好きのカミさんが育てた春夏秋冬の野草、鳥たちが運んできてくれた草花がそれぞれの季節の訪れを知らせてくれる。初夏の頃、緑濃くなった木々と競い合うかのように夏ヅタが壁面をすっかり覆い、素っ気ないこの家を緑の館に変えて

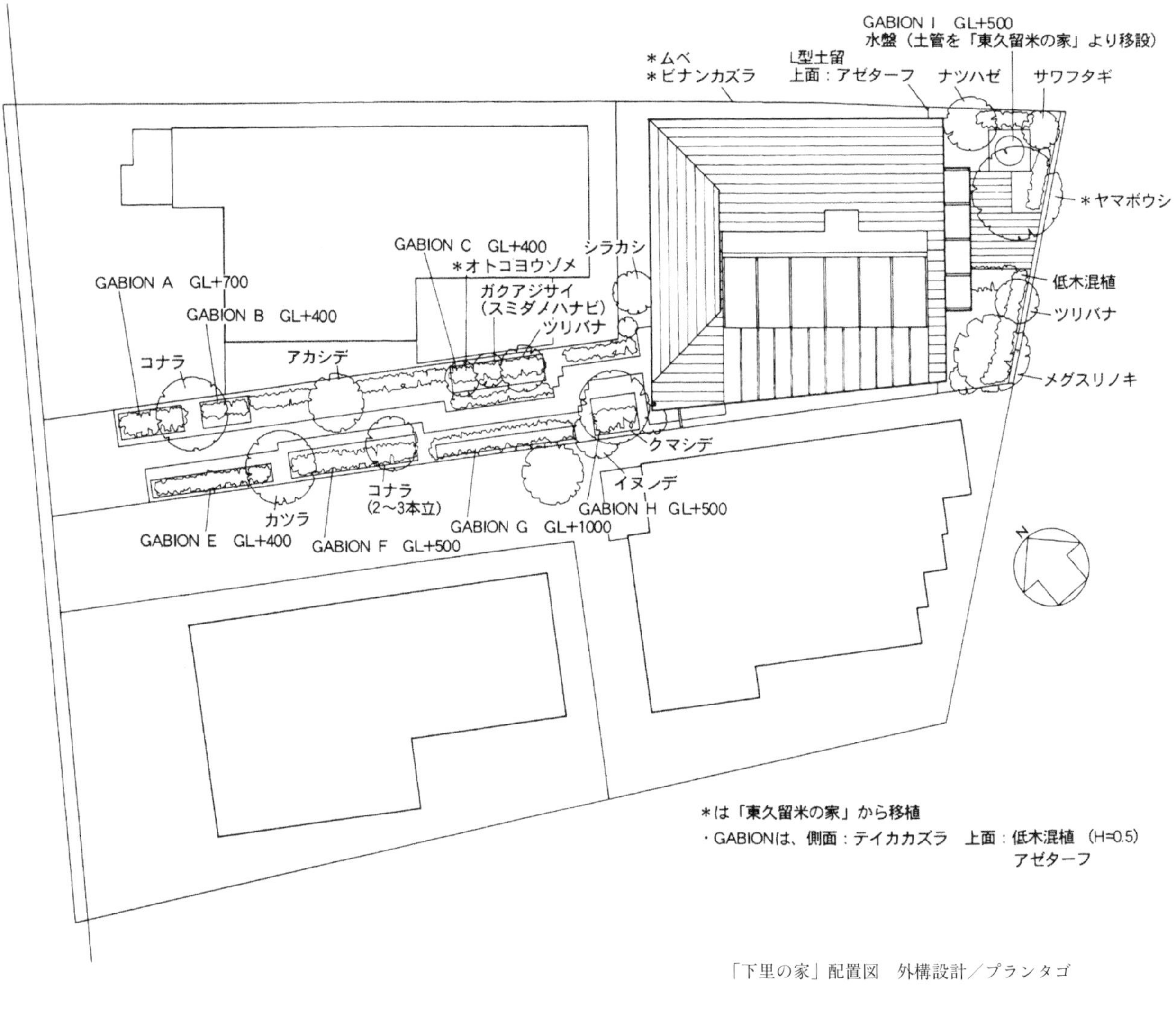

「下里の家」配置図　外構設計／プランタゴ

くれた。
　この家に住んでみて得たものは、設計の行為には時間のファクターが必要であること、居心地のよさには植物が深く関係していること、内と外をどう繋ぐかということ、そしてややもすれば鈍くなっていた、しなやかな感性を取り戻せたことにある。

植栽――たとえば一本の大きな落葉樹、新緑は春の訪れ、木陰は夏の涼しさ、紅葉は秋の実り、落葉は冬の訪れ、それは時間、それは家のシンボル、それは近隣のランドマーク、それは風景、そしてそれは鳥や昆虫たちの棲み家。「居心地のよい住まい」2007年1月17日

●施主との最初の打合せの時に、まず「1本の落葉樹を植えませんか？」とお話しします。それはなぜかと言うと、時間とともに木が風景をつくってくれるからです。室内側からの景色もそうだし、木があればいいなと。葉が落ちたり、時間が経ってある大きさになってくると、鳥が来たり、虫が来たり、風景をつくってくれます。そのためにも植物は大事なのかなと思います。『住宅建築』2011年12月号

建具

●木製建具は大きさや形も自由自在、5m幅全引き込みなんてこともできてしまう。見た目もやさしく手触りもよい。内部仕上げにもよくなじみ、建物と共に古びてくれるのも自然でいい。建具は天井いっぱいの高さにする。引戸は、開けておいてじゃまでなく、つながりのことと共に金物代が安くつく利点もある。『住宅設計作法——永田昌民・N設計室の仕事』

●天井高は、1階が2160㎜、2階が2100㎜。天井の低さを感じさせないための開口部というのは、僕の場合、木製建具が多いものですから、なるべく反りを少なくする寸法がこれなのかなと。経験値ですね。

　大きな開口部は垂れ壁をもうけず天井まで開けるのは、原則のようなものです。中途半端な寸法にはしない。

　かつてはブラインドを天井に納めて見えないようにしていましたが、結果として、建物に影響しているかというと、大した話じゃない。そんなものをいちいち取り上げて、設計が上手くいったなんていうのは自己満足に過ぎない。だったらそんな無駄なエネルギーやコストをかけるのを止めよう、なるべく簡単につくろうと。なおかつそれが納まるべき所にちゃんと納まって、視覚的にも空間的にも違和感がないというものをつくるのが設計の仕事かな、と思います。『住宅建築』2003年12月号

木製建具

室名	1階居間・食堂	
形状寸法	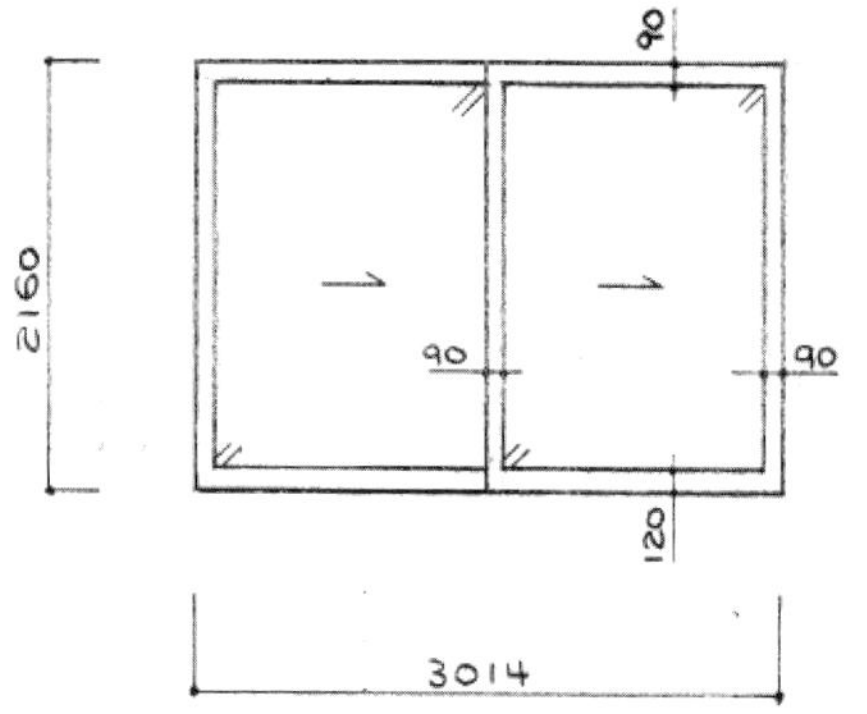	
形式	2本引込框戸	
建具見込	40	
材質	雲杉	
仕上	ワトコオイル	
硝子	トーメイフロートガラス6t	
金物	レール:(ホ)ノイズレスレール 2420-A (3.5m)+C(1.7m)	×1
	戸車:(ホ)2416-A/φ45	×4
	引手:(ホ)280-C/BF	×2
	クレセント:(ベ)No.1491/黄銅	×1
	半回転引手:(ベ)No.355/75mm/本磨	×2

「北鎌倉の家」建具表（原図は1／50）

「北鎌倉の家」(p10-23参照)。南面窓枠の建具と敷居。室内側から障子2枚、ガラス戸2枚、網戸2枚の計6枚構成

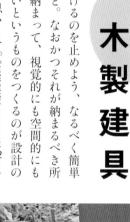

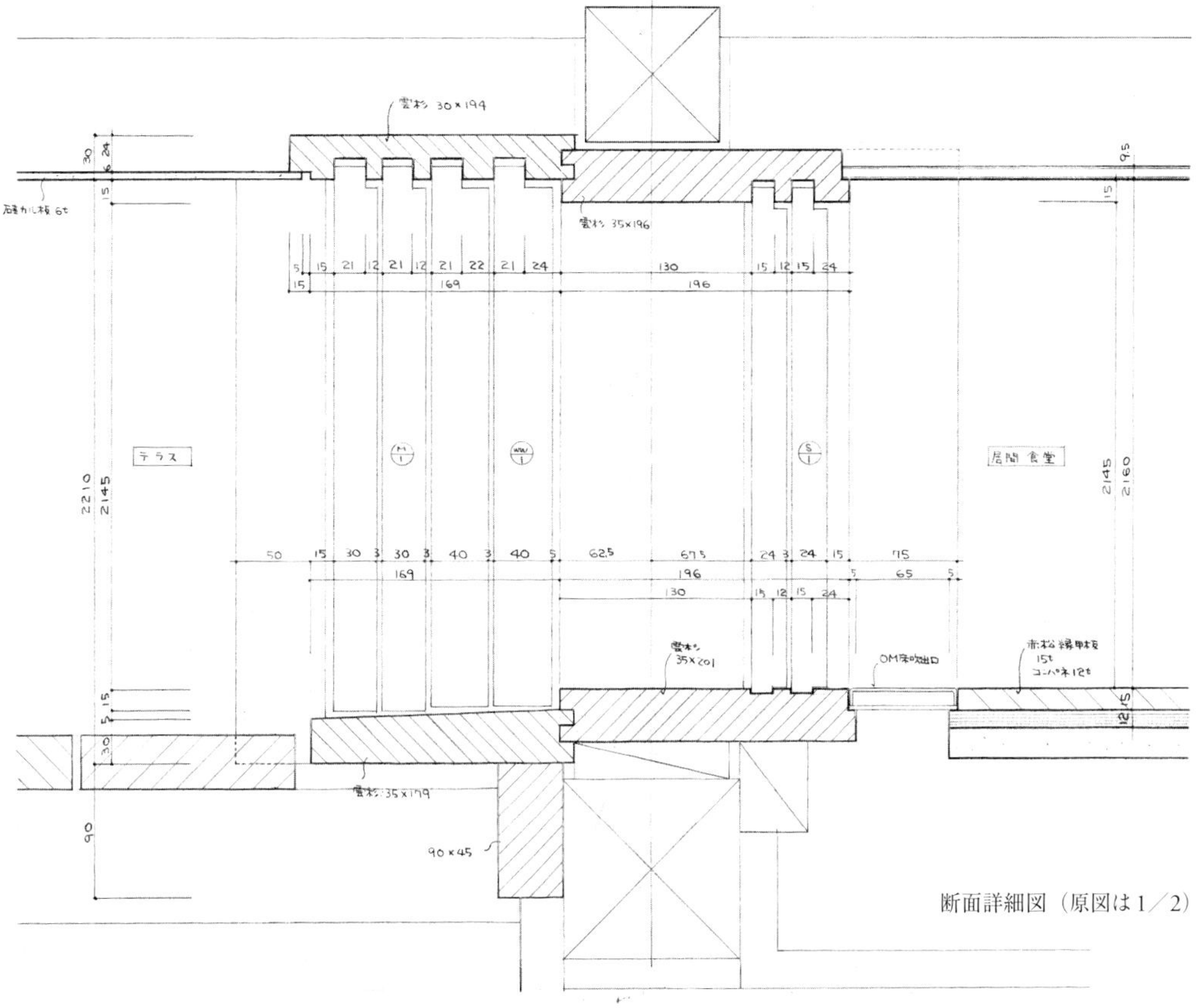

断面詳細図（原図は1／2）

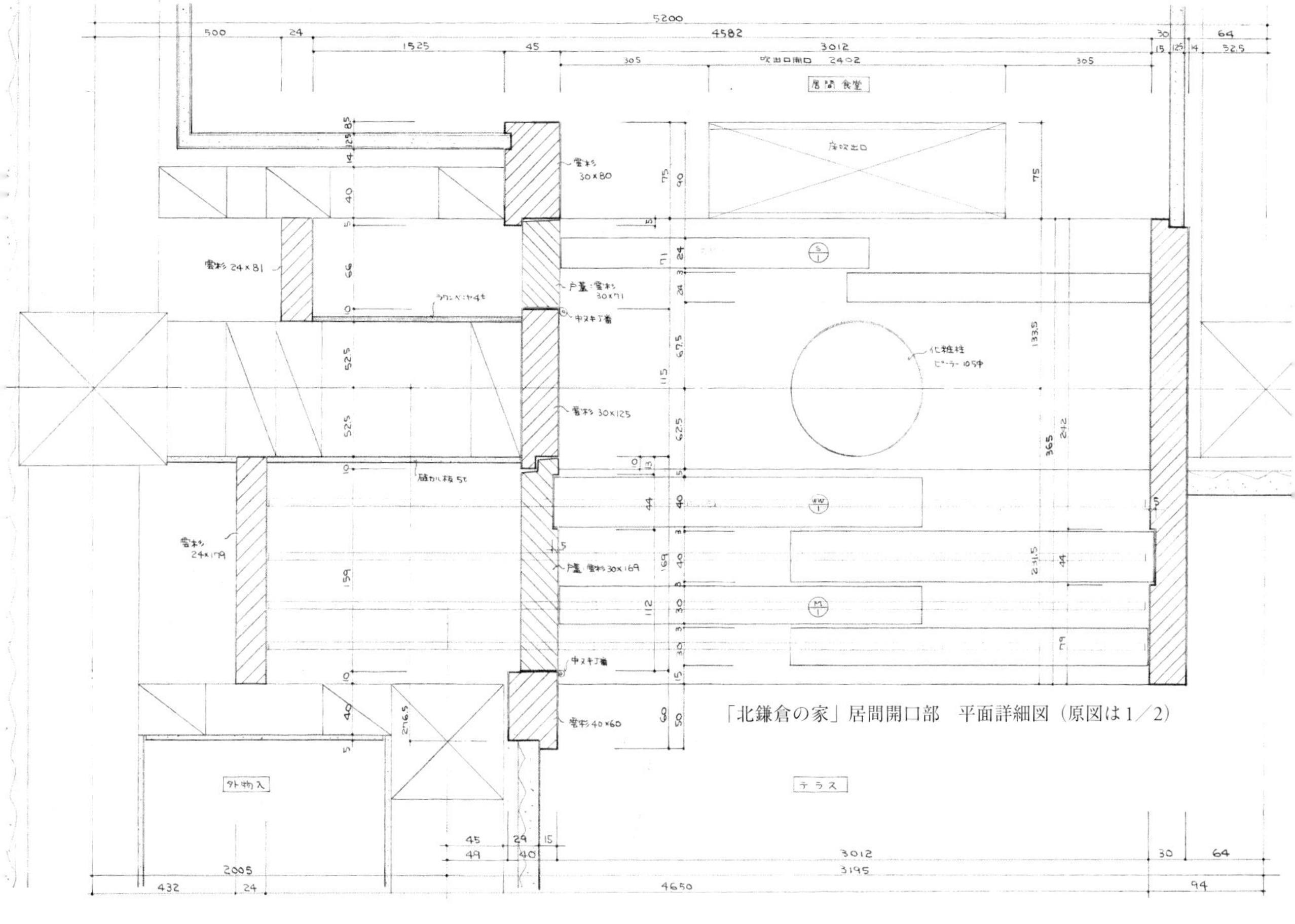

「北鎌倉の家」居間開口部　平面詳細図（原図は1／2）

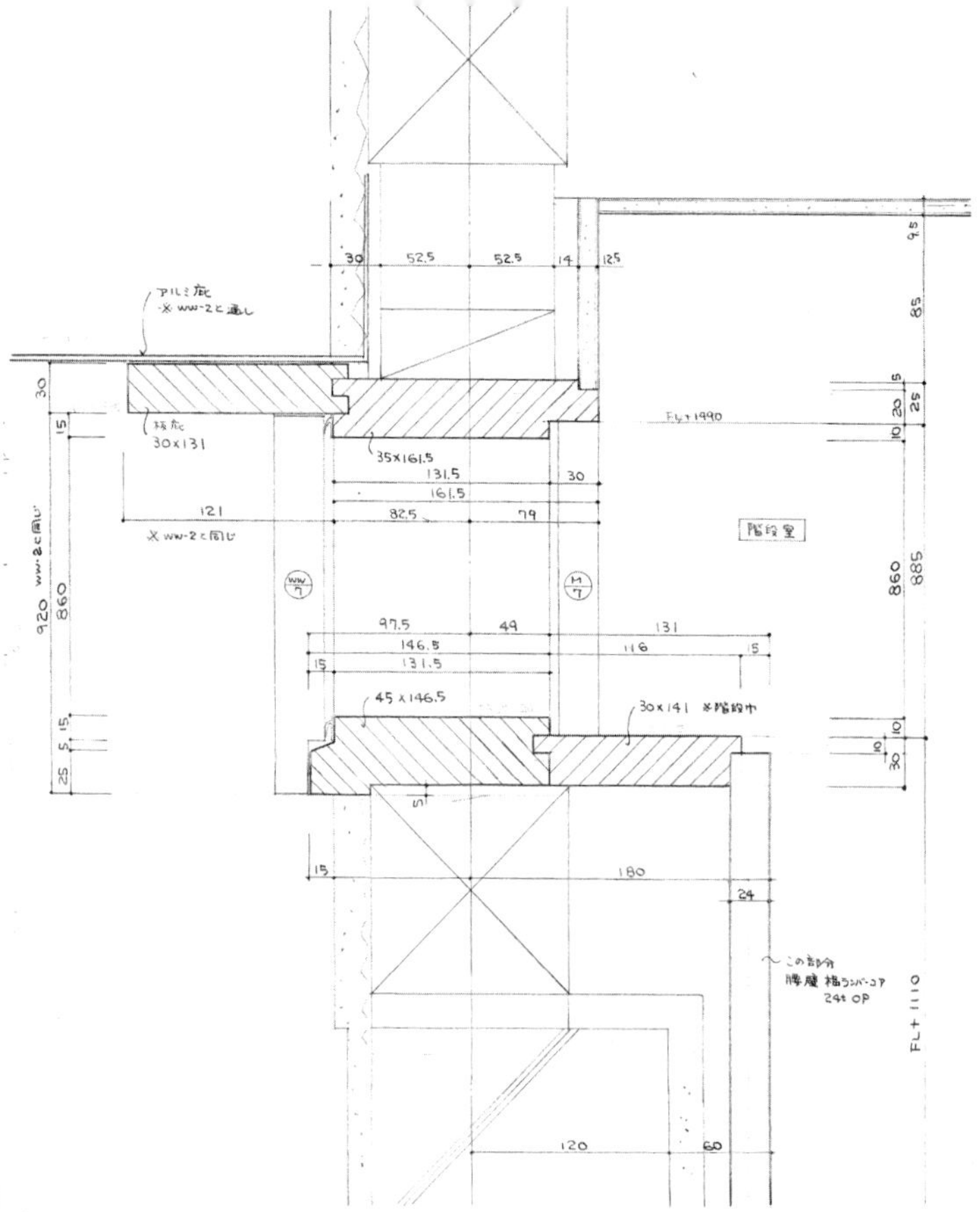

断面詳細図（原図は1／2）

「北鎌倉の家」(p10-23参照)。書斎に続く階段下の小窓。框の下端を欠いて、下枠をカバーし、雨が当たらないよう工夫している

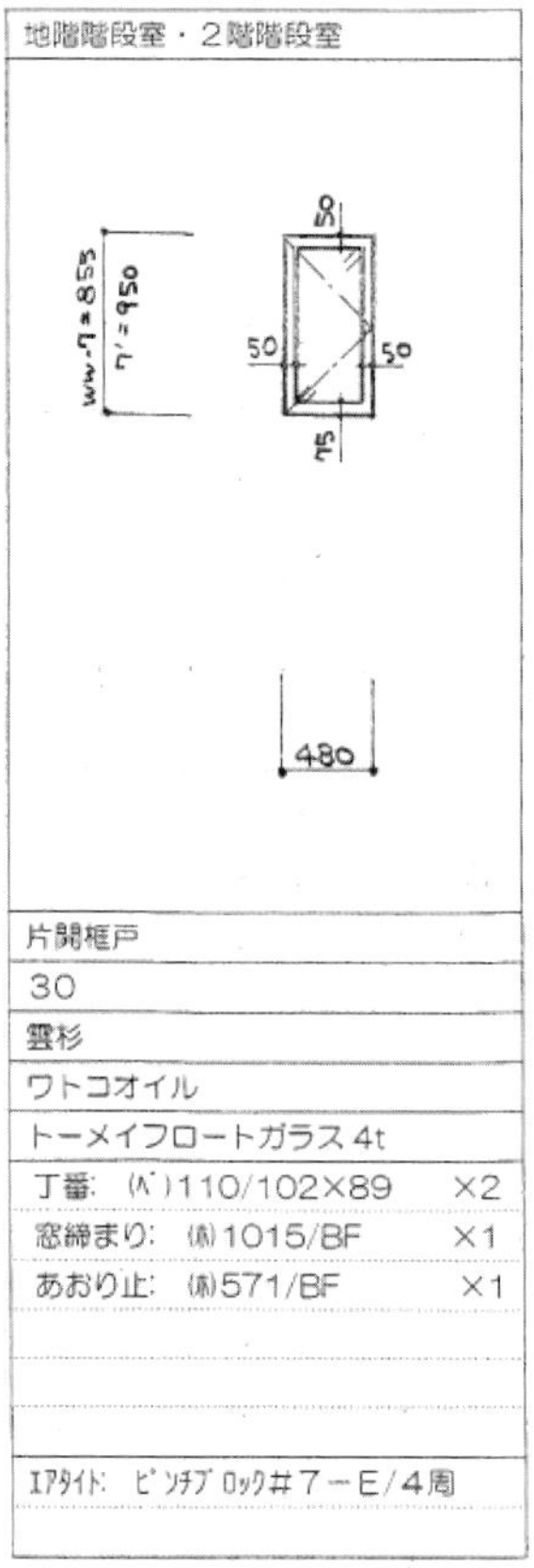
地階階段室・2階階段室

ww-7=855
7'=950
480

片開框戸
30
雲杉
ワトコオイル
トーメイフロートガラス4t
丁番：(ベ)110/102×89　×2
窓締まり：(ホ)1015/BF　×1
あおり止：(ホ)571/BF　×1
エアタイト：ピンチブロック#7－E/4周

「北鎌倉の家」建具表
（原図は1／50）

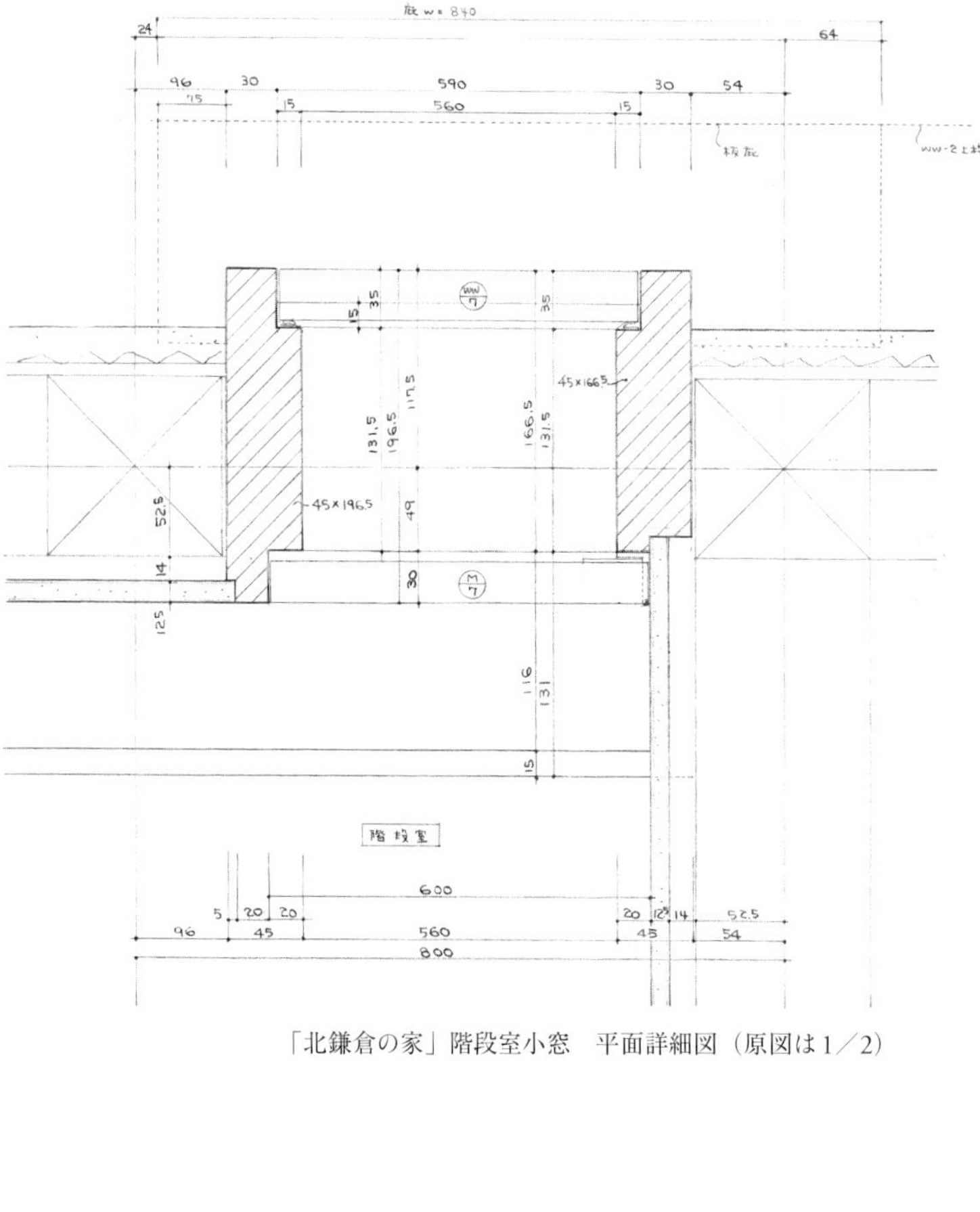

「北鎌倉の家」階段室小窓　平面詳細図（原図は1／2）

金物

●掃除を除き、家の中で建物に直接触れるものといえば、建具ぐらいでなかろうか。一日に何回となく触れ、動かすものなのに建具は単なる部品の扱いをされがちである。しかし、こういうなにげない繰り返し動作の起こる部分こそ、きちんと押さえるところだと思う。金物をケチらず適材適所に使い分けることが大切だ。安全で、触れる手にやさしく、頑丈でスムーズな動きをするものを選ぶ。『住宅設計作法——永田昌民・N設計室の仕事』

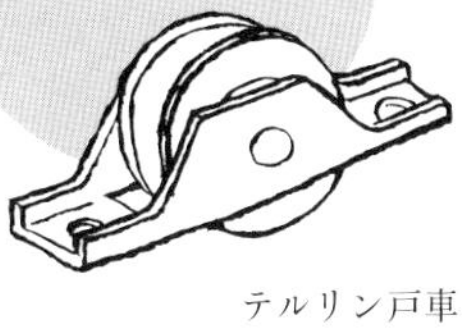
テルリン戸車

ボールベアリング入戸車

ノイズレスレール

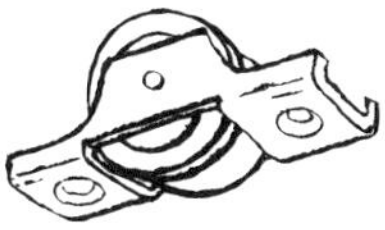
テルリン平車

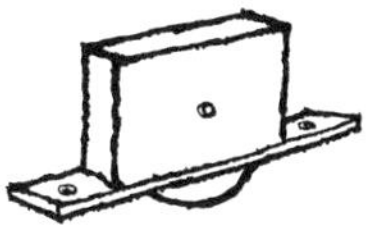
スムースローラー

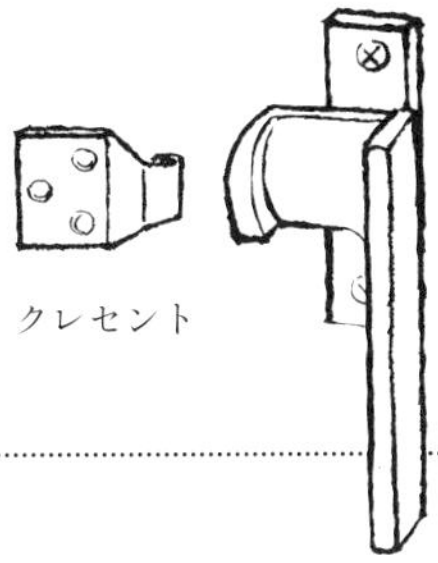
クレセント

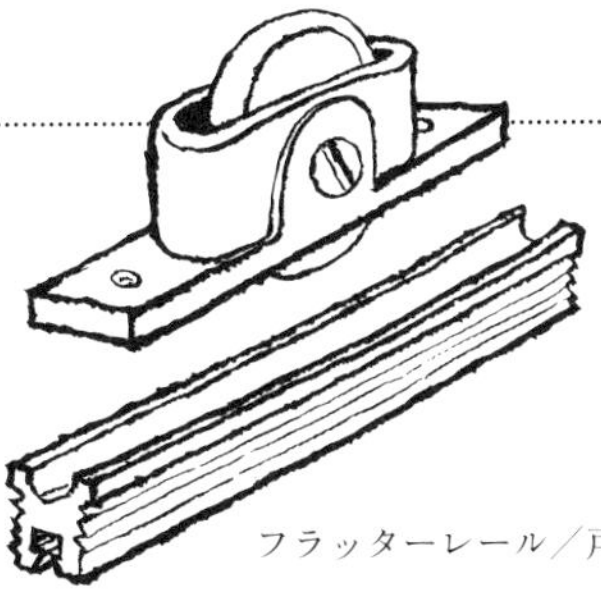
フラッターレール／戸車

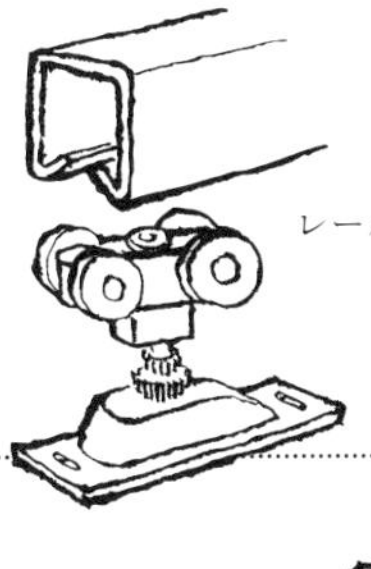
レール／戸車

中折締り

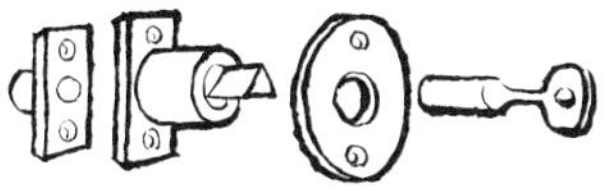
カギ付きねじ締り

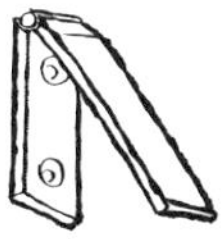
ビラ金丸

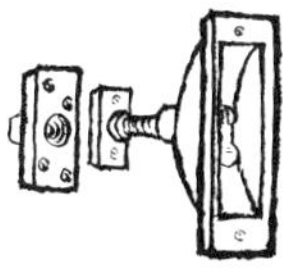
引手付きねじ締り

回転取手

箱呼び出し

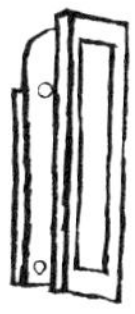
舟底引手

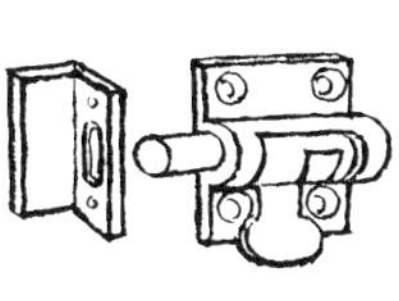
スリップボルト受付き

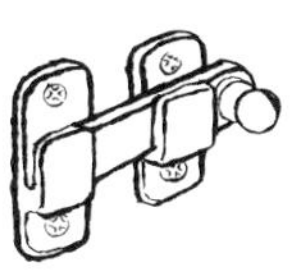
玉打架

障子

仕様箇所	1階居間・食堂
形状寸法	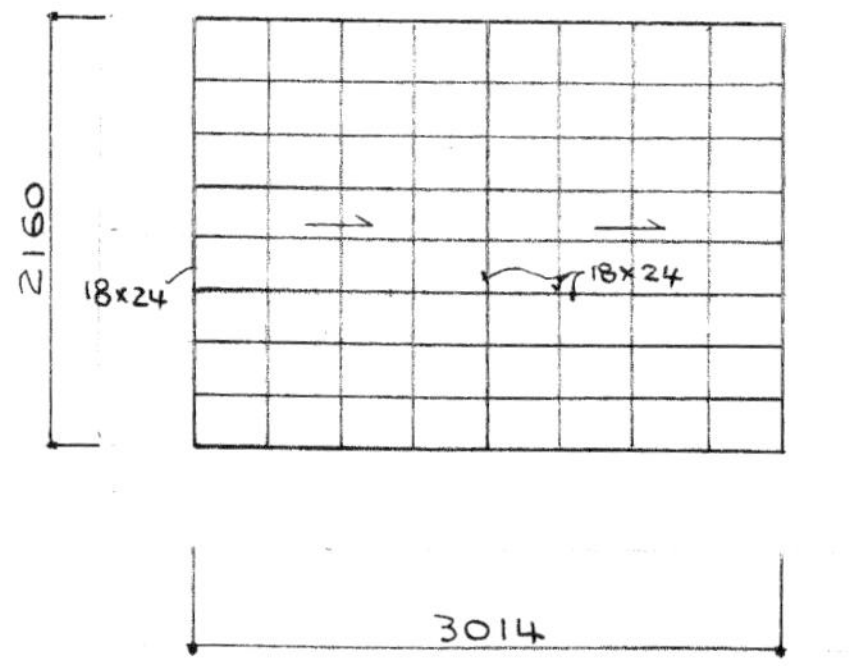
形式	2本引込障子
建具見込	24
材質	ラワン
仕上	ワトコオイル
硝子	
金物	堀込引手：(中)ビラカン/38-05/仙徳/小　×1
備考	障子紙

「北鎌倉の家」建具表（原図は1／50）

●吉村順三の建築には、洋室にも障子が使われることが多い。その理由は、なによりも障子を透した光のやわらかさと、外からの気配を映しだすことにあると思われるが、カーテンやブラインドと比べて気密・断熱性にすぐれていることもある。吉村障子は、四方の框《かまち》と組子《くみこ》の見付《みつけ》（部材の正面の幅）を同じ寸法とし、かつ見込《みこみ》（部材の奥行）も同じ寸法にしている。こうすることで組子の割付を大きくすることができるし、建具の強度も増し、洋室にも見合う大きな障子が可能となる。その結果、障子は和室のものという通念を越えて多様な展開を見せる。正面から見ると、何枚かの障子が一枚の障子に見えるというマジック、ご自分の目でぜひお確かめください。

「吉村障子」2005年10月21日

写真上／「北鎌倉の家」(p10-23参照)。障子は見た目の美しさに加え、断熱性能にも優れている。この家では、框と組子の見付は18mm

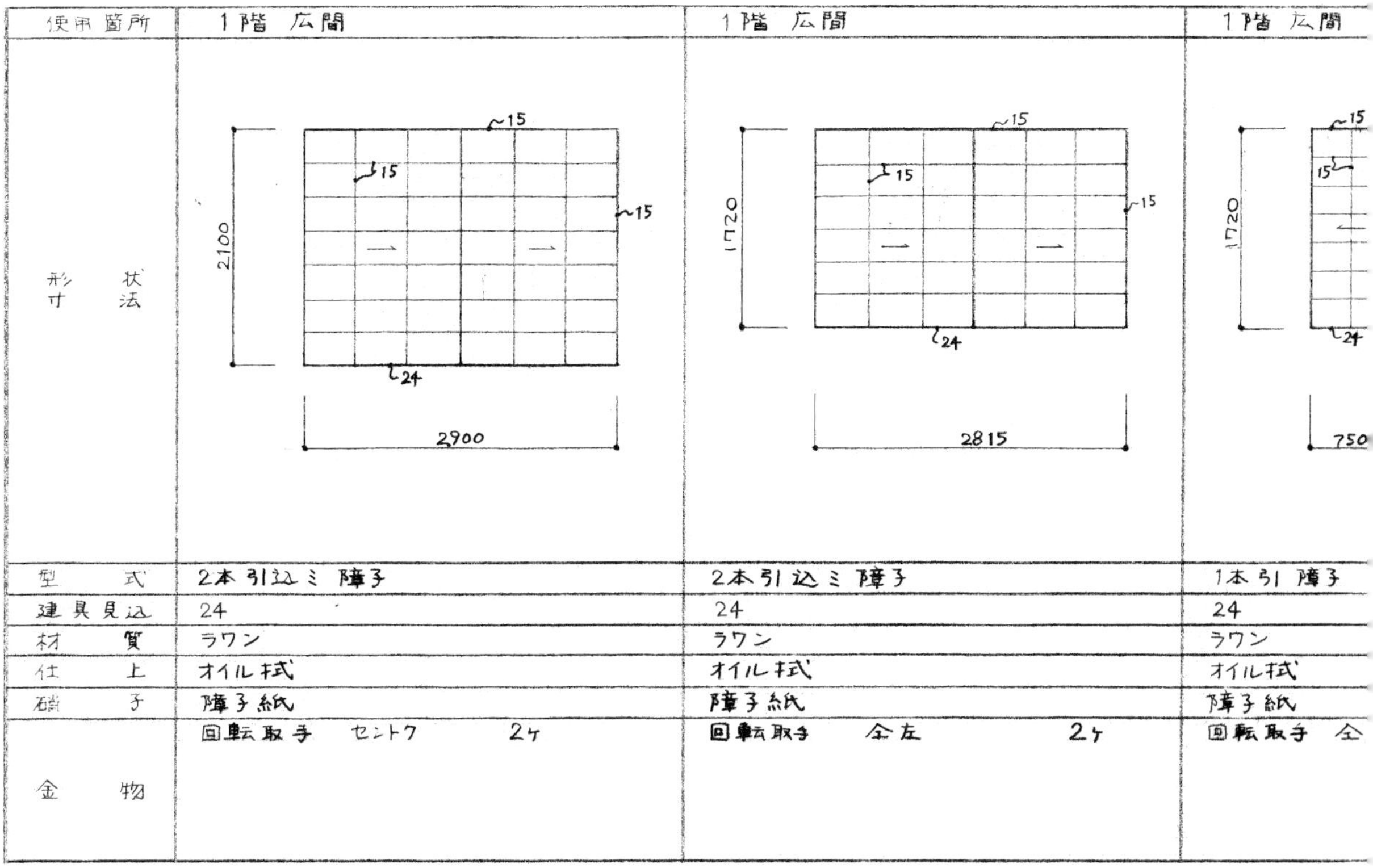

使用箇所	1階 広間	1階 広間	1階 広間
形状寸法	2100 / 2900 / 15 / 24	1720 / 2815 / 15 / 24	1720 / 750 / 15 / 24
型式	2本引込ミ 障子	2本引込ミ 障子	1本引 障子
建具見込	24	24	24
材質	ラワン	ラワン	ラワン
仕上	オイル拭	オイル拭	オイル拭
硝子	障子紙	障子紙	障子紙
金物	回転取手 セントク 2ヶ	回転取手 仝左 2ヶ	回転取手 仝

「奈良の家」建具表（原図は1／50）

「奈良の家」(p52-65参照)。框と組子の見付は15㎜。細い組子で、より一枚のスクリーンのように見える

階段

●階段の機能は通路であって、静の部分には馴染みにくい。限られた面積の中で居住部分を乱さないよう、やや控えめに位置付けることが多い。上下移動という特性を含む不安定を楽しみに置きかえると、かなり遊べることもある。『住宅設計作法——永田昌民・N設計室の仕事』

●スキップフロアの構成で居室ごとのシークエンスをつくり小さな部屋でも様々なシーンが得られることや、がらんどうのワンルーム・ボックスをつくってよしとするよりも、部屋の高さと低さ、狭さと広さ、明るさと暗さを組み合わせることで、空間に奥深さを生むこともできます。『住宅建築』2005年10月号

地階から2階までスキップフロアで構成された「安曇野の家」(p66-81参照)。右の階段を下がった先が地階(子供室、寝室)。左の階段を上がった先が中2階(LDK)

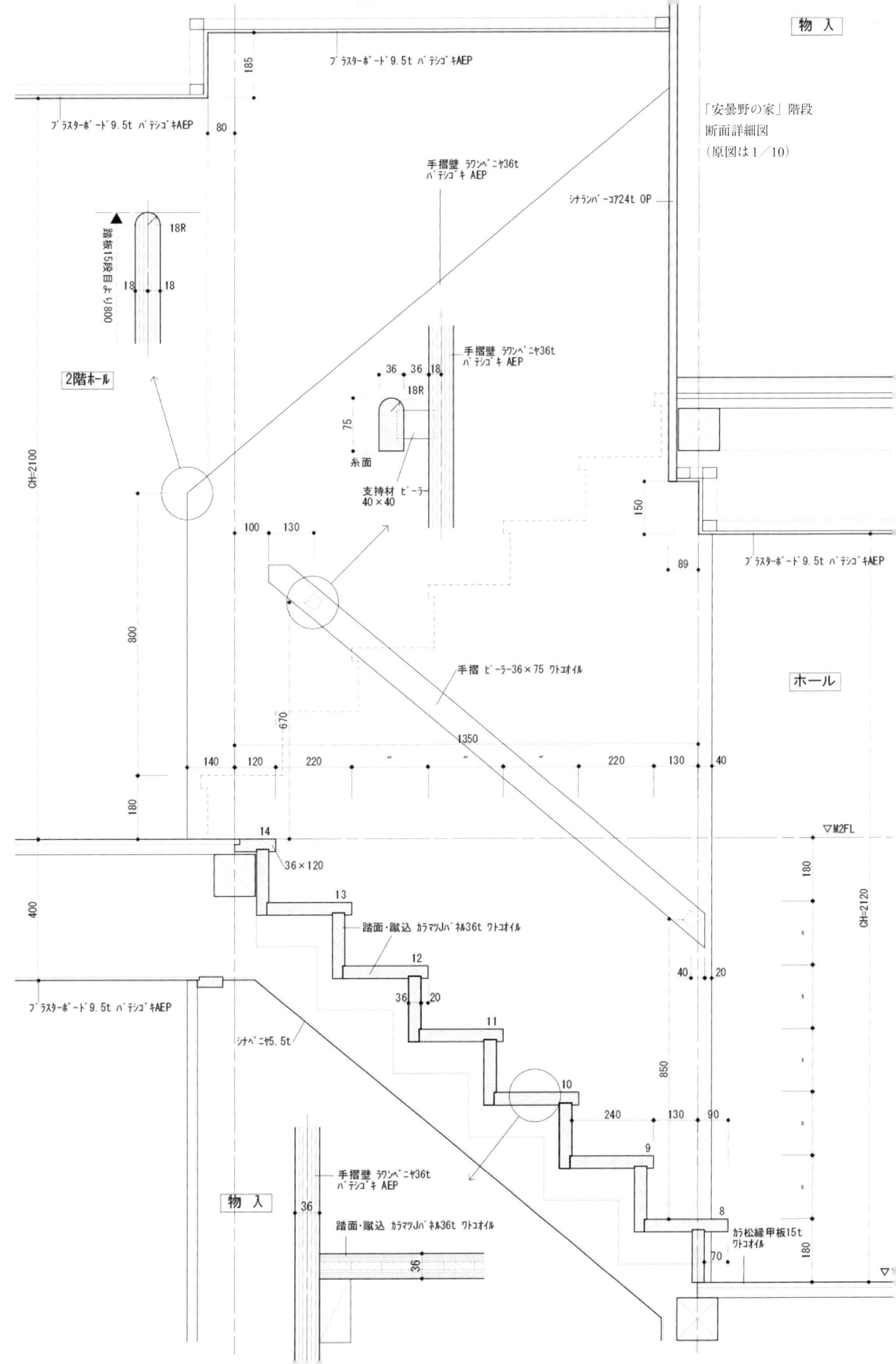

「安曇野の家」階段
断面詳細図
（原図は1／10）

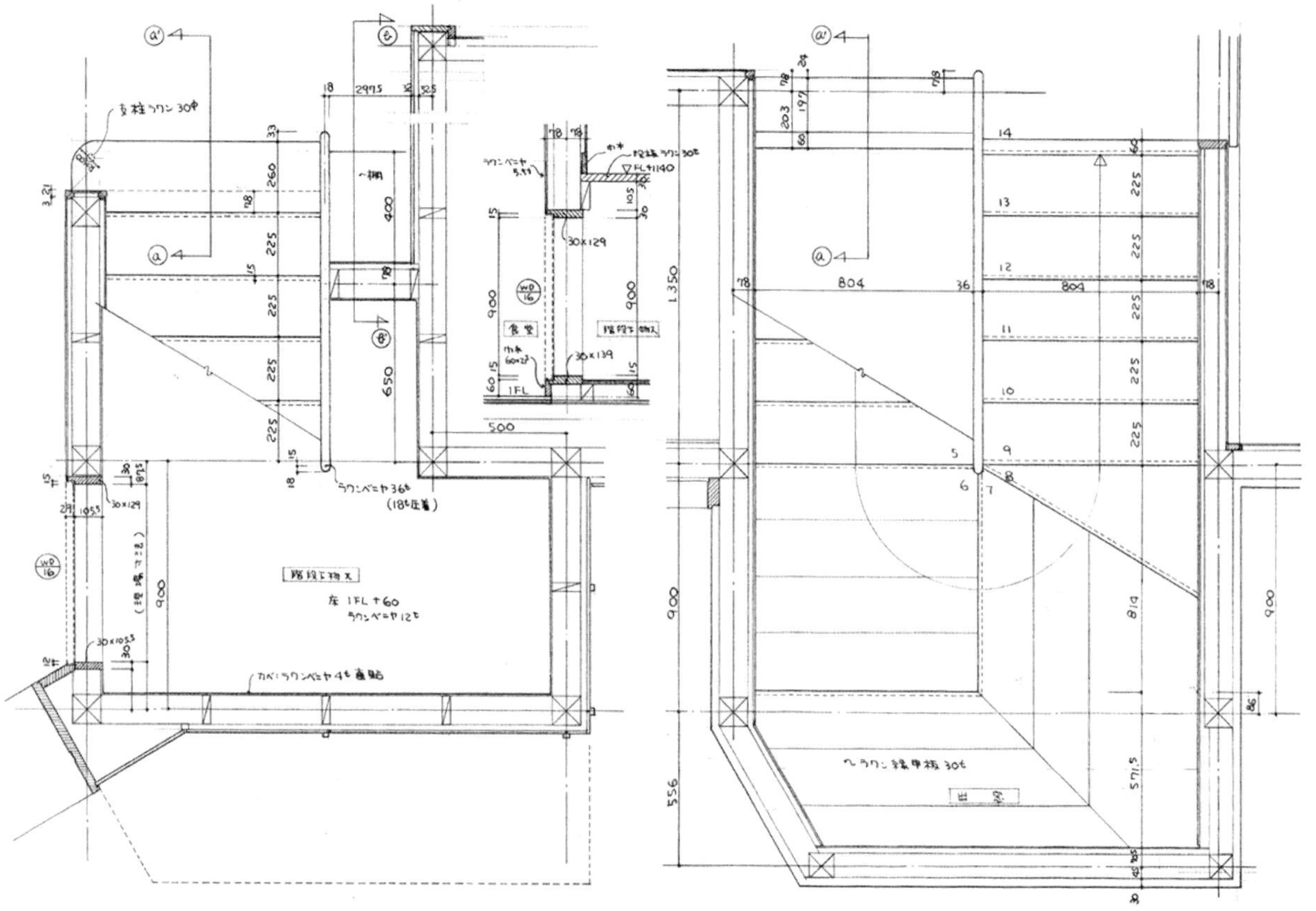

「奈良の家」階段　平面詳細図（原図は1／10）

「奈良の家」(p52-65参照)。18㎜のラワンベニヤを2枚圧着した手すり壁は、手触りがよいようにアールが取られている。折り返しには出窓を設けて採光をはかった

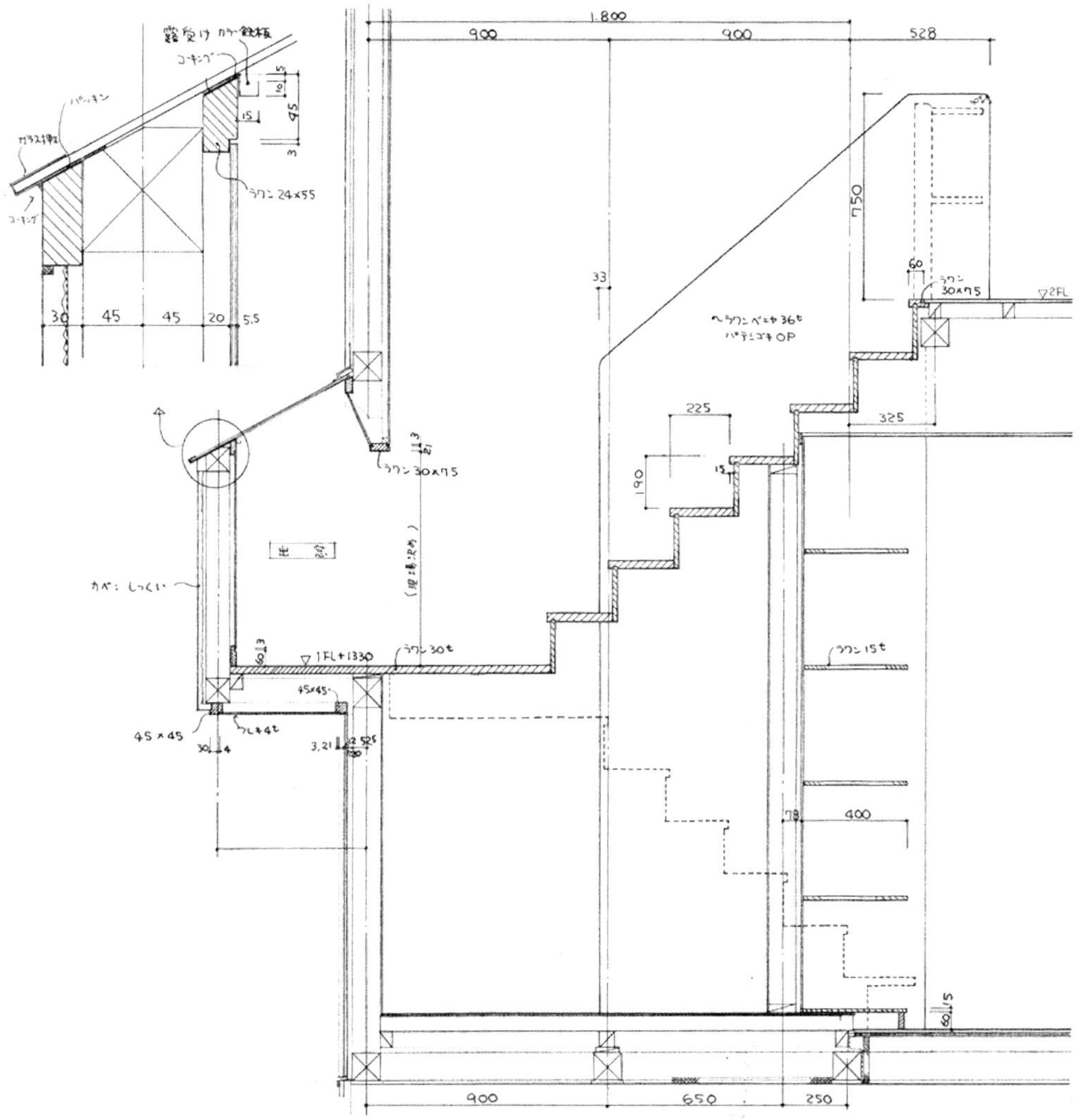

「奈良の家」階段　断面詳細図（原図は1／10）

キッチン

「知多の家」(p82-95参照)。ステンレストップの造作キッチン。収納は使いやすいよう汎用性とコストを考慮して観音開きと棚で構成し、一段分は引出し、手の届く上部に造作した吊り戸棚は奥行きを浅くしている。オープンなつくりで作業しながらも庭がうかがえる

●あまり造り付けが過ぎると住む人の自由度が減り、息苦しくなることがある。それよりは、限られた家の中で変わる可能性のあるスペースを残した方がよいと思っている。どうしても造り付けたいのは設備がらみの厨房流し台と洗面台くらいで、あとは納戸なり押入れなりの収納場があればなんとでもなると思う。流し台はほとんどの家を造り付け家具工事としている。

●シナランバーコアの箱にステンレス一体成形のシンク付ワークトップを載せるのが定番である。箱部分の扉はシナベニヤフラッシュペンキでステンレス一文字の引き手、中は棚板1枚くらい。引出しをいくつか付ける。ステンレスはぺこぺこすると嫌なので1㎜以上にする。『住宅設計作法——永田昌民・N設計室の仕事』

●打合せ時に、食器棚を見せてもらいながら、どんな風に料理をされるのか尋ねるんです。食生活は、食器でわかりますから。凝った料理をつくられる方は、食器の種類も多いんですよ。となると調理できたものから置いていけるスペースを確保する必要があるし、大勢の人を招くのが好きな場合は小さなキッチンでは対応できない。他にも電子レンジやトースター、物入れの場所など細かく配置を検討します。（セミオープンが多いのは）台所を、家事労働の場だけにしたくないんです。ふと見上げた時に、緑や庭を愛でられるよう平面計画時に配慮しています。『住宅建築』2010年8月号

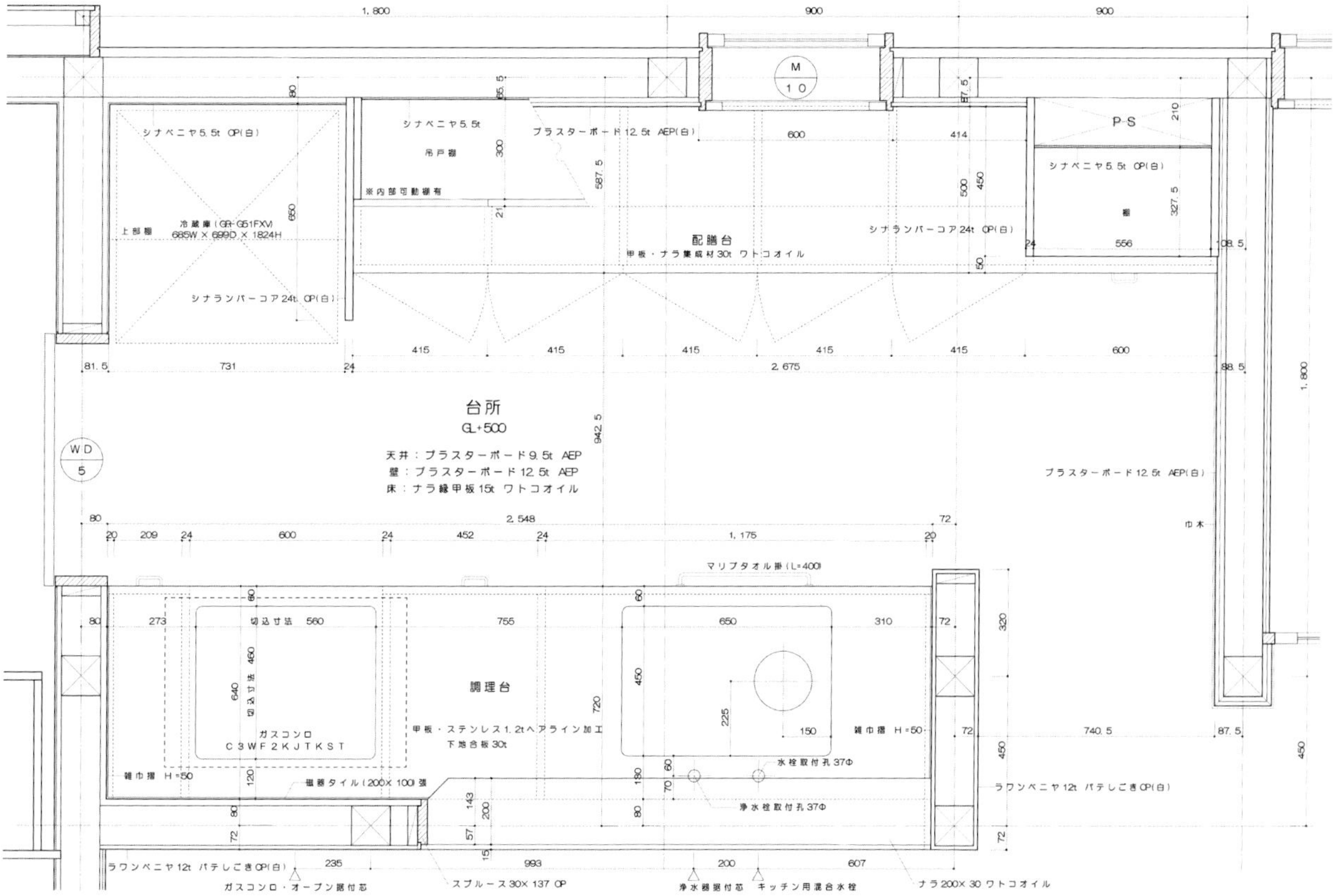

平面詳細図（原図は1／10）

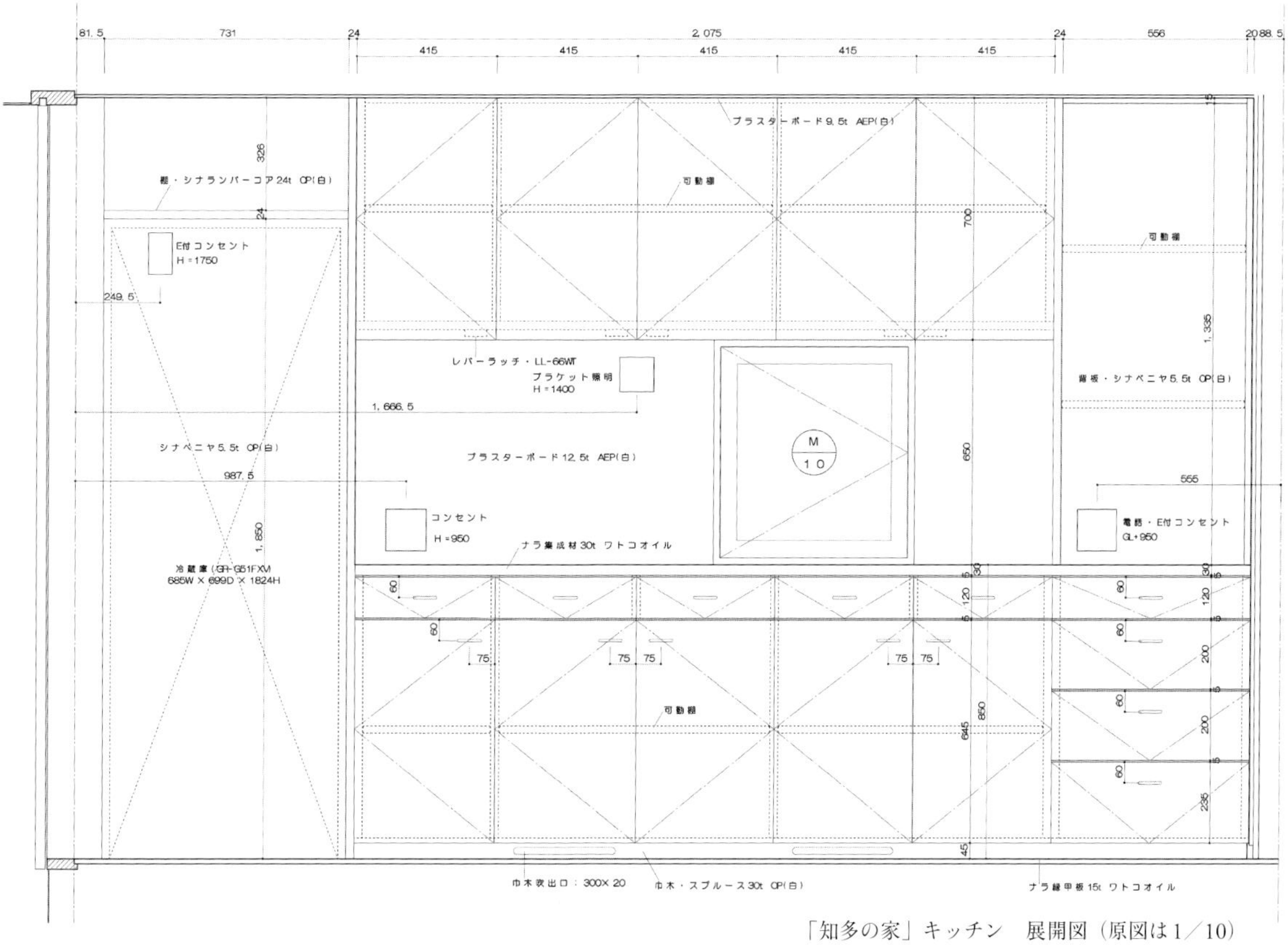

「知多の家」キッチン　展開図（原図は1／10）

浴室・トイレ

●ある意味では設備はわかりやすい。水は高きから低きに流れ、暖かい空気は上昇するといった基本に忠実にたどっていけば、まちがいはない。水になった気持ち、空気になった気持ちでじっと考えるとかなりのことがわかってくる。システムがみえてくる。

空調機、換気扇などは既存のガラリはほとんど使わない。有効面積の確保と空気抵抗の少ない形にすること。取付け金物を目立たせないことに気をつけながら、壁や天井の仕上げに合わせて木格子のカバーをつくっている。

『住宅設計作法──永田昌民・N設計室の仕事』

●（風呂、洗面・脱衣所、トイレが一直線に並ぶ構成）平面上でそうなってしまうんです。（トイレと洗面の）横幅は、とれない場合は1500㎜、通常は1800㎜程度にしています。トイレはこの場合、もう1カ所別に設けることが多いです。『住宅建築』2010年8月号

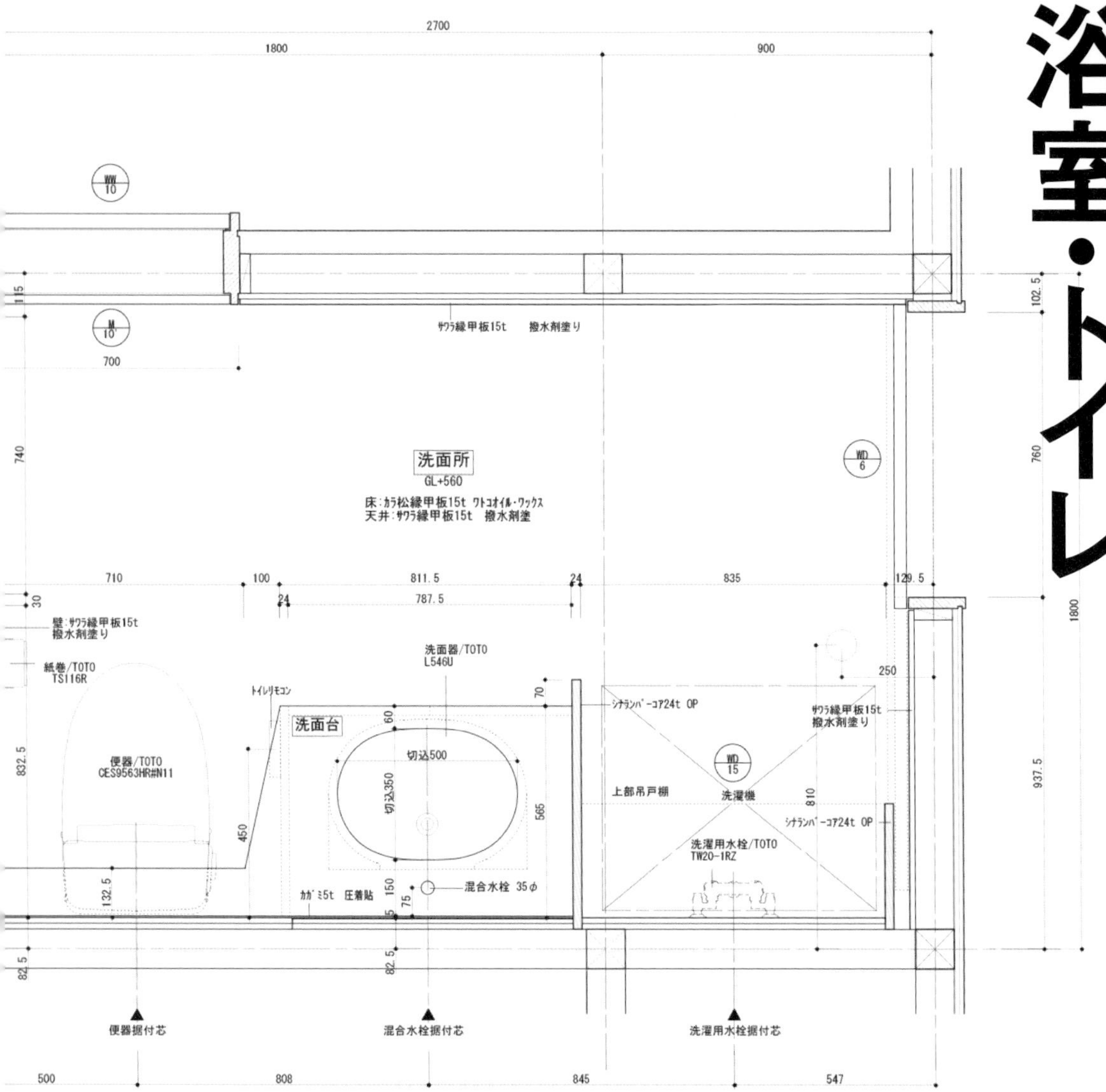

「安曇野の家」浴室・洗面所　平面詳細図（原図は1/10）

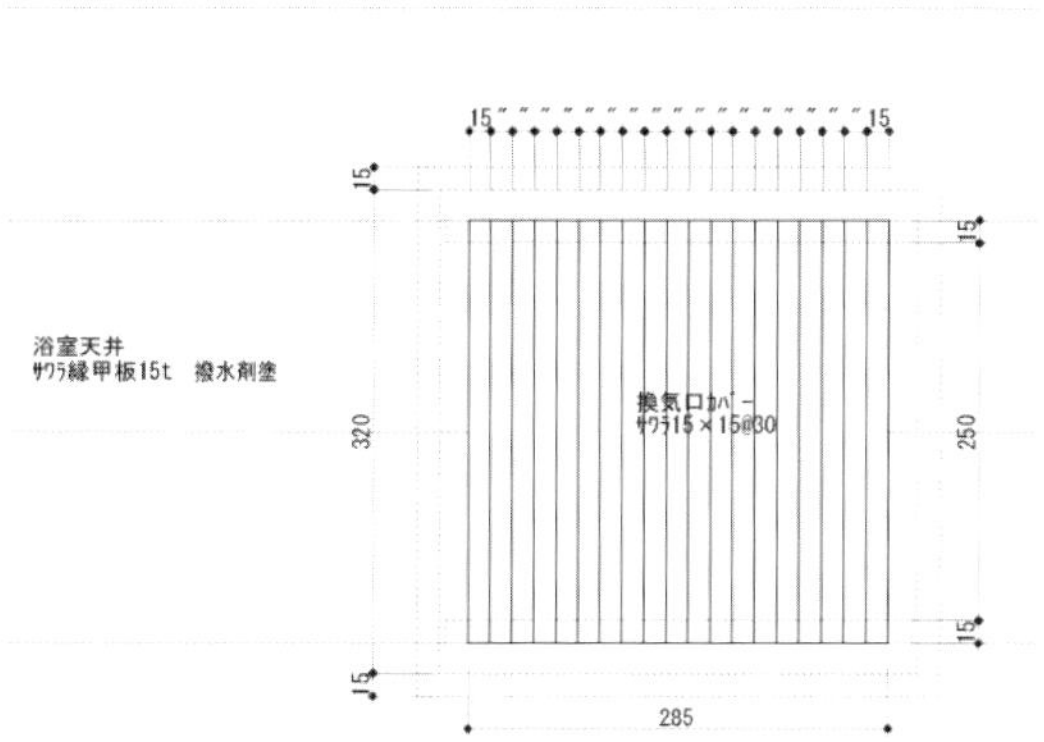

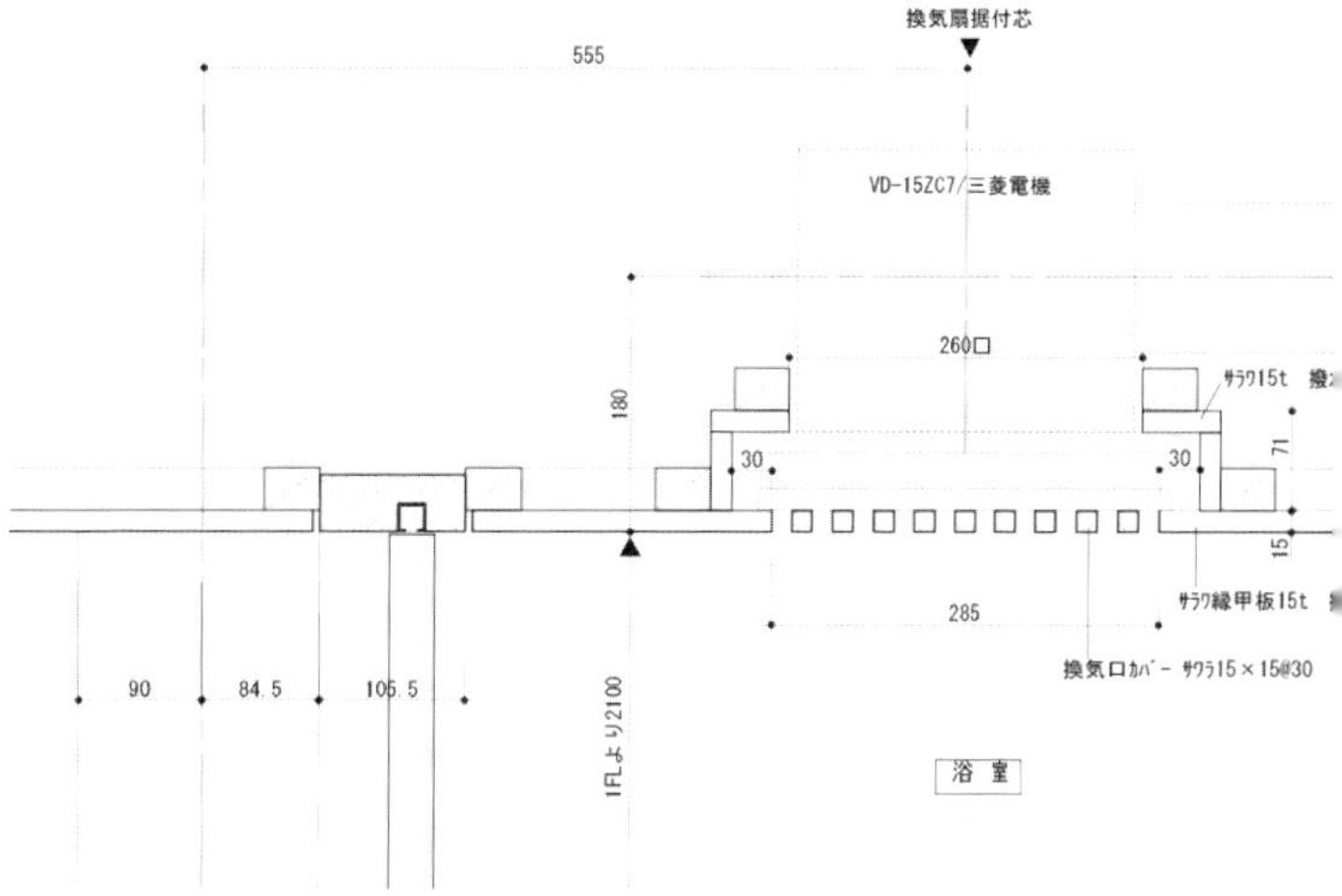

「安曇野の家」浴室　天井伏せ詳細図（原図は1／5）

「安曇野の家」(p66-81参照)。壁、天井にサワラ縁甲板を張った浴室。天井の換気口も同じサワラで格子のカバーをつくっている

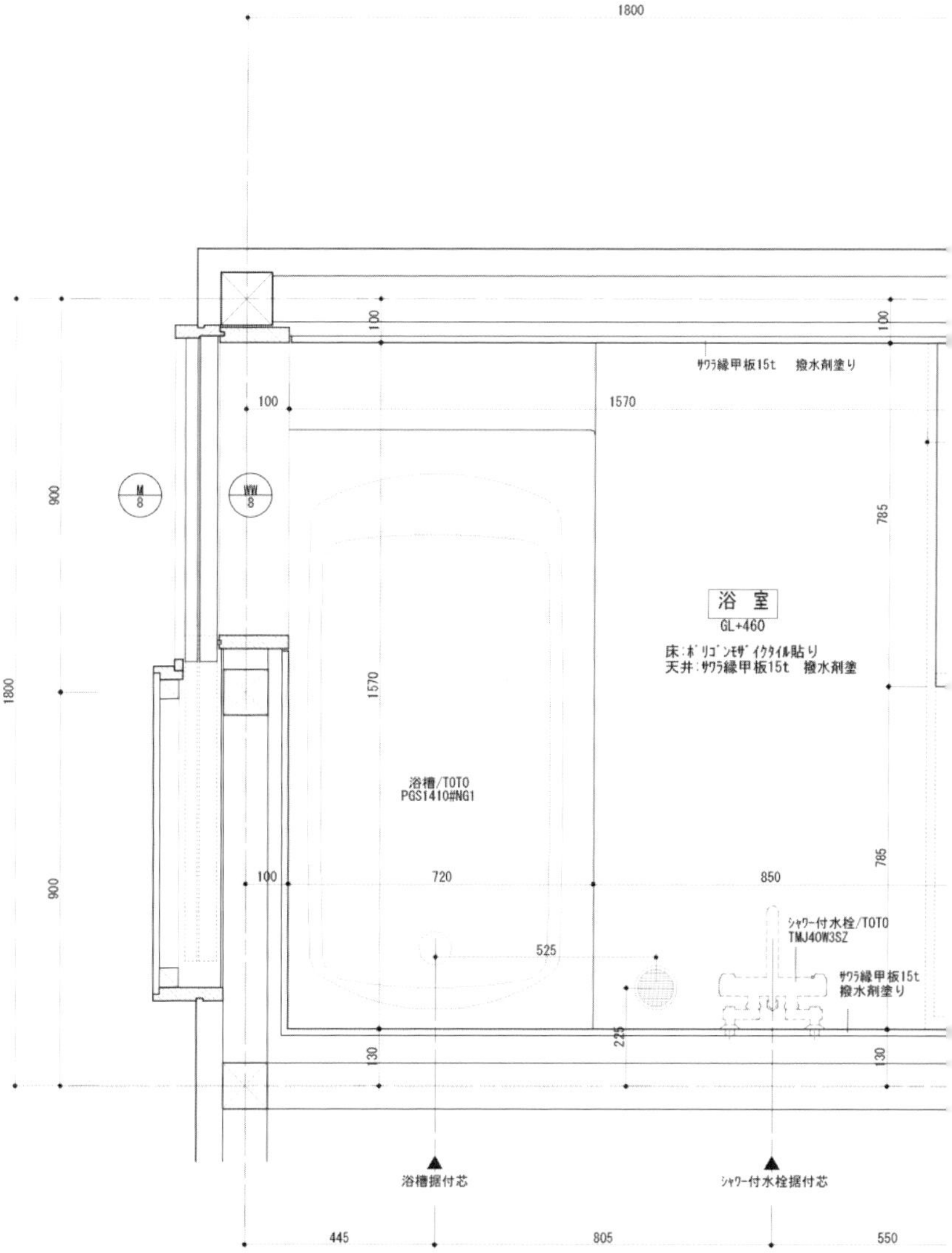

自邸「下里の家」(p129-148参照)。浴室、洗面、トイレ、そして収納が横一列に並ぶ。トイレの向かいには洗濯機が納まり、水回りが機能的にコンパクトにまとめられている

「所沢の家」(p38-51参照)。トレイの先が浴室で、耐水ブロックとポリカーボネートがはめ込まれた壁と片引き戸で仕切られる。浴室には外へのドアを設け、菜園での作業で汚れても直接入ることができる

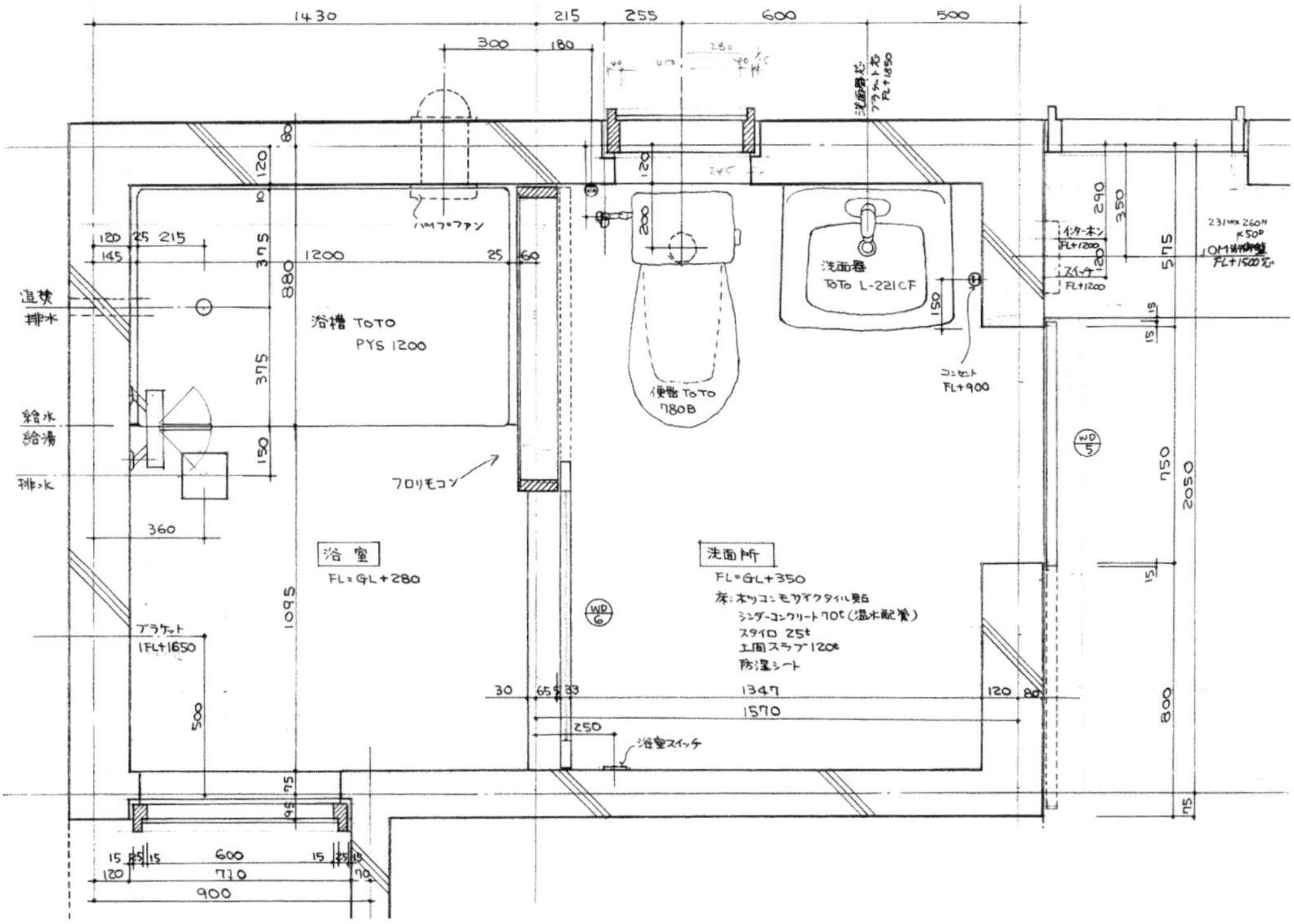

平面詳細図（原図は1／10）

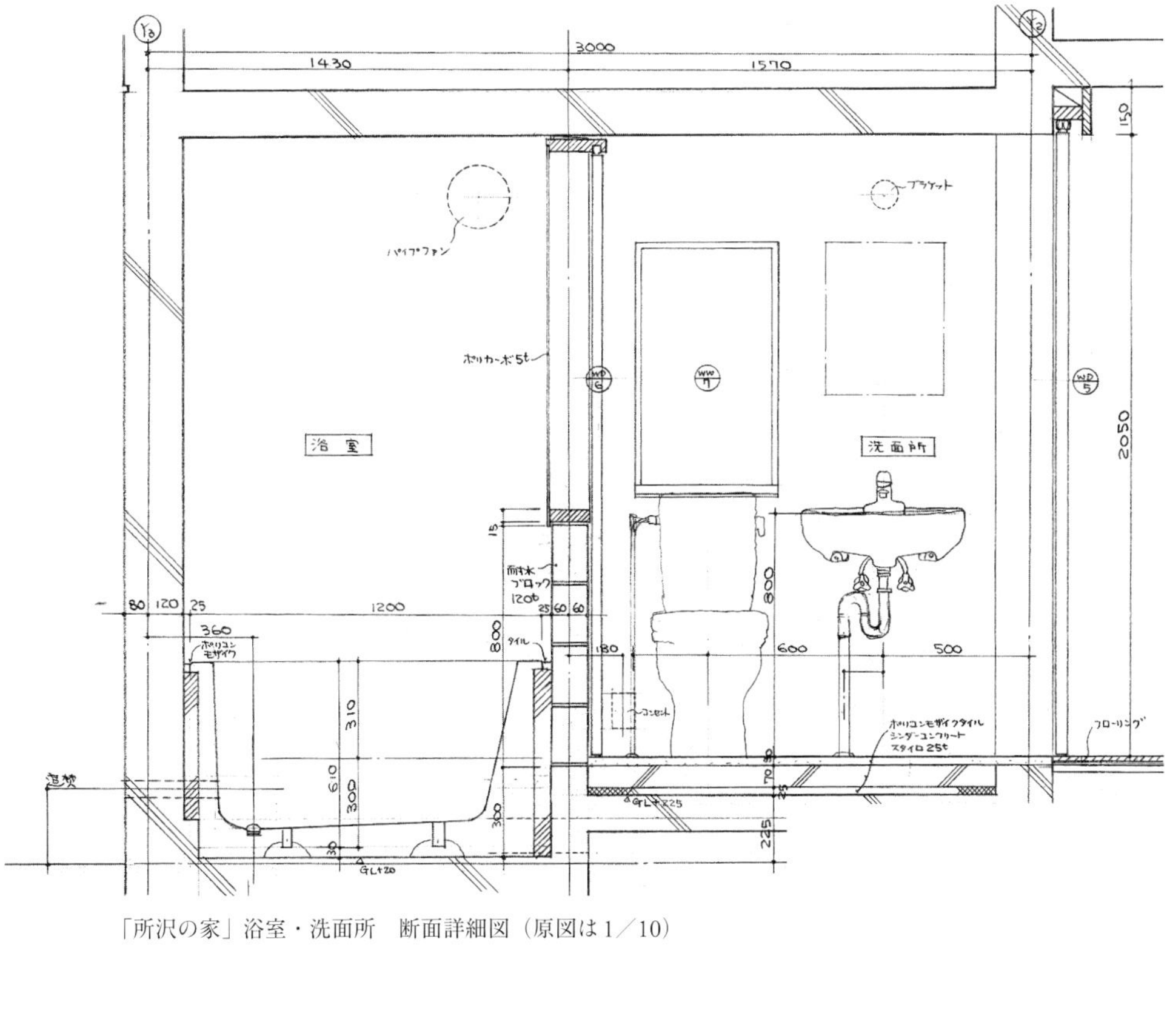

「所沢の家」浴室・洗面所　断面詳細図（原図は1／10）

照明

●住まいのあかりはそんなにコウコウと明るい必要はないと思う。夜は夜の、暗めで落ち着いた時間があっていい。夜には昼と同じことができない方がよい。どうしても暗くては困る場合だけ、家のどこかに明るい場所をつくりそこに行ってすればよい。明るくするためには光源がいる。限られた時間だけ使うものだから、普段は目だって欲しくない。さりげない形というのは少なくて、結局使うものはごく限られた種類になってくる。

食卓のあかりは、皆で囲むことのできる点であってほしい。おだやかに、控え目に照らしてくれる月のようなあかりがほしい。灯具の高さは必ずテーブルを置き、なるべくならそこに住む人に椅子に腰掛けてもらった状態で決めることにしている。

居間はただ居る所で、そこで何をするかなど限定したくないので、天井にはできれば何も付けたくないと思っている。何かの必要ができたとき対応する道具としてのフロアスタンドでほとんど間に合う。今や居間のメインのようなテレビについては、しかたなく、調光のできる大型のダウンライトにする。

実際は照明器具というのはとにかく目障りなものだ。天井に照明器具がないことを1度経験すると、あるなしの違いがその部屋に及ぼす空間の質にいかに大きくかかわっているかがよくわかる。『住宅設計作法——永田昌民・N設計室の仕事』

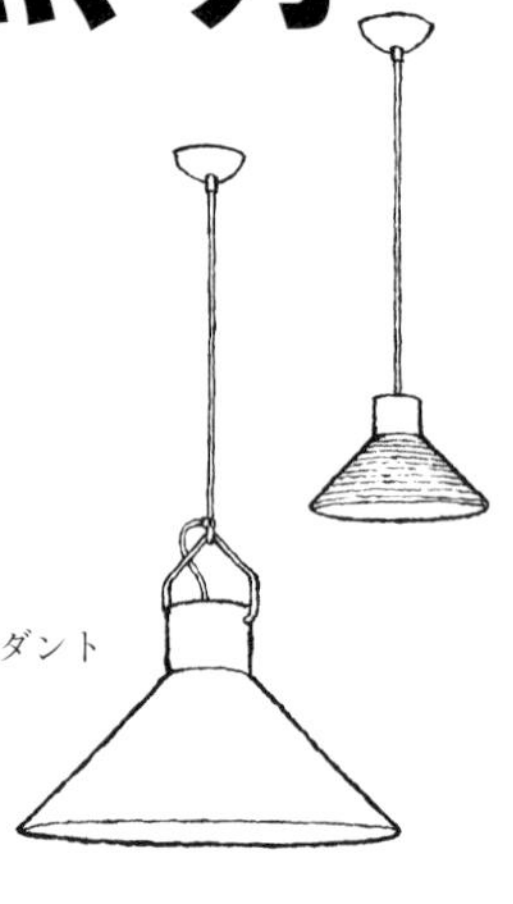
ペンダント

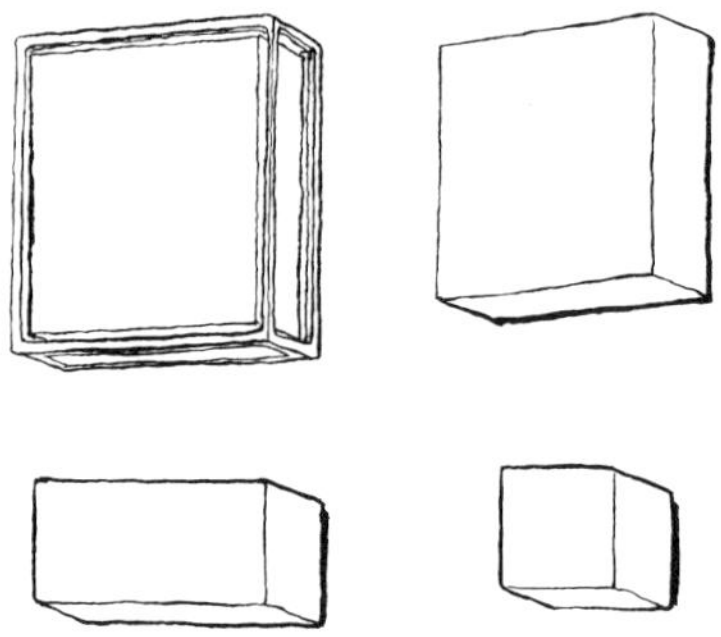
ブラケット

電球用ソケット

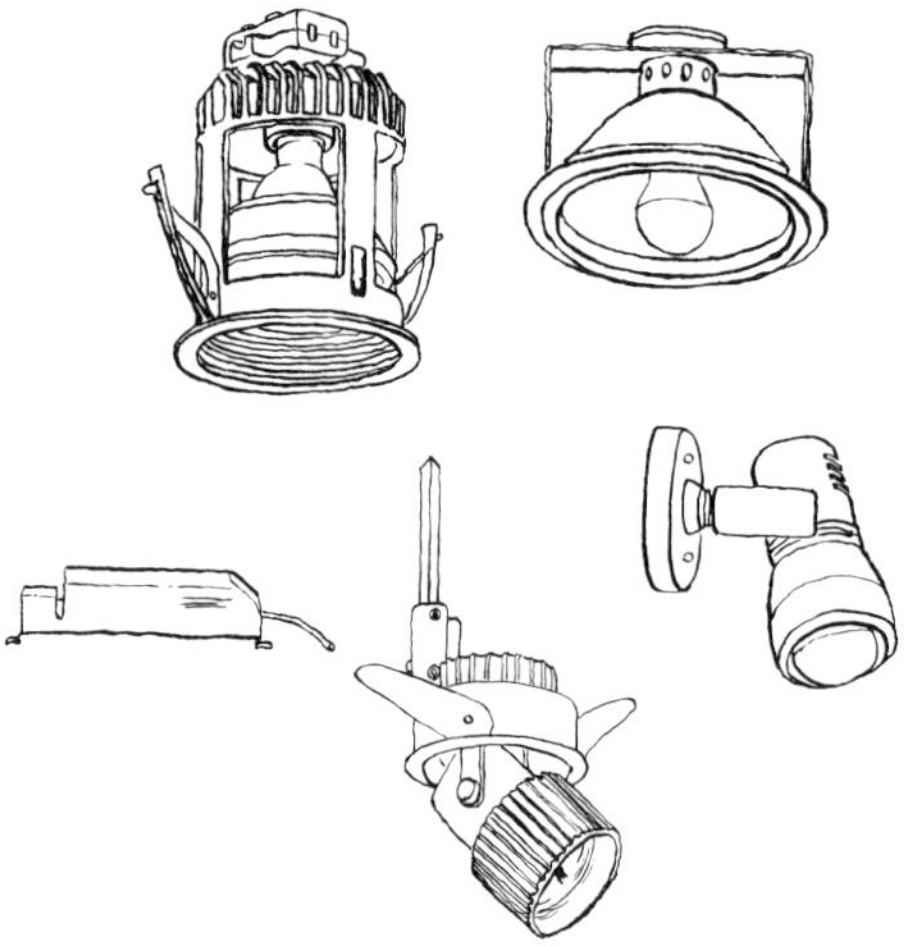
ダウンライト・スポットライト

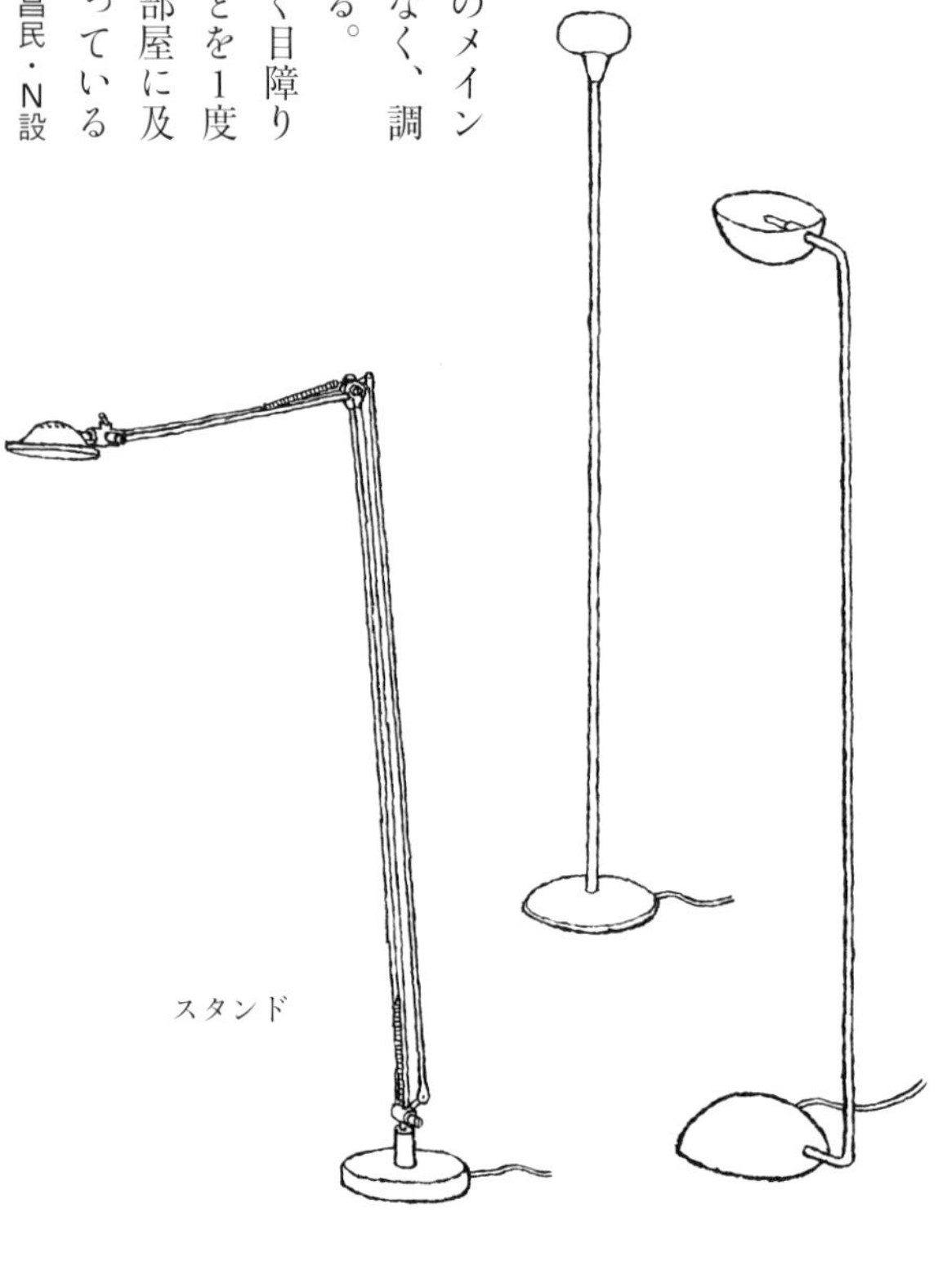
スタンド

「奈良の家」(p52-65参照)。2階和室、オリジナルの照明。光源を天井に埋め込み、障子のような和紙貼りのカバーをはめ込んでいる

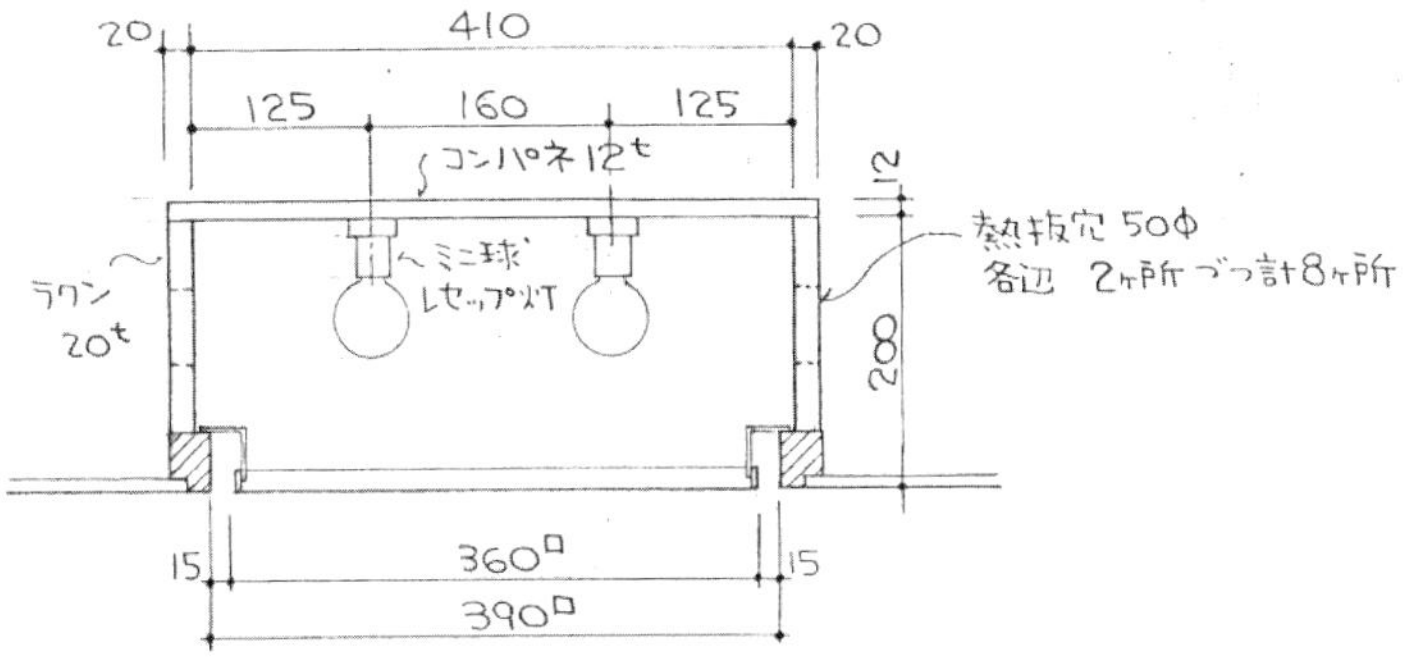

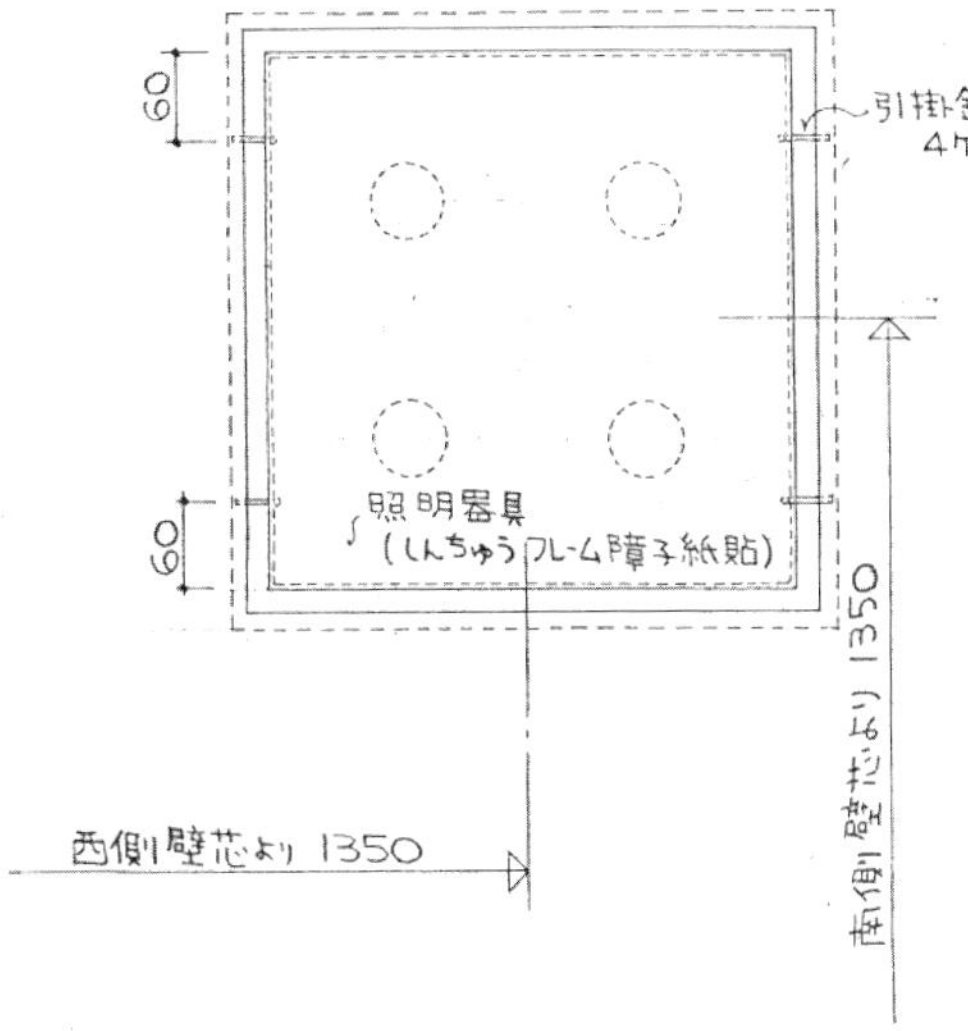

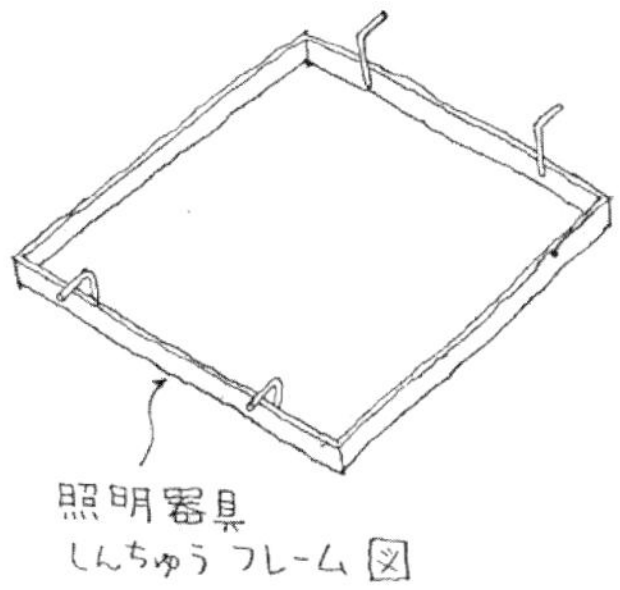

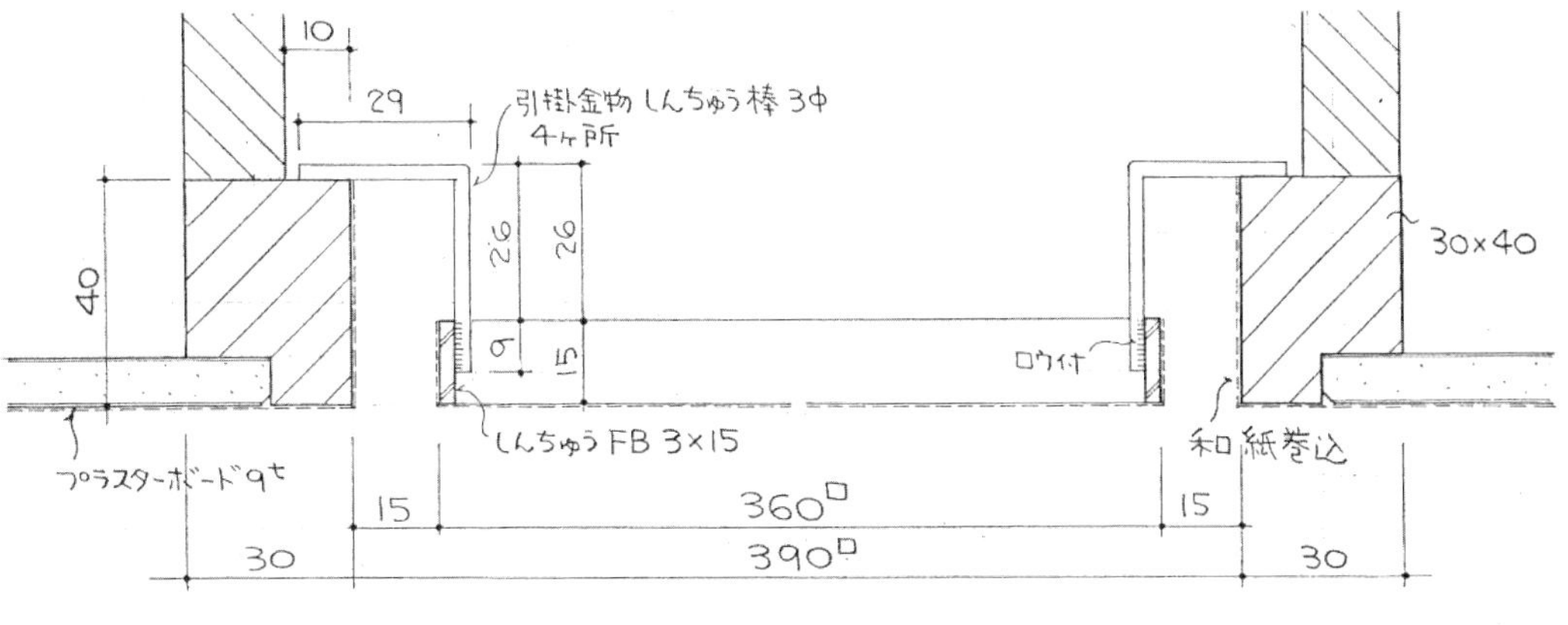

「奈良の家」2階和室　埋込照明詳細図（原図は1／5、1／1）

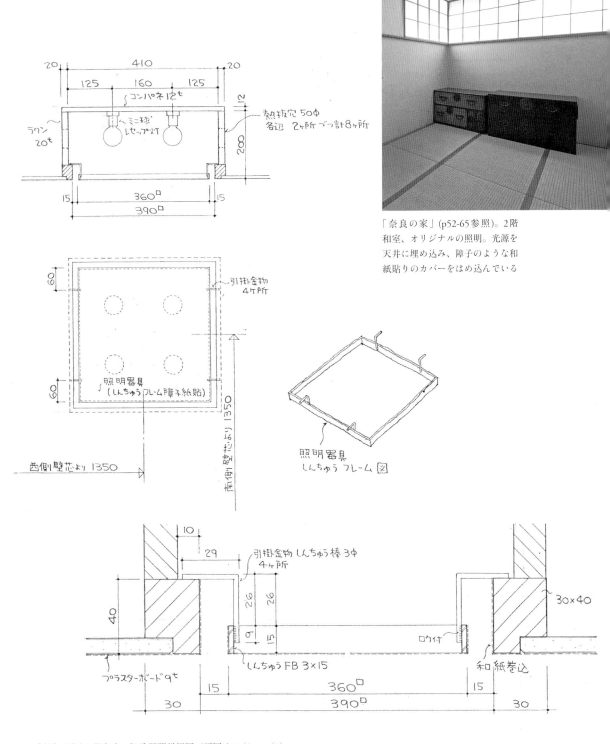

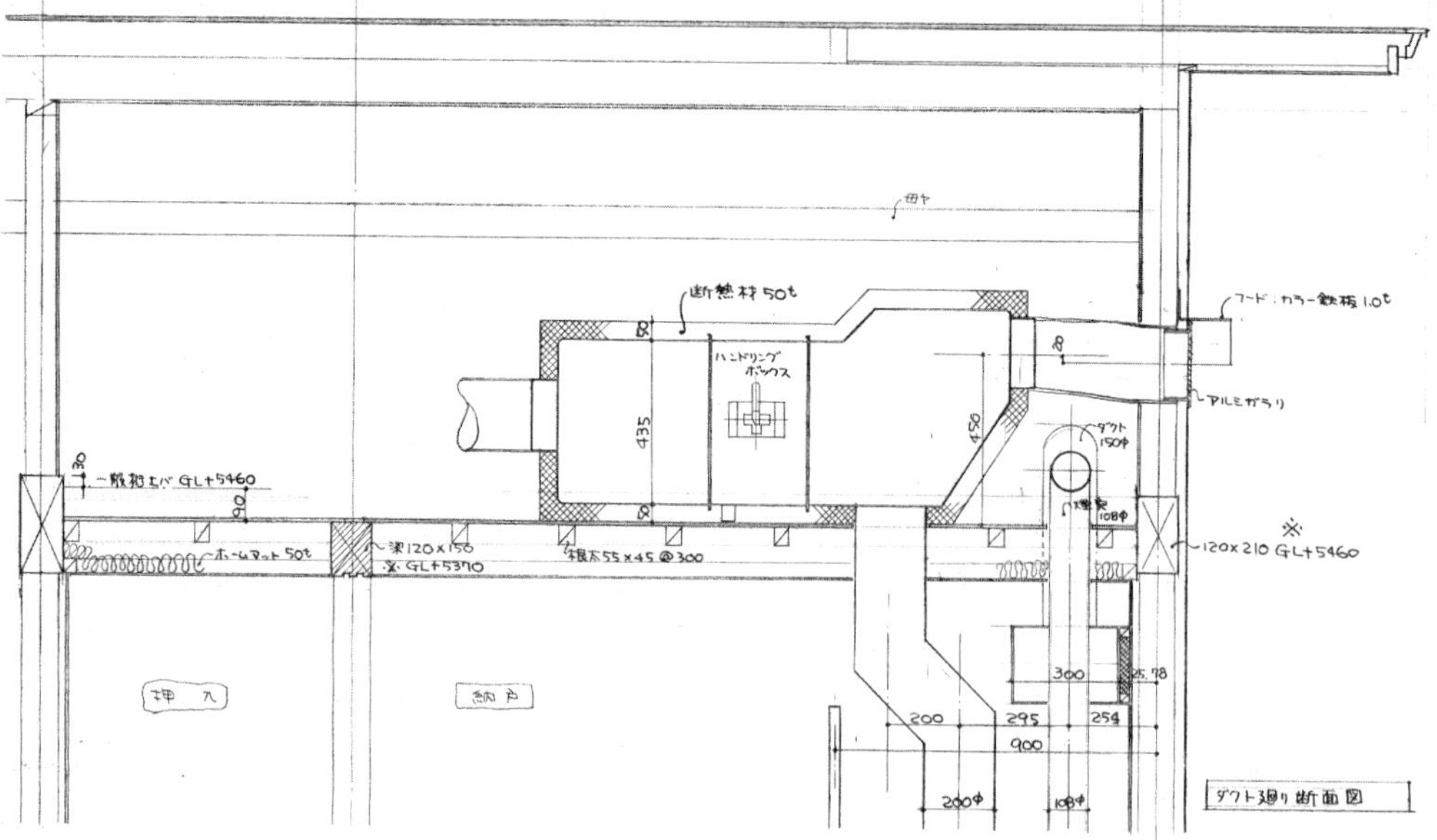

ダクト回り断面図（原図は1／10）

永田さんが初めてOMソーラーを導入した「奈良の家」(p52-65参照)。基礎から屋根内部まで入念な詳細図が描かれた

OMソーラー

●奥村昭雄さんの話の中で、「空気のデザイン」という言葉と、太陽熱を利用することで室温を5〜6℃底上げできるシステムなんだというやわらかな考え方に魅力を感じ、やってみようかなと思ったことがOMとの出会いになる。「OMとの出会い」2007年8月22日

●部屋を小割にしないでワンルームとして使うのが、小さな家を広々と住むポイントのひとつであることを述べてきましたが、ワンルームの問題のひとつは冬の暖房です。どこにいても室温が一定しているのが望ましいわけですが、部屋が広いと暖房費がかさみます。太陽熱を利用することで、暖房費の軽減も図られ快適な温熱環境も得られるということになれば一石二鳥です。『大きな暮らしができる小さな家』

●（OMソーラーによって家の）形が規制されるということは、どうだっていいんじゃないの。特に僕は住宅がほとんどだから、家型の家で何故悪いの、と思います。建築家って形でやるんじゃなくて、どんな風にちゃんとつくるかという課題があるだけです、僕にとってはね。建築家は自分の仕事はデザインだから、設備は仕事の範疇じゃないと投げるけれども、それは間違っていますよ。たとえば、暑い空気は上に上がって冷たい空気は重たいから下に下がるという、そんな当たり前の現象をどう考えるかということなんだから。『住宅建築』2003年12月号

＊OMソーラーは、「熱と空気をデザインする」という思想のもとに、建築家・奥村昭雄により考案された太陽熱を利用した空気集熱式のパッシブソーラーシステム。屋根への日射を利用して集熱パネルで空気を暖め、暖まった空気を床下へ送り、蓄熱コンクリートに蓄熱しながら家全体をおだやかに暖房する。1987年に「OMソーラー協会」（現OMソーラー株式会社）が設立された。

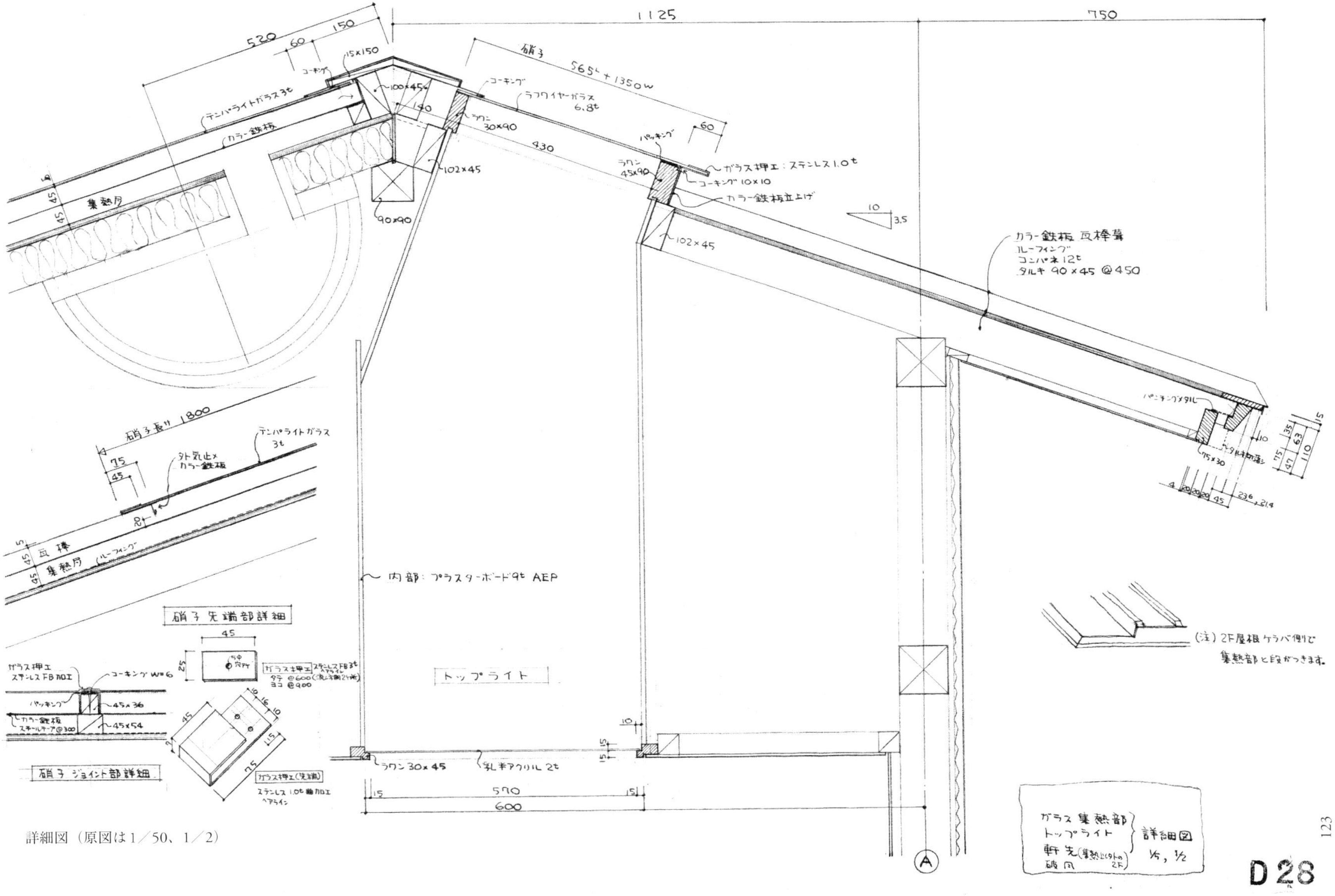

詳細図（原図は1／50、1／2）

寸法・図面

●吉村順三先生は「建築はプロポーションなんだよ」と。やっぱり寸法の話なんだ、と。モノとちゃんと関わっているかどうか。それは自分の身の中にある寸法だと解釈してやってきているわけです。実際の寸法、1mという寸法、2mという寸法は確実にあるわけですから、その寸法が空間としてどうなんだ、ということも把握しなければならない。そのためには三角スケールは使うな、と。これは先輩から言われて、金科玉条として守っています。竹のモノサシでやるわけです。なぜかというと、竹のモノサシは実寸ですから、10cmがすぐわかるわけ。1／50、1／20を描いたとき、三角スケールの中でやっているのは実寸ではない。（設計は）実寸に戻しながら、少し高すぎるとか低いとか、延々とやっているんです。巻き尺を持って来て、1mの高さはここだな、1m200の窓で天井が2m100だとすると、これだけ開くけどどうかな、というようなことを毎回やるんです。［OMフォーラム 益子義弘・永田昌民 座談会］2001年4月28日

●吉村先生に機会あるごとに言われたのは、「設計をしていくときには原寸で物を考える」と。それは、簡単に言うと「つくるものはいつも実物だよ。実物をつくっているんだよ」ということです。図面というのは物をつくっていくための一種の表現手段だから、実物をつくっていくために図面を描くことが原寸で物を考えていくこととつながっているんだよ、ということ。三角スケールだと実際の寸法がどういうものであるかわかっていないケースが多々あると思うんです。だけど、1／100の竹のモノサシがあると、それがモジュールとして頭の中と体にたたき込まれる。要は原寸で物を考えるということはそういうことなのかなあと、やっとわかってきたと思うわけです。

1／100の図面であれば、自分を1／100に縮小したと想像して、玄関から入って歩き回ってみる。それが頭の中で想像できるようにする。そうやって自由自在に対応ができるようにスケール感を訓練する必要があるわけです。頭の中はいつも原寸なんだ、ということです。［土曜建築学校］1994年6月11日

左ページ
OMスクール(1988年9月、軽井沢)で用いたプレゼン用の資料

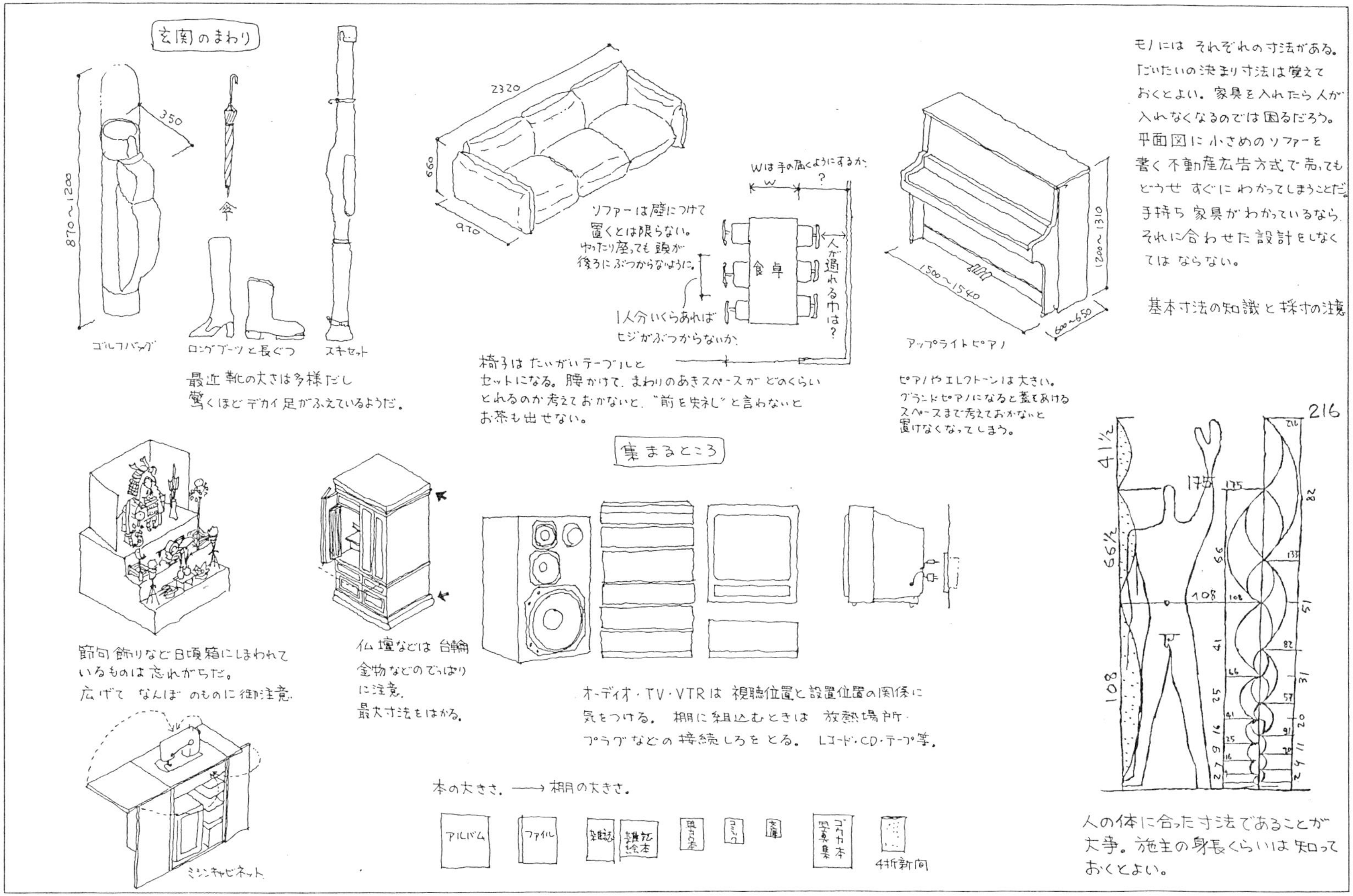
玄関のまわり
870〜1200
350
傘
ゴルフバッグ
ロングブーツと長ぐつ
スキセット
最近 靴の大きさは多様だし
驚くほど デカイ足がふえているようだ。
2320
660
970
ソファーは壁につけて
置くとは限らない。
ゆったり座っても頭が
後ろにぶつからないように。
Wは手の届くようにするか
W
?
食卓
人が通れる巾は？
1人分いくらあれば
ヒジがぶつからないか
椅子は たいがい テーブルと
セットになる。腰かけて まわりのあきスペースが どのくらい
とれるのか考えておかないと、"前を失礼"と言わないと
お茶も出せない。
1200〜1310
1500〜1540
600〜650
アップライトピアノ
ピアノやエレクトーンは大きい。
グランドピアノになると蓋をあける
スペースまで考えておかないと
置けなくなってしまう。
モノには それぞれの寸法がある。
だいたいの決まり寸法は覚えて
おくとよい。家具を入れたら 人が
入れなくなるのでは 困るだろう。
平面図に 小さめのソファーを
書く 不動産広告方式で 売っても
どうせ すぐに わかってしまうことだ。
手持ち 家具が わかっているなら、
それに合わせた設計をしなく
ては ならない。
基本寸法の知識と採寸の注意
集まるところ
節句飾りなど日頃箱にしまわれて
いるものは忘れがちだ。
広げて なんぼ のものに御注意。
ミシンキャビネット
仏壇などは 台輪
金物などのでっぱり
に注意。
最大寸法をはかる。
オーディオ・TV・VTRは 視聴位置と設置位置の関係に
気をつける。棚に組込むときは 放熱場所・
プラグなどの接続しろを とる。レコード・CD・テープ等。
本の大きさ。——→ 棚の大きさ。
アルバム
ファイル
雑誌
講談絵本
単行本
コミック
文庫
ゴウカ本
写真集
4折新聞
216
41½
66½
108
175
108
2 7 9 16 25 41 66
2 4 11 20 31 51 82
人の体に合った寸法であることが
大事。施主の身長くらいは 知って
おくとよい。

●「自分はどういうふうにしたいんだ、ということが一番大事」。その思いを表現してくれるのは、やっぱり現場。だから現場を知らなければならない。意図を伝えなければいけないわけです。そういう自分の思いを表現している設計という行為の中に、図面というものがあるわけです。［土曜建築学校］1994年4月16日

●イメージと違うと言うのは、あなたがその（図面で伝える）能力がないということを露呈しているような話だと僕は思っているんです。だから設計をするほうがちゃんと図面を描いて渡したら、その責任は設計屋にあるんだということです。そのくらいの自負を持っておかないと、現場でもいくつかの職人さん、職方さんたちに意図が伝えられないと思っているわけです。かように図面というのは表現の方法としてすごく大事だよということです。［土曜建築学校］1994年6月11日

●CADで描かれた図面からは設計のプロセスが僕には見えてこない。設計をするということは、プロセスが大事なんだと思う。僕の事務所では基本設計、実施設計は製図板の上のトレペに向かって図面を描くようにしている。そのわけは、設計を進めるにあたってフリーハンドのスケッチを数多く描いていくことにある。特に基本設計ではこの作業が大事である。依頼主からの要望、敷地環境の把握、予算などを加味しながらスケッチをおこす。おこしたスケッチを繰り返しながら、イメージを固めていくこと、それが設計をするということだと思う。ぜひ手描きの図面にトライしてください。『住宅建築』2011年12月号

●伝達手段として図面があるだけだ。図としての図面は〝だいたいの感じ〟を伝えるが、実際にはすべて〝寸法〟が意味を持つ。極端に言えばある座標軸の基準さえ決めておけば、図などなくとも数字だけで表現できるだろう。そして、寸法はつじつまがあっていること。合わなければどこかに破綻をきたす。ベテランの大工さんは簡単な手板と矩計棒だけで、1軒の家を造り上げることもできる。そんなエライ人に、あいまいな絵だけを渡すわけにはいかない。ここはこうしたいという、こちらの思いを込めて寸法を描き込む。「図面さえ描いてくれれば何でもつくってやるよ」と言われる。『そっちもプロなら、ちゃんと意味のある図面を描いて来い』という言外の意味を感じる。一生懸命描いていくと、こちらの思いを、どうしたら納まるか真剣に考えてくれる。『住宅設計作法――永田昌民・N設計室の仕事』

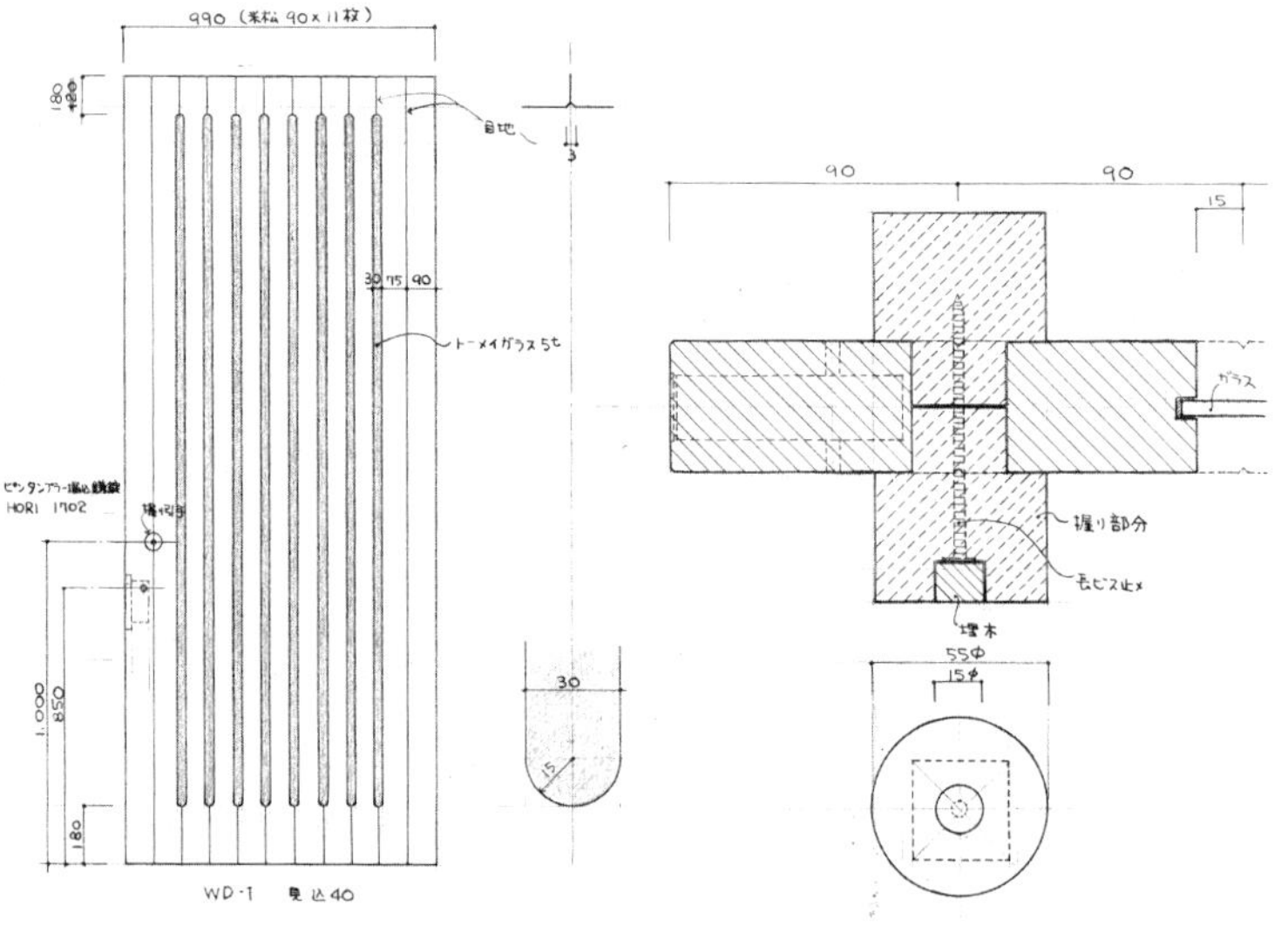

「奈良の家」(p52-65参照)
玄関引き戸詳細図
(原図は1／10、1／1)

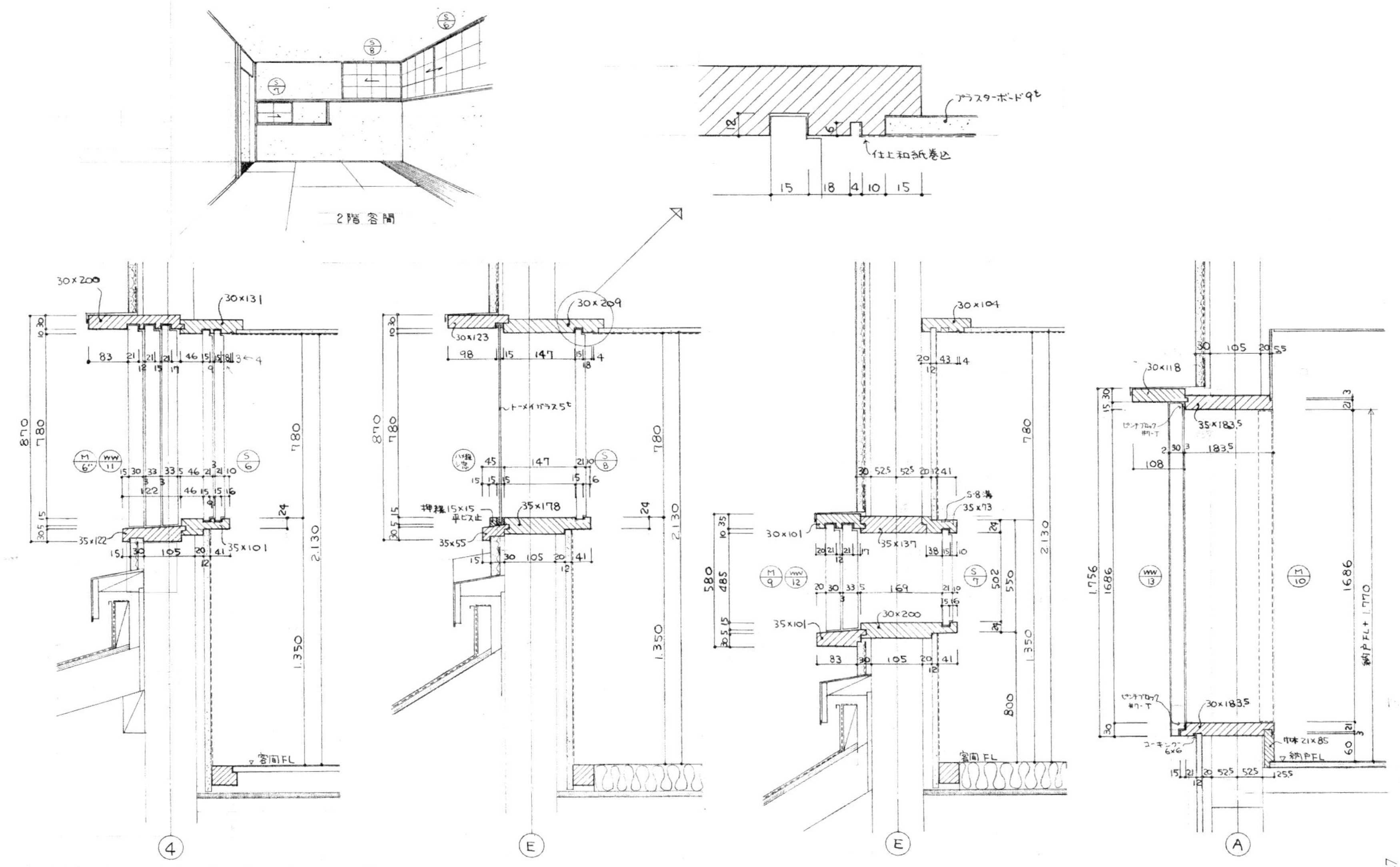

「奈良の家」2階和室の建具詳細図（原図は1／5）

出典

『住宅建築』2003年12月号（28～30ページ）、2005年10月号（18ページ）、2010年8月号（86～87、89ページ）、2011年12月号（72、75ページ）

『住宅設計作法──永田昌民・N設計室の仕事』住宅建築別冊49・1999年6月号（14ページ〈初出『住宅建築』1977年11月号〉、17ページ〈初出『住宅建築』1997年7月号〉、148、162、168、171、172、176、178ページ）以上［建築資料研究社］

『大きな暮らしができる小さな家』（183ページ）

永田昌民・杉本薫著［オーエス出版社］2003年

講演

「土曜建築学校」「OMフォーラム」主催：OM研究所

手記

「居心地のよい住まい」「OMとの出会い」「吉村障子」

3章

自邸「下里の家」から読み解く

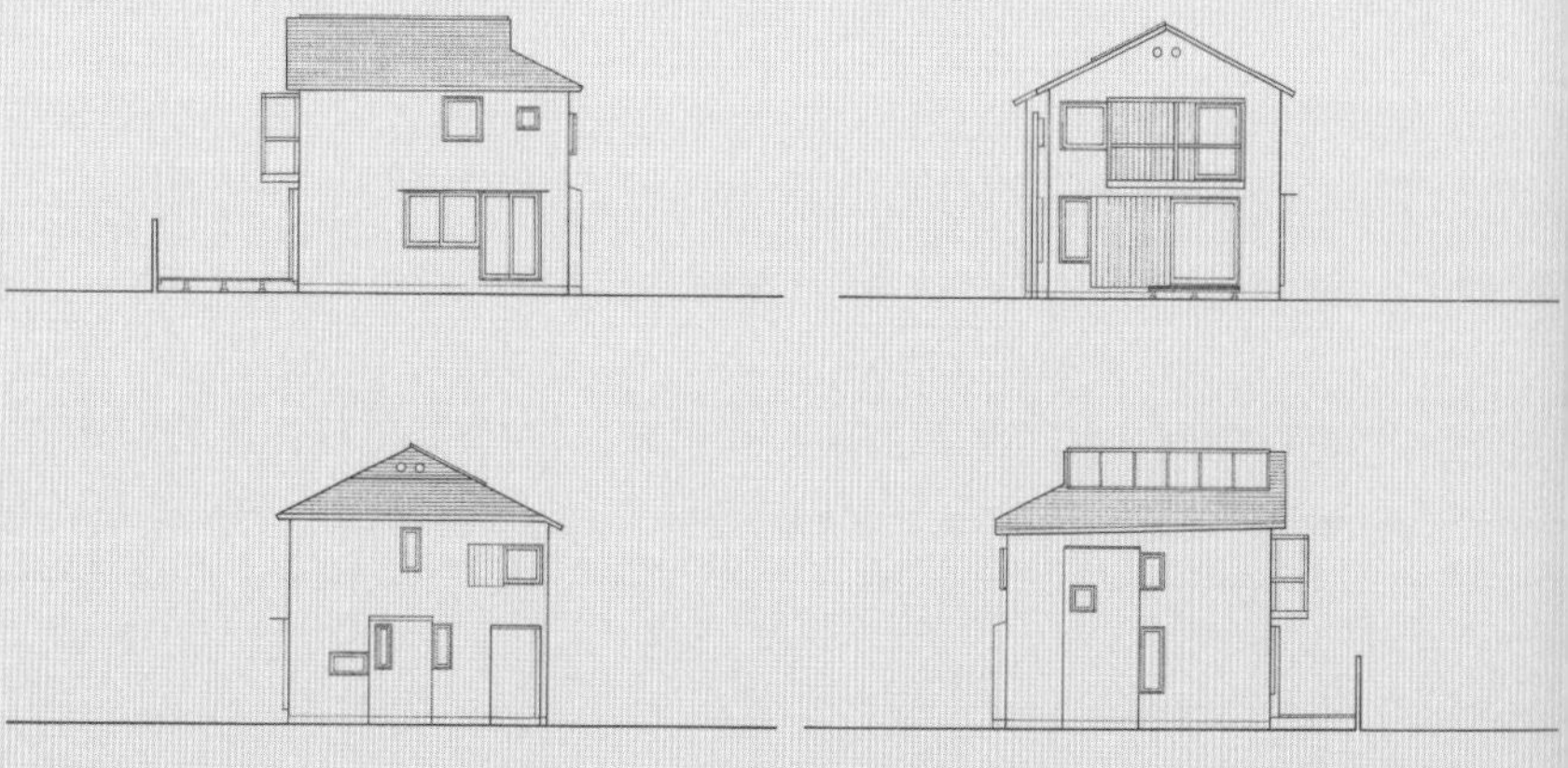

「下里の家」

東京都東久留米市・2003年

対談

堀部安嗣 × 横内敏人

住宅設計は永遠の微調整

時代が変わっても変わらないことを、どう受け継ぐか

住宅事例でそれぞれの永田論を展開した堀部安嗣さんと横内敏人さん。永田さんの自邸「下里の家」に場所を移し、同じ建築家として共感すること、先輩として尊敬する姿など、永田さんの人としての魅力と設計哲学に迫ります。

堀部　横内さんが書かれた永田さんの建築評（66ページ「安曇野の家」参照）は、建築家としての、あるいは歴史の中の永田さんの立ち位置のようなことをわかりやすくしていると思います。今、ミニマリズムという言葉は、市民権を得たように使われていますが、大事にしなければならない本当のミニマリズムは、永田さんの建築のように、もっと複雑な全体を見て、あるいは地域的、風土的なことも抱え込みながら、でも、形としてはシンプルなところに着地させていく。より複雑さを抱えつつの単純化だと思うんです。その視点において、横内さんは永田さんを評しているのではないかと。

横内　そうですね。

堀部　一般的に言われているような、何かを削ぎ落として、要素を減らして、線をなくしてということではないと思う。何かを犠牲にしたり、いたずらに排除して、わかりやすく単純化してダイジェスト化していくことがミニマリズムではない。そうやって削ぎ落としていくと、人間性を失なっていくことにつながると思うんです。よく学生に話すんですけど、何かを否定したり、排除していった先に出てくる単純さは簡単だよ、と。そういう方向で建築を考えてはいけない。人間の心や身体はもっと複雑だし、風土も複雑。複雑な全体をちゃんと捉えて、そして単純化していくことが大事です。だから、その長いトンネルをあきらめないほうがいい。一度その複雑というトンネルをくぐった先にある単純のようなこと。永田さんが持っているその感じは、僕自身、とても共感するところです。

横内　永田さんは、ご自身の建築に

上／「下里の家」、庭に張り出したテラスにて堀部さん（右）と横内さん（左）

右ページ
敷地の旗竿部分を生かしたアプローチ。木々が生い茂り、通りからは建物がまったく見えない

右／アプローチがそのまま内部につながる。玄関もアプローチと同じレンガ敷き
左／居室と玄関を仕切るアートガラスを嵌めた引き戸（右）は、室内の温熱環境にもとても有効な扉だ

左ページ
リビング奥の壁は敷地の形に沿って斜めにとられていて、飾り棚の平面を台形にとることでコーナーの直角を出している

ついて多くは語らなかった。そして、永田さんの建築は言葉で説明できない。それがいいところですけど、はたからみると理解しにくい。それをもうちょっとわかりやすい、客観的な言葉で理解するにはどうしたらいいかなと自分なりに考えたのが、あの文です。

堀部　永田さんの周囲には、同じ感覚を持っている人が集まっている感じがしていて、共通の感覚とか言語が、暗黙の了解でつくりあげられている。あるいは永田さんの建築を実際に体験した人はすぐわかるというか、そういう人たちが固まってる感じが僕はちょっと嫌だったんです。永田さんの考え方とか価値観は、そことは違うところにいる人たちにも伝えたいと思うんですよ。村をつくるのではなく、いろいろな他者を受け入れる寛容さも必要です。これからの若い人に、永田さんはどういう感覚をもっていて、どういうものをつくってきたのか。歴史の中できちんと見つめていく作業が必要になってくると思います。

最初の筆の置き方が卓越

横内　今日は永田さんのご自宅にお邪魔しています。この住宅の魅力のひとつは、コンパクトさですよね。小ささの魅力というか。大きくて立派な家はいくらでもあるけど、小さくても、これだけ豊かな空間をつくれる人はなかなかいない。

堀部　そんなにお金をかけずにね。

横内　廊下がほとんどないとか、光の入れ方とか、プランニングにいろいろ工夫はあるんですけど。基本的に永田さんは、性格もかわいらしい人だから。大きい家を設計するのは、あんまり好きじゃなかったんじゃないかな。東京という場所のせいもありますけど、家に対して、ある種の愛らしさを大切にしていたんじゃないか。そういうことは、規模が大きくなると失われてしまうから。それは堀部さんの家にも共通していますよね。

堀部　僕は、住宅にしても、住宅以外の用途の建築にしても、まず一番大事なのは配置計画だと思っているんです。配置計画といっても、周辺環境とか、隣の家とか、地域とか、いろいろなことがあるけど、永田さんはまず、そういう条件を否定しない。受け入れる。そこから建築の在り方をスタートさせていくように思うんですね。見事に的確なんですよね。的確だけどチャーミング。その敷地において、地域において、風土においての、最初の筆の置き方が卓越していると思います。

横内　そして周囲に対して違和感がない。

堀部　この家もそうなんですけど、例えば、デッキの先に見える向かいの納屋みたいな建物も、建築家によっては絶対見せたくないとか、高い塀を立てて見えないようにして閉じたミクロコスモスをつくろうとする人もいると思うんです。永田さんはそういうことはしない。周りに温度を合わせていくというか、自分の設計するものだけが優越感を持つような、研ぎ澄まされた感性を醸し出すとか、そういうことをまずやらない。建築家がやりました！　という感じがない。普通さを溶け込ませて、特化させずになじませるのは本当に難しいことだと思うんです。今の日本の住宅地は、否定して閉じてしまえば簡単なんですよ。

横内　建築家は自己主張が強い人間が多いから、自分がつくったものを目立たせようとする。それが町並みを壊したり、住んでる人が誤解され

かねない表情をつくってしまったり。それが永田さんの建物には、何ひとつない。ある種の、環境に対する謙虚さみたいなものかな。

堀部　周りを否定しないことで、敷地の境界を飛び越えて感覚が外に広がっていくので、家は小さくても窮屈じゃないですよね。

地味の中にある滋味

横内　外観も、すごくカッコいいわけではない。どちらかというと野暮ったい。外部と内部が違うという印象があって、それはどこからくるのかなとよく思います。

堀部　僕は、外観は町に捧げているのではないかと思っています。周辺の家の、当たり前の表情に捧げるというか。だけど、内部は暮らしのためにある。家の中と外は、性格が違うというふうに、考えていたと思うんです。

横内　それも、建築家自身の外見や内面と結びつく時があるんですよね。外見がどう見えるか、すごく気にしておしゃれにふるまっている建築家はそういう家をつくる。でも永田さんの建築は、圧倒的に内部から発想されているよね。

堀部　外はそっけなくて周囲に溶け込んでいて、中は特別な居心地があるというのは、ルイス・バラガン（メキシコの建築家）に似ているんじゃないかと生前に言ったことがあるんですよ。バラガンを意識してますか？　って聞いたら、「バラガン？そうかなあ？」みたいな。もちろんバラガンは知っているけど、自分との共通点という視点はなかった。

横内　永田さんて、外見は普通のおっさんですよね（笑）。建築と一緒で、外観は普通。でも毅然とした生き方をしている。自分はこう生きるのが一番幸せだというビジョンは、はっきりもっておられて、それはつくるものを見ればわかります。

堀部　そうですね。直接的な会話から永田さんはわかりにくいんですけど、後ろ姿ですとか、残された建築から、永田さんの人間性が伝わってくる。

横内　気さくな人だったよね。

堀部　ちゃんと地に足のついた人に対しては優しかった。兄貴！　って感じでしたね。

横内　さっきから、居間の格子の窓（写真・下）がすごく気になっていて。あの窓だけ、風とか光とか、そ

住む人を選ばない家。
凡庸とは違う、
「普通」とは
普遍に通じるという意味。

条件を否定しない。受け入れて、
そこから建築のあり方をスタートさせていく。
周りを否定しないことで、
感覚が外に広がっていく。
だから家が小さくても窮屈じゃない。

リビングから庭に向かって。右側
にも窓を設けることで視線が通り、
面積以上の広がりが感じられる

建築家の自己顕示欲とか
優越感はいらない。
外観は町に捧げている。
そして、内部は
暮らしのためにある。

ダイニング側にも小窓を
配して。住宅密集地とは
思えない明るさと豊かさ

うという意図で設計されてない。スタイリッシュな建築家だったら、あそこにはつけないですよ。もっと隅に寄せて、壁を光がなめるようなつけ方にすると思うし、図面ではそうなっているんだけど、明快すぎておもしろくないと思ったんだろうね。しかもあそこだけ格子が入ってる。

堀部　タペストリーみたいな感じにしたかったんじゃないかな。

横内　右側に何で壁を残したのか、そして何で格子を入れたのか。あれは理屈で説明できないですね。

堀部　あそこ、壁自体がまっすぐじゃないんですよ。

横内　あの壁を斜めにすることで、何かが解決したのかもしれないですね。住宅の設計をやってると、2、3cmの寸法の違いで、うまくいったりいかなかったりするから。それは思いつきじゃないと思いますよ。きっと合理的な理由がある。

堀部　敷地形状も斜めになってるんじゃないかな。敷地形状が少し斜めになってることで、ああよかった、という何かを見出しているんじゃないですか。それはさっきの配置計画にも関係してくると思うんですけど。こういう敷地の形状をしている、矩《かね》ではないから、それを肯定的に捉えていこうと。そこから生まれる、唯一無二のプランというか。斜めだからこそできたプランを、永田さんは考えたんじゃないか。そこはやわらかく、杓子定規に考えないで、土地の個性みたいなものに従う。

横内　世間一般からみたら、永田さんの建築って地味だと思うんですよ。それはインテリアに至っても地味。でも地味であることはとても大事で、土に根ざした、むしろ滋味というか。根っこが生えてる。マイナスな意味で地味じゃなくて、建築も生き方に対する考え方も、滋味に富んでる。風土なり土地なり、日本という文化なりに根ざしている。そこをはずすと、人の生活にとっては余分なものが多くなって、本来の豊かさを得る時に、むしろマイナスになってしまうということを彼の建築は教えてくれてる気がするんですよね。

堀部　地味の中にある滋味。

横内　日本がすごく豊かになって、なんでも手に入る。建築のつくり方も多様化して、どんな材料も使えるし、表現の種類も多彩ですよね。でもそういう中で、あえて滋味を大切にする。その態度が、住宅を設計する人間にとって、基本的に大切にしなければいけないものなんじゃないかと思います。やはりその背景には、人間の豊かさは物では得られないという価値観がある。物質的な意味での家に、いくらお金をかけて凝ってつくっても、それでは豊かさにはつながらない。本来の人の豊かさは、家族との愛情だったり、何気ない日常生活の中のちょっとした幸せだったり、そういうものからしか得られない。

堀部　日常の中にこそ美しさと豊かさを見出してました。

木陰がいかに大事か

横内　永田さんが設計する水回りとか、バックヤードは見事ですよ。寸分の無駄もないし、気が利いている。この家でも、クローゼットが洗面所にくっついているんですけど、あのプランはなかなかしない。だいたいベッドルームの一部に、クローゼットはつけたりするんですけど。でも洗面所についていた方が使いやすいし、そういう日常の些細なことを積み上げていくことでしか、いい住宅はつくれない。それが本当の豊かさをもたらすんだということを、永田

竣工当時は娘の部屋だった2階の個室。現在は妻の仕事場に。1階リビングの南側の壁と同様、敷地の形に沿った斜めの壁に対して、飾り棚を設けている

さんの建築は訴えている。余分なものはいらない。シンプルにして、生活が浮き出てくるような、建築が消えるくらいの家のほうが、人間は豊かになるということを教えてくれているような気がするんですよ。物や素材に頼るなって。

堀部　庭も必ずつくっていますよね。それも、建築家の個性的なスペシャルなものでなくて、地域につながるような樹種とか、植生をきちんと考えてらっしゃるので、そういうことも家の広がりにつながっているんじゃないかな。

横内　庭のことは奥様にもお聞きしたかったんですが、永田さんは昔から木の種類とか草花に詳しかったんですか?

永田佑子（妻・以下、佑子）　全然です。藝大にいるころは、たぶん、松とチューリップくらいしか知らなかったと思います（笑）。

横内　園芸好きの奥様の影響も大きかった?

佑子　そうですね。滝山の家（以前の自邸「東久留米の家」）で、私も好きでいろいろ育てていましたから、そこから積極的に関心を持つようになったと思いますね。植えるなら、常緑じゃなくて落葉がいいというのも、滝山の家で季節の変化を感じるようになったからだと思います。でも、最初の頃は、植物のことは私には聞かなかったですね。永田は、人に聞くということはしなかったですから。特に私になんか絶対に聞くもんかって感じで（笑）。亡くなる間際くらいになって、ようやくここには何を入れようかとか、聞くようになりました。

横内　（庭を見て）例えばあのヤマボウシも、開口部の真ん中に植えてないんですよね。シンボルツリーって、真ん中に植えたくなるんですよ。でもちょっと脇に寄せて、あえて空間を真ん中にあけている。ああいう植え方は、豊かさは物でもたらされるんじゃなくて、物と物の間が豊かでないとダメなんだという、建築のプランニングと共通してますね。庭でも一貫している。立派な松が植わっていればいい、というのとは違う。木陰がいかに大事か、という植え方をしてますよね。

庶民を大切にして大衆を嫌った

堀部　いろんな意味で、永田さんの家は庶民的です。

横内　人なつこいというかね。住宅って、設計する人が全部出ちゃうから。ましてここは自宅でしょ。それはもう、永田さんが本来もっている才能みたいなものも、性格とか人格とか、教養の深さとか、社会に対するある種の慎み深さとか、全部出ていると思う。

堀部　反骨精神も、すごくある人だと思います。ある社会学者が、世の中は、大衆と庶民に分けられると言っていて、群をなしていて、風向きでふわふわと流れていくのが大衆で、もう一方に庶民がある。庶民は根のある暮らしをしている人。慣習や風土とつながった暮らしをしている。そういう意味では、永田さんは庶民の味方だったんですよ、ずっと。根のある地道な暮らしをしている人に共感をもっていたし、ご本人もそういう人だったと思う。一方で、大衆に対しては、嫌悪感を持っていたんじゃないかな。

横内　戦後、それまで軍国主義的だった日本が、戦争に負けて、とたんに民主主義に変わるわけじゃないですか。当然、建築も変わっていかなければならない。民主主義の主人公たちが、どういう家に住むべきかを真剣に考えた時代があったと思うんですよ。戦後すぐの、たいした物資も手に入らない時に、一般の人たちが、人間としての尊厳を保って生きていけるような家とはどういうものなのか。吉村順三さん（2ページ参照）も、吉村さんの薫陶を受けた永田さんも、それが根っこではないかと思うんですよね。民主主義のための庶民の家。

堀部　でもいつの間にか、日本の民主主義が大衆をターゲットにし始めたじゃないですか。そこでのねじれ、ひずみというのが明るみに出ていったのが、永田さんが活躍されていた時期だったんじゃないかと思うんです。大衆ターゲットの世の中の、経済の仕組みにみんな巻かれていってしまって、庶民がむしろ置き去りにされた。庶民が幸せに暮らせない世の中になってしまった。本来、大衆文化と民主主義は違うと思いますね。世界的にどんな時代でも、大衆もいたし、庶民もいたと思うんですが、今の日本は、庶民が生きる場所を失ってしまった。絶滅危惧種ですよ。むしろ根っこを切っちゃって、ふわふわしていたほうが楽に生きられる。そういうふうになってしまった。

左／2階、永田さんの書斎スペース。本棚を挟んで右（東側）が寝室
右／コンパクトに納められた永田さんの机。左は永田家の御仏壇

横内　建築は、全体の配置計画も大事ですけど、一方でディテールという一番細かい部分にその建築家の在り方がよく現れますね。永田さんの建築を見ていると、ナイフを研ぎ澄ますようなディテールはいっさいない。つくるのが難しいような凝ったディテールもなくて、無駄がない。無駄がないというところが、庶民の価値観として非常に大事で。無駄をし出すと不必要なものが取りついてきて、だんだんゴテゴテしてくるんですよね。

堀部　メンテナンスもできない、とかね。

横内　建築には、人間のいらぬ欲望の表現になりやすいという一面がある。そうしてはいけないっていう信念みたいなものが永田さんにはあったんじゃないかな。戦後の貧しい時代に育った人だから、無駄を出さない、贅沢しちゃいけないというのがどっかにあったと思うんですよ。

堀部　足るを知る、そんな精神があります。

横内　かつての日本人なら、誰でももっていた質素倹約。その美学も吉村さんから受け継いでいるんじゃないかと。

堀部　吉村さんのローコスト住宅は、そういうディテールがいっぱいありますよね。壁は極力薄くして、ランバーコアだけにするとか。そういう手法の延長だと思いますね。

OMソーラーで工務店を育てる

堀部　永田さんも歳を経ることで、余計なことを一切やらなくなっていきましたよね。若い頃は複雑なディテールもありますけど、そういうのは影をひそめていきました。永田さんのディテールが過不足なくシンプルだった理由は、職人が好きだったことと関係があると思います。つくってくれる人。職人もいってみれば庶民じゃないですか。根のある暮らしをしている。そういう庶民と一緒にものをつくっていくことが好きで職人を尊敬もしていたから、設計者の自己顕示欲的なディテール、費用対効果のない、見た目だけかっこいいとかいうものを、つくってもらうのが嫌だったんだと思う。

横内　それはあったかもしれないね。

堀部　尊敬すべき人にやってもらう仕事は、その後、ここに暮らす人が、本当に愛着を持てるとか、メンテナンスが楽であるとか、余計なお金を払わずに、でもこれだけの効果が出るとか、そういうための仕事でないと、つくってもらうのが忍びないと思っていたんじゃないかな。

横内　工務店が感心するようなコストの落とし方ができるのも、つくり方を知ってるからですよね。知らないと、塗り壁をクロスにするとか一般的な落とし方になってしまう。どうつくればもっと合理的にいけるか、永田さんはそのへんをよく理解して、つくり手の立場になってつくってる。例えば、この家でもアルミサッシはほとんどなくて、全部モクタテ（木製建具）。モクタテって下手すると、トラブルの原因になったりコストアップの原因になる。でもそれをさりげなく全部やってるということは、それなりに、コストがかからずにトラブルが出ないやり方を、永田さんがきちっと持ってたから、工務店もやってくれるわけです。

堀部　工務店も、住み始めたらすぐクレームが出るようなことはやりたくないし、一般的には木製建具は高いお金を要求しないとできない。でも永田さんのこういうディテールは、工務店にも信頼感が得られているから、わかったよって合意できるわけですよね。工務店は、建築家への信頼度のあるなしで見積もりが変わりますからね。工務店にとって永田さんは信頼感があった。職人を尊敬してることとか、クレームがきた時もちゃんと対応するとかはもちろん、ディテールに対して責任をもっていたということだと思います。

横内　ＯＭソーラー（１２２ページ参照）に傾倒していったのも、自然のエネルギーで暮らしを支えていく、余分なエネルギーを使わずに暮らしていけたらいいじゃないか、ということだったと思うんですよね。

堀部　断熱・気密をさほど強化しない場合において、室内を正圧にしてスキマから排気する、ＯＭソーラー+木製建具というのは、永田さんが、手法として信頼し、確立していったんだと思います。

横内　さらに永田さんは、ＯＭの活動を通して、工務店のレベルをあげていこうとしたんですよね。建築家がつくる家の数なんてたかが知れているから、工務店の設計レベルをあげるほうが、ずっと世の中に貢献できると考えていろんな活動をした。それは奥村昭雄さん（2ページ参照）を、引き継いでいるともいえます。

堀部　ＯＭソーラーの世の中への一番の貢献は、いい工務店を育てたことだと思います。

横内　いい設計がわかる工務店、ですね。

堀部　建築家、工務店、施主――それぞれのリテラシーが向上しないと、ＯＭソーラーのようなシステムを使うことは難しい。でも、それをきちんとやることができたら、とてもいいシステムだと永田さんが信じたからこそ実践できたんですよね。

住宅は住む人の人生を左右する

横内　永田さんの住宅は、経験的とか感覚的とかいわれるけど、低予算でこういうちっちゃい家をまとめるためには、本当に無駄を省く手法がきっちりできてないと、つくれないと思うんですよ。思いつきでは絶対できない。口にしなかったけど、どこかに彼なりの理論があったんじゃないかと思います。

堀部　そうですね。

横内　それは理屈っぽい理論じゃなくて、いかにして最小の材料で最大限の効果を出すかとか、施工に迷惑かけないとか。理論というか信念みたいなものかな。

堀部　掟というか。これは絶対に守るんだ、という約束事があって、糸が切れたようなことはやらなかった。

横内　住宅は、自然や環境の脅威から人の生活を守るもので、その感覚がしっかりしていないと、ヘンな方向に行っちゃうんですよね。建築家にしてみれば、住宅は小さくて手軽に設計できるから、それでついつい実験をしてしまったりする、あるいはビッグになるための踏み台のように扱われることがある。でも永田さんは、住宅は住む人の人生を左右する大事な仕事なんだという信念が、まずありますよね。そのためには、家が丈夫で長持ちして、飽きがこなくて永く住めることが大事。永く住めるにはどうしたらいいかと考えて、ディテールを削ぎ落として、単純化していく方向にいったんじゃないかと思うんです。そこはきちんとした道筋がある。

堀部　職人的ですよね。職人も掟ってあるじゃないですか。それに近いかもしれない。

横内　最終的には、建築家のエゴや施主の欲望とかをできるだけ削ぎ落としていく方向にいった。そういうものが現れた建築というのは、すぐ飽きられてしまうんですよね。

堀部　居心地が悪い。これみよがしになる。

横内　そのへんの自覚は、吉村さんより強いんじゃないかと思うんです。

堀部　永田さんは、金をかけない、手間をかけない、けれども色気がある。

横内　陰でよく考えていて苦労しているんだけど、その苦労のあとが見えないのが極上のものづくりだということが、職人と接していてわかってらしたと思うんですよ。自分も設計者として、そういう態度をとりたかったんじゃないかと思う。このペンキ塗りの天井とか壁とか、実は大変。プラスターボードを張って目地だけを塗りつぶすと、凸凹が出る。それが出ないように、ジョイントだけじゃなくて、全面パテをしてると思うんです。でも、その苦労は見せない。モクタテだってこの精度でつくるのは大変だと思うんですけど、それはできるだけ設計段階で工夫して、それをきちんと職人に伝えて、職人もそれを理解してつくってくれたということですよ。

堀部　永田さんの活動は、アーキテクチャー的というか、「道」に近いものという感じがしますね。武道とか柔道とか、茶道とか。掟にしても、約束事にしてもそうですし、長い時間をかけてひとつのことを磨いたり継続していくことで、過不足のないディテールを生み出すことができたところも「道」に近い。
横内　何が豊かか、という考え方が一貫してますね。

住む人を選ばない家

堀部　例えば、建築家あるあるでいうと、コンセントプレートとかスイッチって、写真撮るときにカッコ悪いじゃないですか（笑）。だけど、カッコ悪いから、見た目に余計だから、床に埋めたり蓋をしたりするのは、住まいとしてすごく不都合だし不親切だと思うんですよ。
横内　お金もかかるしね。
堀部　そういうことを、永田さんは絶対やらない。建具の金物もすごく難しくて、何かが足りないと不都合になるんだけど、ありすぎると、操作が大変になるし、動きがシンプルじゃなくなる。そこは人間の感覚の延長にあるものとして、常につくってますよね。過不足がない。これも「建築道」でどんどん習得していって、研ぎ澄ますというのではなく、ちょうどいい塩梅というか。永田さんの類稀なるカンともあわさって、ようやくちょうどいい着地点を見出しているんじゃないかと思います。
横内　「道」ともいえるし、永田さんの建築にある信念は、むしろ建築に立ち向かう姿勢というか誠実さというか、そういうものなんじゃないかな。
堀部　永田さんの精神性の高さは、崇高ということでなくて、ありのままの自然体への追求にあると思います。庶民がどうやったら、高いお金を出さなくても快適に住めるか、メンテナンスも含めてね。そのまなざしが、精神性の高さにつながっている。高い意識を持たれていたんじゃないかと思います。
横内　その点においては譲れない感じがありますね。
堀部　永田さんは、施主の目先の要望は排除する側面があります。短絡的な話を聞かないですよね。反対に、地に足のついた考え方に対しては、ちゃんと寄り添っていくというか。それも自身の手法、考え方がしっかりしているので、特に施主の言うことをこと細かく聞かなくても、一定したクオリティは表現できるという、絶対的な自信もあったんじゃないですかね。だから逆に、住む人を選ばない家をつくってるんだと思いますよ。
横内　人はどうしても、食洗機があるとかないとか、世間から評価されているものをまわりに置くことで、自分が豊かになろうとする傾向があるけど、永田さんはそういうのはないですよね。そんなことで人間は本当に豊かにならねえぞっていう、信念がある。それはすごい強い信念だったと思います。そうじゃないと、こういう家はできない。僕も住宅ばかり設計しているので、いかに住宅に自分が出てしまうかがわかってくる。永田さんは１６４軒もの住宅を設計しているわけですから、その数をこなさないとわからない世界があって、その世界の怖さを自覚していた人なんじゃないかな。

いいバトンをどう渡していくか

堀部　戦後の建築家像って、その人が生きている間に、パイオニア的なすごい作品をつくるとか、作品主義的に作家主義的にやっていくというイメージがあると思うんです。でもおそらく、アーキテクチャーというのは、その人が生きているうちには成し遂げられない、そういう類の仕事なんだと思う。だからバトンタッチが大事。いいバトンをどう受け取って、次の世代にどう渡していくか。そのアーキテクチャー「道」が見直されていかないといけない。建築家が花火みたいに打ち上げた、突発的なものは消えるのも早いですよ。花火を打ち上げては消えることを繰り返してきたわけですけど、でもそれではないんだと思う。現実を見て微調整をして、じわじわとラインとしてつなげていく。それが本来の建築家の役割だと思うんです。
横内　住宅設計では特にそういう「道」が、必要だと思いますね。
堀部　そういう考え方に、建築界がシフトしていかなければならない。永田さんが残してくれた仕事は、いい手本になると思います。すごくいいバトンのリレー選手だったという気がするんですね。自分で完結しないというか。それは永田さんの謙虚さもあると思うし、時代にも先輩にも恵まれていたというのもあると思います。建築家は、いかにいい風が吹くところに居続けられるか、というのも大事だと思います。永田さんは、そういう嗅覚をもっていたん

天井にラワン材を張った寝室。窓の外には庭の木々が揺れる

じゃないかと思いますね。バトンを渡すことをすごく意識していた。言葉は残さなかったけど、見学会に案内してくれたり、僕も含め、若い建築家をとても可愛がってくれた。リレー選手ですよね。ライト、レーモンド、吉村さんとつないできたバトンをつなぐ。

横内　住宅って、椅子の設計と似ていて。椅子は座る道具ですよね。昔からそんなに変わってない。四本足で、背もたれがついてて。今の建築界は、奇妙な形の椅子をひたすら考えるようなところがあると思いますが、そうじゃないんですよね。ちょっとずつ工夫をしながら、似たようなものになってもいいんだよ。

レジスタンスとしての役割

堀部　学生の課題をみていた芸大の先生が「こんなの普通じゃないか」って言ったら吉村さんが「普通じゃダメなのかい？」って言ったという逸話があって（笑）。基本は普通でいいんですよ。ただ、それが生命感をもっていないのはダメだけど。

横内　凡庸とは違うんだよね。本来は普遍に通じるっていう意味だから。それが普遍的な、人間の根底にある豊かさに結びついてないと。時代が変わっても変わらないという信念。そういうものは引き継いでいきたいと思いますよね。

堀部　保守的という言葉は、変化を恐れているとか、変えないという意味でとらえられがちですけど、本当のコンサバティブはそうではない。革命的なことじゃなくて、永遠の微調整というか。徐々に、歴史とか慣習とか良識とかに根ざしながら変えていきましょう、というのが本来の保守思想。特に住宅はそうだと思うんです。革命は起きないし、革命的な建築は非常に功罪が大きい。

横内　特殊な用途の建築ならまだしも住宅がそうなってしまうのは本当に悲劇です。誰も建築家に住宅を頼まなくなってしまいますよ。

堀部　どんな時代でも、ハウスメーカー的な大衆がマジョリティであって、そしてレジスタンスとして自分たちの役割がある。マイノリティだけど、そのレジスタンス活動を地道にやっていくところに、永田さん自身も自分の居場所を見出していったんじゃないですかね。大衆を左右させようなんて思わなくていい。その数が逆転することはないと思うんです。ないけど、レジスタンスがいなくなったら、それこそお終いだから。

横内　これから住宅をやりたいという若い人は、若い時から華々しくデビューする必要はなくて、地味だけど住宅の設計は難しいから、じっくり腰を据えてやれば、そのうちちゃんとしたものができるようになるよ、という感じかな。それは一生かかるし、一生かかってもやりきれないもの。歳を取らないとわからないことって、たくさんあるんですよ、本当に。もう一生の仕事。でもアトリエ事務所をやってる建築家だったら、会社に勤めてないから死ぬまでできる。永田さんもやりきったし、吉村先生もやりきった。そういう人生っていいじゃないですか。僕たちはそういう生き方を彼らから学んだし、そういうふうに生きたいと思う。表面的なスタイルや手法ではなく、建築家としての生き様を継承したいと思いますね。

堀部　永田さんが生きた時代と僕らが生きている時代はずいぶん違うから、同じディテールを真似したってしょうがない。職人の事情も、材料の事情も、コストのことも違う。ただ、時代が変わっても変わらない精神をどう受け継ぐか、軸足の置き方のようなことをこれからも考えていきたいですね。

2019年8月26日「下里の家」にて
本文構成／佐野由佳

2つの家に住んで

文／永田佑子

1軒めは50年も前、永田がまだ大学院生であった頃に、友人のために設計した家で、後に私たち夫婦と娘2人が住むことになった滝山の家（東久留米の家）。大学の友人（片山和俊）との共同設計であった。2人の娘の子育て、そして2人ともが社会人になるまで暮らした家であった。2軒めの家はそれから約30年以上設計の仕事を経てからの下里の家である。1人は家を出て3人で暮らし始め、途中でもう1人の娘も出ていき夫婦2人で暮らした。

初めに住んだ家は80坪の敷地に建つコンクリート打ち放しの正方形の平屋の家であった。2間の小さなマンションから移ってきたとき、真ん中の襖で寝室と区切られるとはいえ30畳のワンルームの広さに圧倒された。しかしすぐにこの広々とした空間の解放感と便利さに気づくことになる。1歳と5歳の娘たちの子育てには実に都合の良い空間であった。娘の友だちはこの広い部屋が気に入ったようで、いつも大勢の子どもたちが遊びにきて保育園の様であった。部屋の隅に置かれた220×90㎝の大きなテーブルで私は洋裁をしたり校正の仕事をしたりしながら常に子どもたちの動向を見ていることができた。庭で遊ぶ様子も庭に開く大きなガラス戸から見ることができた。しかし娘たちが思春期ともなるとやはりプライバシーが確保できる場所を欲しがるようになり、2階にベニヤのパーティションだけで区切られたワンルームの子ども部屋を木造で増築した。

北側の隅のはめ殺しの大きなガラス戸から見える春のコナラの芽吹き、エゴの真っ白い花、秋にはコナラに絡みつく紅葉したツタの様子などに、林の中にいるような感じさえして室内と外の自然とが一体化しているように感じられた。

敷地面積の約4分1が建築面積、あとの4分3は庭である。かなり広い庭であった。私たちが住む前の住人が植えたコナラ、エゴ、シデなどの木々が雑木林を思わせる風情を作り、夏の暑い日にはバギーに子どもをのせた母親やお年寄りが足を留め、しばし涼をとっていく。お隣との境のツツジは人の丈を越えるまでに

上段右から／下里の家のアプローチ、緑のトンネルの先に垣間見える玄関。庭やアプローチの植物は、滝山の家から表土ごと持って来た。土管を用いた水盤も滝山の家から移設した

下／庭側外観も生い茂った緑に覆われてよく見えない。板塀は左端だけフレームのまま。近隣とのつながりを考えて張らずにおいた

上左／滝山の家（東久留米の家、1970年）配置図

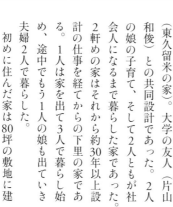

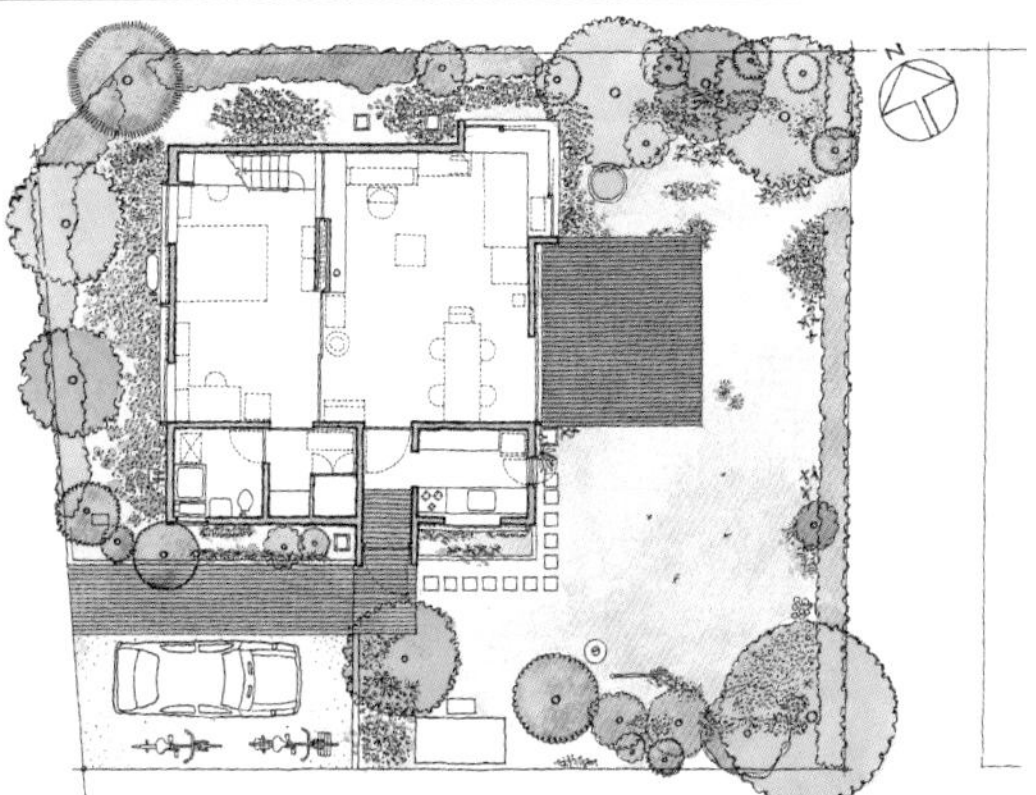

なった。実生のヤマザクラは花が地面をピンクの絨毯に染め上げるほどに成長した。道行く人が「きれいですね」と声をかける。ありふれた近所づきあいの光景だが近隣に開かれた庭が、長い年月の間に、そこに暮らす人の暮らしぶりを表すことになるということや、庭がその地域でのコミュニケーションの入口になりうることを永田はこの家で感じ、設計するときの庭への関心を深めていったのではないかと思う。

2軒めの下里の家は滝山の家とは2㎞も離れていないのだが、周りの環境は全く違っていた。滝山は整然とした住宅地、こちらは果樹園などもある地の人が多い所である。敷地は滝山の半分ほど、しかも旗竿敷地。木造の2階家である。

1階のリビングは30畳の半分の15畳ほど。そこに例の大きなテーブルもある。けれど暮らしてみて決して狭いと感じることはなく、滝山と同じような広がりと解放感とを感じている。永田は人を招くことが大好きであった。このリビングにもよく人が集った。リビングの床と同じレベルのウッドデッキの先にある、ヤマボウシやサワフタギなどの木々が滝山の家と同じように自然との一体感を感じさせる。来訪者は気持ちがいいと言っていつも長居になる。

旗竿敷地の15m近い竿の部分には、滝山の地表を剥がし下里まで運び植栽し、緑のアプローチを作り上げた。15年経った現在、カツラ、クマシデ、コブシ、ウツギなどの雑木は大きく茂り、玄関まではちょっとした林の中を行くような感じである。当然竿の両隣の敷地にも枝葉が侵入する。できるだけ迷惑にならないように剪定はしているが隣人は、帰宅するとき近づいてくる緑が、自分の家の庭のように感じられ楽しいのであまり切らないでほしいと言ってくださる。ここでもまた庭がご近所に開かれ楽しい会話が交わされる。

ほとんど区切りのない箱のような滝山の家にくらべ、下里の家はいくつかの空間に区切られてはいるが、どこも窮屈さを感じることはない。小さな空間でも広く感じられるようにあえて天井を低くしたり窓を採配したりしたことによるのかと思う。また狭いながらもあちらこちらのディテールが織りなす内部空間の心地よさ——棚には正月飾り、お雛さま、夏にはガラス、秋には木の実と季節を感じるしつらえをというように——を楽しんでいる。

30年以上の時を隔てて設計された2つの家、どちらも小さな家である。1軒めの滝山の家は若気の至りでいろいろ問題点が多かったと言っていたが、私には断熱材の入っていないコンクリートの壁の夏の猛烈な暑さと冬の凍えそうな寒さ以外はさしたる問題はなかったように思う。2軒めの家は延べ床面積26坪にも満たない狭い家だが広くゆったりと暮らしている。どちらの家も解放的で居心地の良い家である。いつもたくさんの人が集まり時を忘れて楽しく語り合う家である。それは2軒とも家の中に人の溜る快適な場があること、外の自然と一体化した空間によって解放的な気分にひたれるからではないかと思う。晩年に強く意識していた「大きな暮らしができる小さな家」——必要なものが揃っていれば家は小さくてよい、という思いは三十数年前から確として永田の中にあったに違いない、と2軒の家に住んで思ったことであった。

（ながた・ゆうこ）

●施工者に聞く――文／編者

「下里の家」の施工を手掛けた相羽建設は、永田さんとはOMソーラー協会（現OMソーラー株式会社）に加盟した時からの長い付き合いだった。会長・相羽正さんは「たまたま自宅が近かったこともあって、よく飲みました。家族ぐるみの付き合いでしたね」と振り返る。

「私はもともと大工だったから、永田先生の言っていることは職人としてよく飲み込めました。意図することははっきりしていたし、永田先生くらい図面をきっちり描いてくれる人はいなかった。つくり手としてこわいのは、見積もり通りにいかないこと。大きな損失が出ると経営にも関わるわけで。でも、永田先生の図面は誤差がなかった。だから安心して仕事ができました」

永田さんには20年前に同社が手掛けた分譲住宅17戸「ソーラータウン久米川」の監修もお願いした。

「失敗したら会社がつぶれちゃうくらいの大仕事でしたが、町並みと言えるようなものをつくりたかったんです。永田さんの助言で、予定より2戸減らして区画を広くしたり、庭に先に木を植えたり、門と塀もつくらなかった。当時では常識外でしたよね。商売的にはこわかったんですが（笑）、でも、そのチャレンジがあって今の当社があると思います」

ちょうどその頃、現在の代表取締役・相羽健太郎さんが入社し、ソーラータウンの仕事を通して永田さんとのつきあいが始まったという。

「ご自宅へ車で迎えに行ったり、以来20年ずっと永田さんの鞄持ちのようで

何通りも考え抜いて、結果、同じなだけ。永遠の偉大なマンネリから学んだ普遍性。

――相羽建設

[下里の家]
所在地：東京都東久留米市
家族構成：夫婦＋子供1人（竣工時）
竣工：2003年8月
構造規模：木造2階建
敷地面積：127.28㎡
建築面積：43.98㎡
延床面積：85.40㎡（1階／41.82㎡、2階／43.58㎡）
設計：N設計室／永田昌民、永田花
外構設計：プランタゴ／田瀬理夫、小田部真由美
施工：相羽建設

●主な外部仕上げ
屋根：ガルバリウム鋼板瓦棒葺き
外壁：ラスモルタル・パピスタンプ塗り
建具：木製建具

●主な内部仕上げ
天井：玄関・居間・食堂・便所／PB厚9.5㎜寒冷紗パテしごきAEP、台所／PB厚9.5㎜2枚張り・寒冷紗パテしごきAEP、子供室・寝室・ホール・階段室・納戸／ラワンベニヤ厚5.5㎜目透し張りワトコオイル塗り、洗面所・浴室／サワラ縁甲板厚15㎜張り撥水剤塗布
壁：玄関・居間・食堂・子供室・寝室・ホール／漆喰塗り、台所／漆喰塗り、一部タイル貼り、階段室／漆喰塗り、一部ラワンベニヤ厚18＋18㎜パテしごきOP、便所／漆喰塗り、一部ランバー厚30㎜ OP、洗面所・浴室／サワラ縁甲板厚15㎜張り撥水剤塗布、納戸／ラワンベニヤ厚5.5㎜目透し張り
床：玄関／レンガ敷き、居間・食堂／ウールカーペット敷き、台所・便所／コルクタイル厚5㎜貼り、子供室・寝室・洗面所・階段室、ホール・納戸／北欧松厚15㎜、浴室／ポリコンモザイクタイル貼り

●設備
暖房：空気集熱式床暖房（OMソーラーシステム）
冷房：エアコン
給湯：給湯暖房ボイラー＋OMソーラー給湯方式

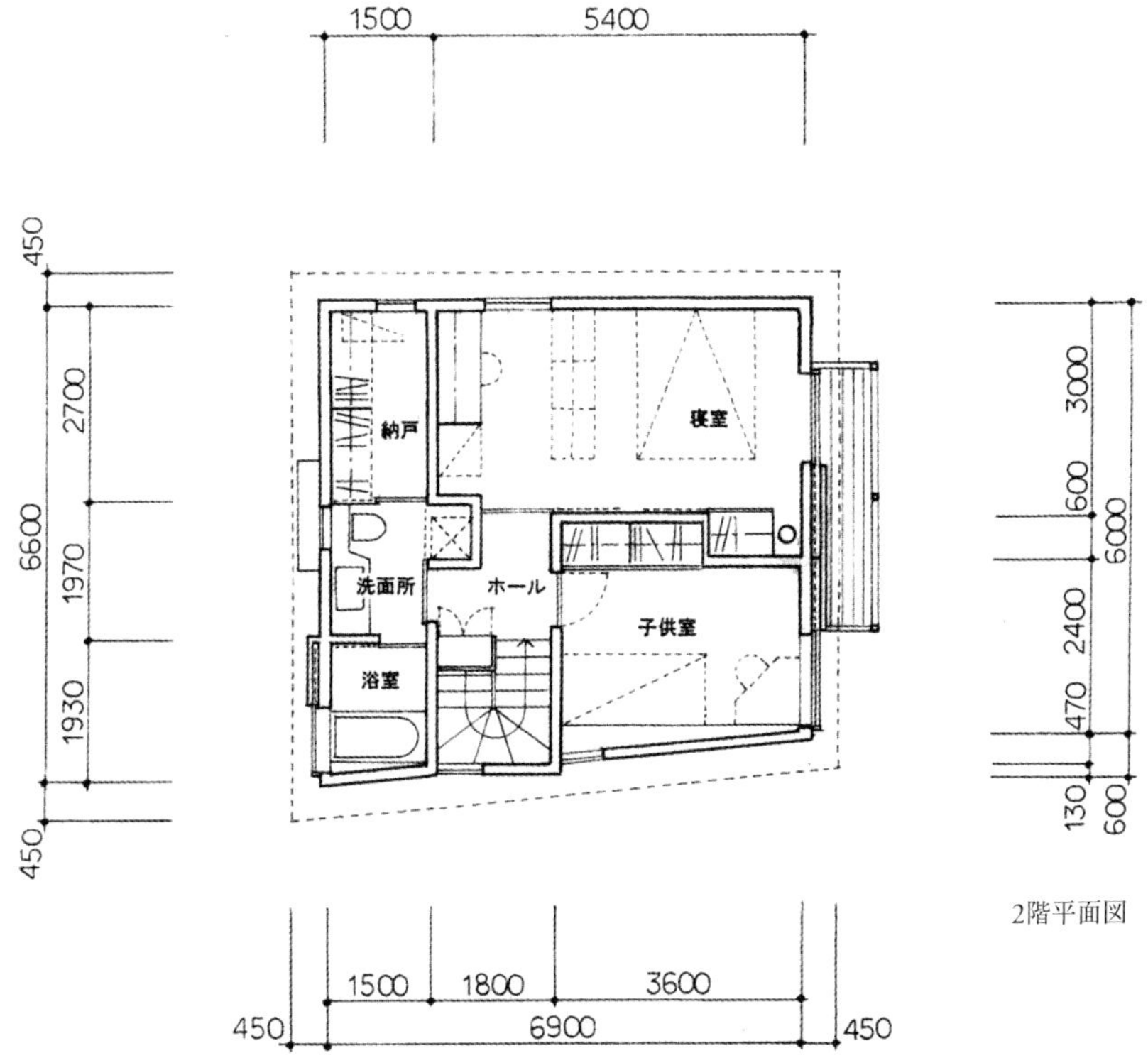

2階平面図

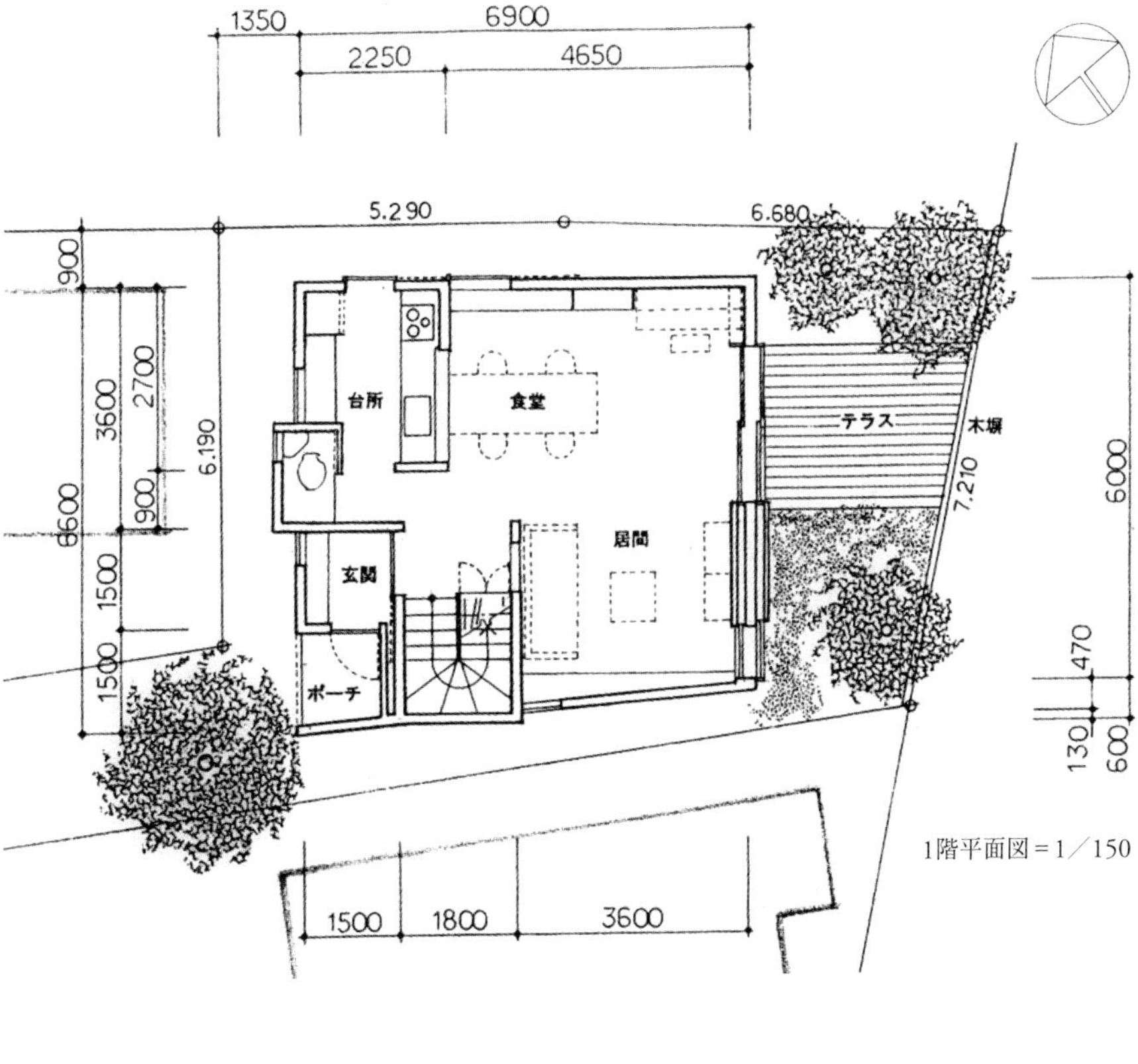

1階平面図＝1／150

した。僕は建築の現場の人間ではないし、年も離れていたから、永田さんも気を張らずにいられたのかもしれませんね。自宅を設計してもらったり、息子の名付け親にもなってもらいました。今となれば、車の中や現場帰りのそば屋とかでの永田さんの話が、僕の建築の根本になっている気がします」

永田さんのぼそぼそと呟いた言葉や口癖が思い出される。

「現場は好きでしたが、だからといって頻繁に行くわけではなくて。〝現場は俺じゃなくて、図面を待ってるんだ。図面は現場へのラブレターなんだ〟と。ロマンチストですよね。〝俺も職人のひとりだ。俺の職人としての仕事はこれ（図面）なんだ〟とよく言ってました。そういうところも現場に伝わったんでしょう」

人見知りでいつも同じ大工監督を指名したほどの永田さんだが、どこへ行っても余計なことを言って、喧嘩になることもしばしばだったそうだ。

「佑子さん（奥様）がよく言うんですよ。〝あれだけ人の悪口言って、あれだけ悪態ついて、なんであれだけ人が集まるのかよくわからない〟と（笑）。僕もまったく同感。でも、職人も後輩の建築家の方々も永田さんのことが好きなんですよ。お施主さんもそうなんだと思いました」

健太郎さんは、施主という立場を経験してわかったこともあるという。

「僕も言われたんですが、永田さんは必ず施主に2年待ちと言うんです。それで以前、それほど忙しくないじゃないですかと飲んでる時に言ったら永田さんは、〝ばか、あれは常套句。2年待てる施主とはいい信頼関係が築けるんだ。俺も待つんだよ。待てなくて他に頼むようならやってもきっとトラブルを起こす。俺の設計が好きなわけじゃないってこと。待ってくれる人には、こっちも一生懸命やれるんだ〟と」

2年待たせる理由も、あとでわかった。

「永田さんにとって、今やっているお施主さんが一番大事なんですよ。その時は、その人をすべて優先したい、集中したい。一般的には、とれた仕事よりもこれからとれるかどうかの仕事に気持ちがいきがちですよね。でも、永田さんは違う。施主になって、永田さんのファンになる理由もすごくよくわかりました。そこまでやりますかというくらい、心底やってくれるんです」

つくるものには、いい加減さの微塵もない。不完全な人間臭い人柄とは対照的に、と健太郎さんは笑う。そのギャップが好きだったと。

「作風は、偉大なマンネリだと思うんです。それについても永田さんに聞いたら、〝毎回違うんだ。毎回チャレンジしてる。何通りも考え抜いて、結果、同じなだけ〟と力説してました。永田さんは前と同じでいいという考えではなく、その都度、愚直に考えていた。そのプロセスが大事だったんですね。マンネリに見えていることが、そういうプロセスによって成り立っている。だからきれいに素敵に見えるんだと思いました」

永田さんとの話は、どんな話も最後は〝バランス〟だった。

「もっともバランスに欠く人だと思うのだけど（笑）、〝結局はバランスなんだ〟とよく言ってました。うちの会社のことも気に掛けてくれて、経営なんてわからないのに〝バランスだぞ〟と。僕自身は、経営者としても、施主と現場と永田さんとの間でもバランスをとる役割だったのかなと思っています」

永田さんから学んだことは、今も健太郎さんの試金石となっている。

「永遠の偉大なマンネリからは、普遍性を教えてもらったと思います。永田さん自身は普遍性とは言わなかったけど、やはり普遍性がある設計だと思います、プロセスも含めて。今、とかく性能とか、流行りに左右されることが多いですが、永田さんはそれとは関係のないところにいて、ずっと木製建具をやり続けた。根幹に普遍的なものを持っていたからだと思うんです。

僕は、何かあると、そこに普遍性があるかどうかを考えます。それは永田さんの影響です。真摯さや、普遍であることとか、永田さんがいなくってその大事さを改めて感じています」

4 章

永田昌民の手と目

Nagata Gallery

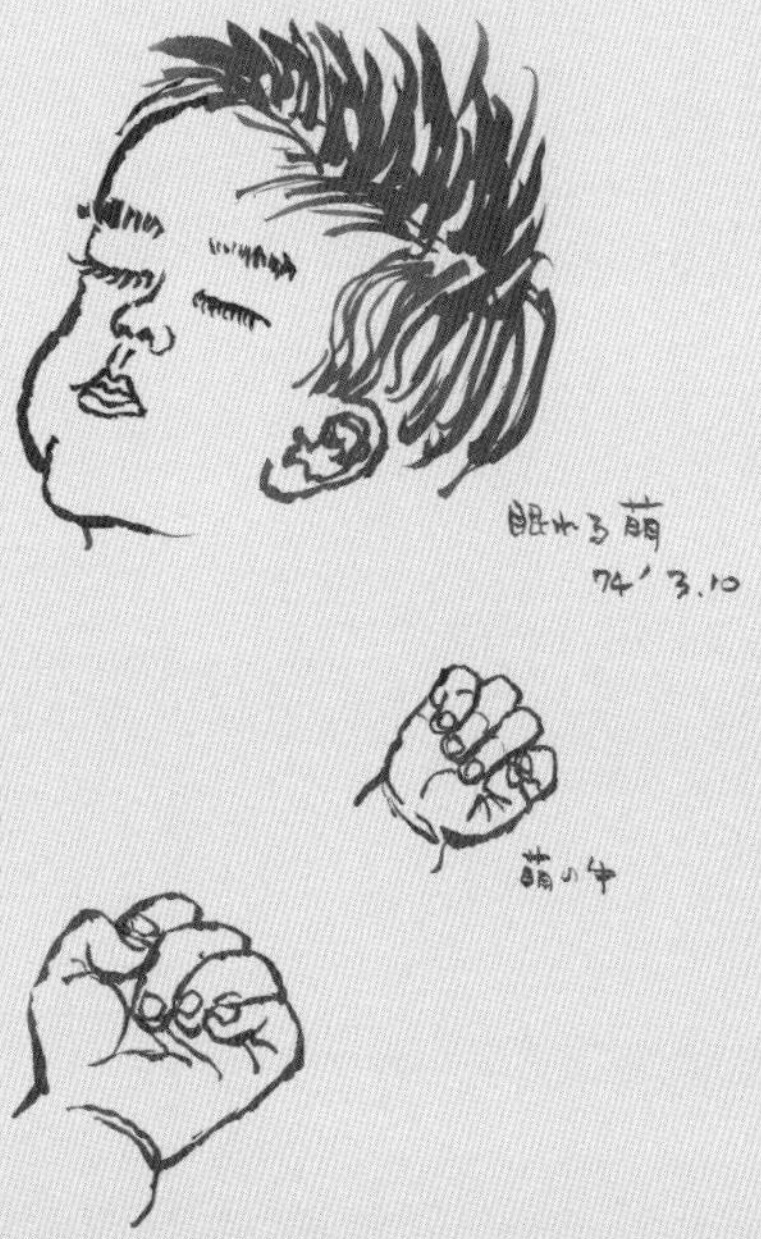

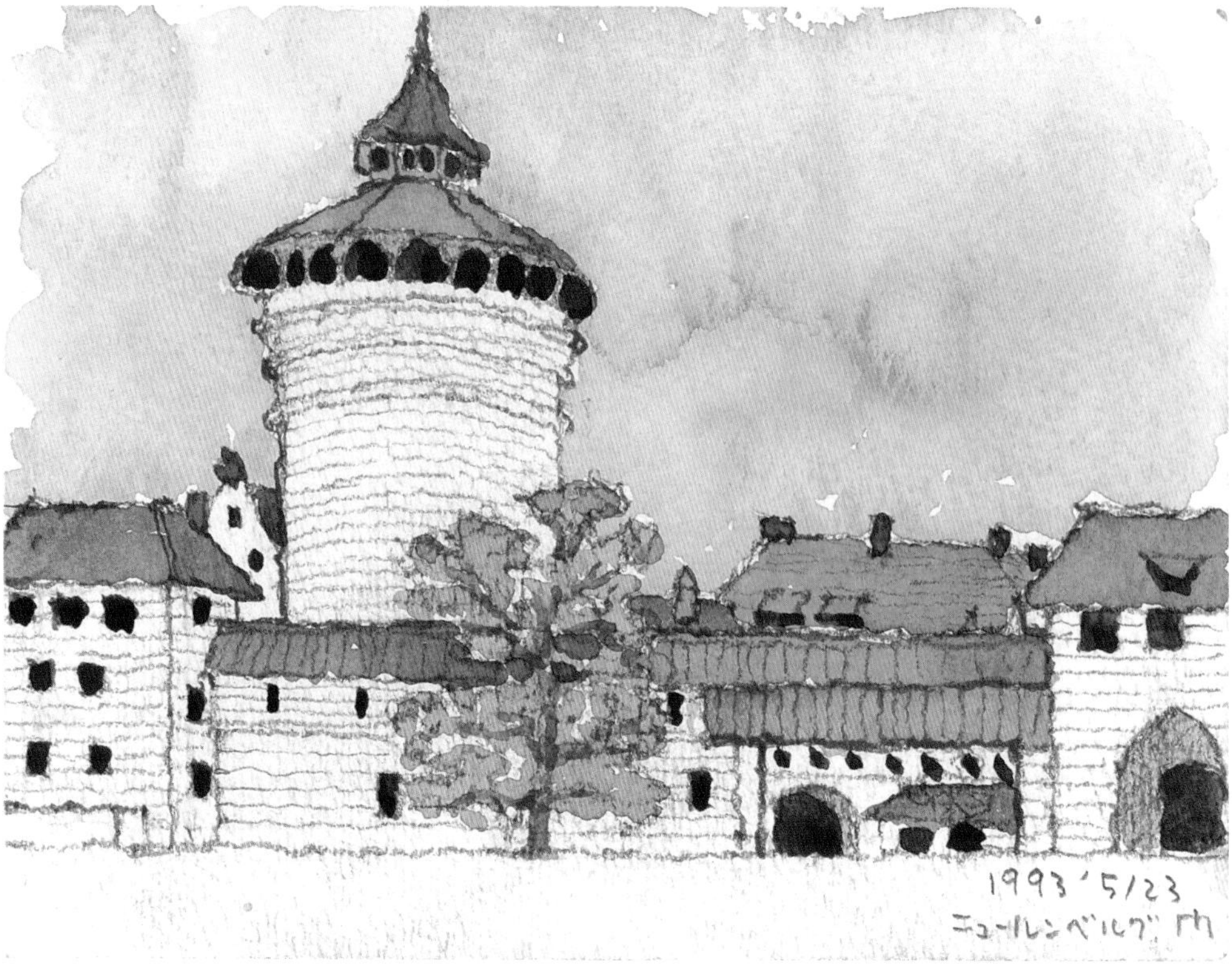
1993'5/23
ニュールンベルグ内

1993'5/25
ミュンヘンの
ホテルの窓から

1999'6/23 麗江古城

1999'6/23
麗江古城

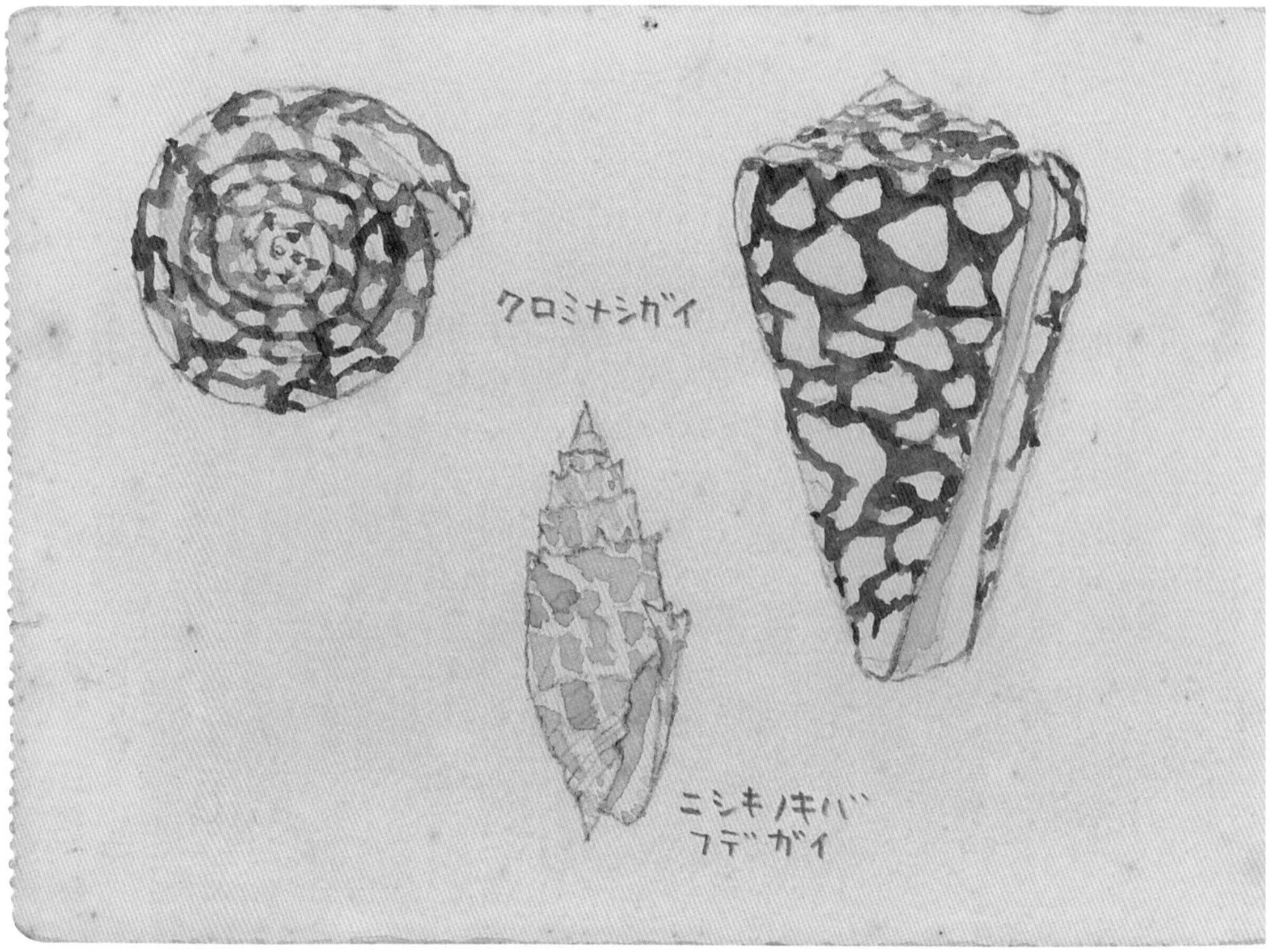
クロミナシガイ
ニシキノキバ
フデガイ

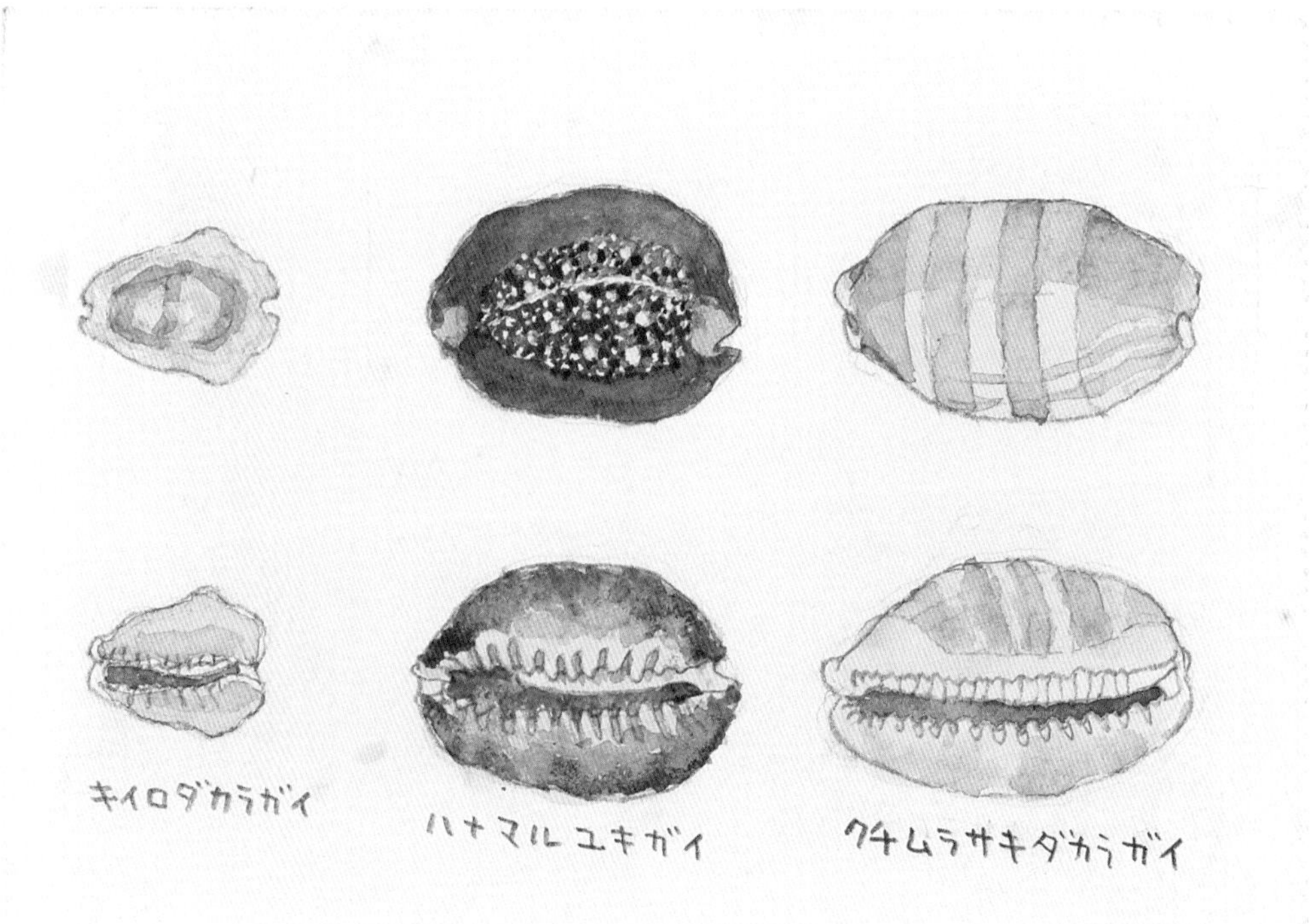
キイロダカラガイ
ハナマルユキガイ
クチムラサキダカラガイ

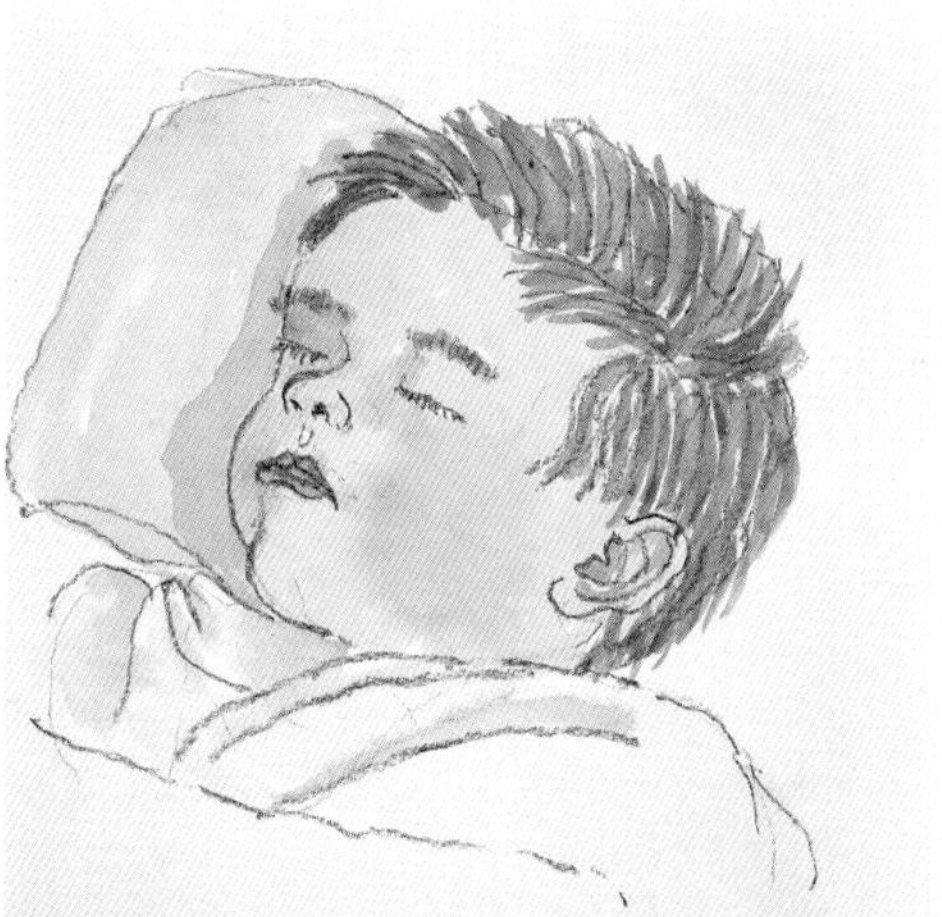
1974' 3月5日
萌 スヤスヤと眠る

母さんに抱かれて
オッパイを飲む。
1974 3月5日

海が好きだった永田さんが収集していた貝殻。海で拾ったものは苛性ソーダできれいに洗っていたそう。収納する箱も指物であつらえた

シリアルのおまけだったミニカー。本物とは違うカラーリング。永田さんは、スケールが違うからと、このスケールに合う色で着色した

おわりに

生前、永田昌民の新しい本をまとめるため何度か目白の事務所を訪ねた。そのときＡ４のザラ紙に描かれた膨大な手稿を見せてもらった。永田のディテールが、どのようにして形になっていったかを跡づけるもので、これを本にすると面白いと思ったけど、永田は「舞台裏は見せないものだよ」と言った。

舞台裏ということでは、「永田流」と言われるプランの数々が、クライアントとの、どんなやり取りを経て形になっていったのか、そのプロセスを知りたいと思ったが、永田は事もなげに「そんなのもう忘れちゃったよ」と言った。「土地のことは、よく覚えているけど」と付け加えたけど。

造園家の田瀬理夫は、晩年の永田の仕事を共にした人だけど、「住まいは風景をなすものなので、彼は足下の草木だけでなく、いつも遠くの景色を見て設計していた」と言う。田瀬と永田との最初の仕事は、都心の小さな旗竿敷地の単身者用住宅計画だった。永田は設計手法のコアに「緑」を置く人で、植栽にくわしい人でもあった。しかし、二人が２００１年に出会ってから亡くなる２０１４年まで、造園は田瀬に委ねた。その最初の仕事が旗竿敷地だったのは、いかにも永田らしい。狭小敷地であっても、家と家の間から差し込む太陽や、風の動き、隣家の木々などを読み取り、それから空き地に接していたら、将来、その土地にどんなものが建つかを見通してプランを練った。

仙台に建つ、私の娘の家は永田の設計によるが、設計時、家の南側は車６台が駐車している空き地だった。周囲の環境から推して、いずれ住宅地として分筆売却されることを見越した永田は、リビングを２階に配した。８年後、永田が洞察した通りになった。田瀬が「いつも遠くの景色を見て設計していた」と言うのは、現にある状態をいうだけでなく、その土地の地味と、時間空間的なものを包含してのものであろう。

永田昌民は、生涯１６４の住宅を世に送り出した。非住宅は「地球のたまご計画」「関西学研都市記念館」など数件を数えるのみである。永田は何より住宅の人だった。ルイス・カーンは、「どんな建物も、家なのです」と言ったけど、カーンはキャンベル美術館や、ダッカの国会議事堂を設計していて、建築を内部の空間から考えるという点は共通しているが、永田は、より微細なものに目を注ぎ、そこから遠くの景色を見た。

永田は事務所でメダカを飼っていた。窓辺に水鉢を置き、泳ぐメダカが陽の光できらりと光るさまを見ながら、目を細めて「いいだろう」と呟いた。清少納言の「何も何も小さきものはうつくし」ではないけど、永田は小さきものを愛する人である。私はそこに、永田の設計の特質があるように思う。

永田が亡くなった後、本をつくりたいと新建新聞社の三浦祐成氏に相談したら、同社が発行している『プラスワン』において連載し、一定にまとまったところで本にしたらどうかということになった。しかし永田が残したものは、ほとんど図面類であって、文字による記録は少ない。もし存命していたとしても「そんなのもう忘れちゃったよ」というのだから、仕事をトレースするに足りる情報に事欠くことが予想された。それで私は、残された住宅を訪問してもらってはどうかと提案した。永田は忘れたかも知れないけど、住まい手は実によく覚えている筈だと思ったからである。

なぜならそれは、永田の設計作法に由来するもので、住まわれている住宅と土地を洞察しながら、クライアントの暮らし方、息づかい、家族のこれからまでを永田は読み取っており、それは図面の上に生きており、クライアントは打ち合わせを通じて、そのことをよく理解している。永田の「そんなのもう忘れちゃったよ」というやんちゃな物言いは、そういうことを言う人なんだからと、とうに宥していたのである。

クライアントとの、この揺るぎない信頼関係のなかに永田の仕事はあるのであり、果たしてそれは、連載された記事によって裏づけられた。ある筆者はそれを「羨ましいほどの信頼関係」だといい、改めて永田の仕事の内実に触れたよ、と話してくれた。編集を担当された内田みえさんは、一軒一軒の住まいを通じて、それを実に巧みに引き出され、ここに一冊の本にまとめられた。

今、若い設計者に伝えたいのは、永田の設計の細部を追うならば、この設計作法の真実に目を向けてほしい、ということである。

この本は、そのための得難い一冊となるだろう。

2020年4月　小池一三（一般社団法人町の工務店ネット代表）

寄稿者プロフィール

益子義弘（ますこ・よしひろ）

1940年東京都生まれ。1964年東京藝術大学美術学部建築科卒業、1966年同大学修士課程修了、吉村研究室助手。1973年MIDI綜合設計研究所。1976年永田昌民とM＆N設計室設立。1984年東京藝術大学助教授、1989年同大学教授。2008年同大学名誉教授、益子アトリエ主宰。著書に、『住風景を創る―居場所のかたちと空間作法』（彰国社）、『建築への思索―場所を紡ぐ』（建築資料研究社）、『家ってなんだろう』（インデックスコミュニケーションズ）など。

小池一三（こいけ・いちぞう）

1946年京都府生まれ。奥村昭雄や永田昌民と一緒にOMソーラーを立ち上げる。「近くの山の木で家をつくる運動」宣言を起草し、取り組む。現在、一般社団法人町の工務店ネット代表。共著に『仕事の創造』（岩波書店）、『働く家』（雲母書房）、『いい工務店との家づくり』（農文協）。編著『りんごのような家』（新建新聞社）。雑誌『チルチンびと』『住む』の編集人を務める。

永田佑子（ながた・ゆうこ）

1944年東京都生まれ。早稲田大学を卒業後、東京藝術大学建築科資料室に勤務。1971年に永田昌民と結婚。次女を出産後エディタースクールで校正を学び32歳からフリーランスの校正者に。仕事をするかたわら、国内外に植物観察に出かけたり、地域の植物観察会に携わる。群馬県玉原高原のブナ林と湿原の復元と保護に10年来活動を続ける。自称植物愛好家として現在200種を超す自邸の植物と共に暮らす。

堀部安嗣（ほりべ・やすし）

1967年神奈川県生まれ。1990年筑波大学芸術専門学群環境デザインコース卒業。1991～94年益子アトリエにて益子義弘に師事。1994年堀部安嗣建築設計事務所を設立。2002年第18回吉岡賞を《牛久のギャラリー》で受賞。2016年日本建築学会賞(作品)を《竹林寺納骨堂》で受賞。2007年～京都造形芸術大学大学院教授。著書『堀部安嗣の建築― from and imagination』（TOTO出版）、『堀部安嗣　作品集 1994―2014全建築と設計図集』（平凡社）、『住まいの基本を考える』（新潮社）など。

趙 海光（ちょう・うみひこ）

1972年法政大学工学部建築学科卒業。1980年ぷらん・にじゅういち設立。1990年代に台形集成材を使用した一連の木造住宅「台形集成材の家」を設計。2000年代に「フツーの木の家」シリーズ。2007年以降は町の工務店ネットと共同で「現代町家」シリーズに取り組む。一貫して国産材を使用した現代型の木造住宅を設計するとともに、『住宅建築』誌を中心に論考を発表し、国産材の開発と普及に努める。編著書に『高山建築学校伝説』（鹿島出版会）、『「現代町家」という方法』（建築資料研究社）など。

倉方俊輔（くらかた・しゅんすけ）

建築史家。1971年東京都生まれ。1996年早稲田大学大学院修了。1999年早稲田大学大学院博士課程満期退学、博士（工学）。2011年より大阪市立大学大学院工学研究科准教授。編著に『吉祥寺ハモニカ横丁のつくり方』（彰国社）、『ドコノモン』（日経BP社）、『吉阪隆正とル・コルビュジエ』（王国社）、『東京モダン建築さんぽ』（エクスナレッジ）など。共著に『これからの建築士』（学芸出版社）、『東京建築　みる・あるく・かたる』（京阪神エルマガジン社）、『建築家の読書術』（TOTO出版）など。

三澤文子（みさわ・ふみこ）

1956年静岡県生まれ。1979年奈良女子大学理学部卒業。現代計画研究所を経て、1985年Ms建築設計事務所設立。2001～2009年岐阜県立森林文化アカデミー教授。現在、客員教授。地域木材を使用する木造建築の設計と木造建築病理学を踏まえた改修設計を実践する。著書に『住宅に空間力を』（彰国社）、『最高の木造住宅をつくる方法』（エクスナレッジ）など。2007年日本建築学会賞教育賞受賞、2013年日本建築士会連合会賞優秀賞（北沢建築工場）。

横内敏人（よこうち・としひと）

1954年山梨県生まれ。1978年東京藝術大学美術学部建築科卒業。1980年マサチューセッツ工科大学建築学科修士課程修了。1983～87年前川國男建築設計事務所勤務を経て、1991年横内敏人建築設計事務所設立。2004年「若王子のゲストハウス」で木の建築賞受賞、2008年京都府文化功労賞受賞。現在、京都造形芸術大学通信教育部大学院特任教授。著書に『横内敏人の住宅WA-HOUSE』（風土社）など。

田瀬理夫（たせ・みちお）

造園家。1949年東京都生まれ。千葉大学で都市計画・造園史専攻。1973～77年富士植木勤務。1977年ワークショップ・プランタゴ開設。1978～86年SUM建築研究所の集合住宅プロジェクトに参加。1990年～プランタゴ代表。2008年より10年間農業法人ノース代表兼務。主な仕事：コートハウス国立、アクロス福岡、アクアマリンふくしま、BIOSの丘、地球のたまご、日産先進技術開発センター、5×緑、味の素スタジアム西競技場、里山住宅博in KOBE 2015、クイーンズ・メドウ・カントリーハウス馬付住宅など。

永田昌民（ながた・まさひと）

1941年大阪生まれ。1967年東京藝術大学美術学部建築科卒業。1969年東京藝術大学美術学部建築科修士課程（吉村順三研究室）修了。1969～73年東京藝術大学美術学部建築科奥村昭雄研究室にて愛知芸術大学キャンパス計画に参加。1976年益子義弘とM&N設計室を設立。1984年N設計室に改称。主に住宅を手がけ、164軒もの住宅を設計した。2013年逝去。著書『住宅設計作法―永田昌民・N設計室の仕事』（建築資料研究社）、『大きな暮らしができる小さな家』（共著／杉本薫、オーエス出版社）など。

編集／内田みえ
図・イラスト／永田昌民、N設計室
写真／北鎌倉の家＝堀部安嗣
山王の家・所沢の家・下里の家＝木田勝久
奈良の家・知多の家＝喜多章
安曇野の家＝齋藤さだむ
アートディレクション／山口信博
デザイン／堀江久実（山口デザイン事務所）
協力／永田佑子、永田花、小森正和

居心地のよさを追い求めて
建築家・永田昌民の軌跡

2020年5月31日　初版第1刷発行
発行者／三浦祐成
発行／株式会社 新建新聞社
東京本社／東京都千代田区麹町2-3-3 FDC麹町ビル7階
電話／03-3556-5525
長野本社／長野県長野市南県町686-8
電話／026-234-4124
印刷　図書印刷株式会社

ISBN 978-4-86527-102-7